南京统计年鉴

STATISTICAL YEARBOOK OF NANJING

2011

南 京 市 统 计 局
国家统计局南京调查队 编

凤凰出版传媒集团
凤 凰 出 版 社

图书在版编目（CIP）数据

南京统计年鉴. 2011 / 南京市统计局，国家统计局南京调查队编. -- 南京 : 凤凰出版社，2011.6
ISBN 978-7-5506-0828-3

Ⅰ. ①南… Ⅱ. ①南… ②国… Ⅲ. ①统计资料—南京市—2011—年鉴 Ⅳ. ①C832.531-54

中国版本图书馆CIP数据核字(2011)第178530号

书　　名　南京统计年鉴（2011）
编　　者　南京市统计局　国家统计局南京调查队
责任编辑　高思源　李　昂
出版发行　凤凰出版传媒集团
　　　　　凤凰出版社(原江苏古籍出版社)
　　　　　南京市中央路165号　邮编:210009
　　　　　发行部电话025-83223462
集团网址　凤凰出版传媒网　http://www.ppm.cn
照　　排　南京凯建图文有限公司
印　　刷　江苏凤凰通达印刷有限公司
　　　　　南京市六合区冶山镇　邮编:211523
开　　本　890×1240毫米　1/16
印　　张　27.75
字　　数　613千字
版　　次　2011年6月第1版　2011年6月第1次印刷
标准书号　ISBN 978-7-5506-0828-3
定　　价　300.00元
（本书凡印装错误可向承印厂调换，电话:025-57572508）

《南京统计年鉴》(2011)编委会和编辑人员

编辑委员会

主　　任：徐翠华

副 主 任：夏德智　王国钧　范具才　向绍明　王正新　周根林

编　　委：（按姓氏笔画为序）

王　军　史　明　尹小宁　孙如志　李　昂　仲玉琪　祁　瑞
刘延胜　汪　萌　杨基富　杨晓燕　张小玮　张小良　陈卫华
陈益民　陈锡文　范怀华　郑　菲　赵前成　查莉华　徐　迅
顾国祥　蒋　明　韩厚盾

执行编委：（按姓氏笔画为序）

尹小宁　仲玉琪　祁　瑞　刘延胜　杨基富　张小玮　陈益民
范怀华　郑　菲　赵前成　蒋　明

编　辑　部

主　　编：徐翠华

副 主 编：蒋　明　孙如志

责任编辑：李　昂

编　　辑：沈爱民　杜凌飞　吴　婧　靳　璐

资料提供人员：（按姓氏笔画为序）

丁铭晨　马　丽　叶　韬　冯志男　许丹禔　何　政　刘　宏
刘　波　毕发萍　吴小红　吴忠林　李　园　汪　娟　居军荣
张晓燕　陈美华　陈　娴　周骏马　姚　彤　洪凌云　骆立宇
唐　昆　唐　俊　夏恒岗　夏　婕　曹华盛　章　瑜　裴晓华
薛桂玉　戴苏林　魏　强

编 者 说 明

一、《南京统计年鉴》(2011)以大量的统计数据，全面、系统地反映了2010年南京经济和社会等各方面的发展情况，是一本数据信息密集、内容广泛的资料性工具书。

二、全书内容分为18个篇目，即：1. 综合；2. 国民经济核算；3. 人口和就业；4. 人民生活；5. 价格指数；6. 农业；7. 工业和能源；8. 交通运输和邮电通迅业；9. 固定资产投资和建筑业；10. 批发和零售业、住宿和餐饮业；11. 对外经济贸易和旅游业；12. 财政、金融和保险；13. 科技和教育；14. 文化、卫生和体育；15. 司法、社会福利与其他社会活动；16. 城市建设与环境保护；17. 区县社会经济；18. 附录。为便于读者正确地使用资料，各篇目还附有主要统计指标解释。

三、“区县社会经济”中由我局统计的经济类指标为评价口径。即对坐落在各区县行政区域范围内的所有经济活动单位进行全面统计的基础上，扣除部分因跨区域不便分割，以及经研究暂不纳入本区县评价的单位数据。

从2009年起，浦口区包含高新技术开发区的数据、栖霞区包含新港经济开发区的数据、六合区包括南京化学工业园的数据。

为了全面反映区县经济发展的整体情况，从2009年开始，在原有的按评价口径计算区县地区生产总值数据的基础上，增加按在地口径计算的区县地区生产总值数据。

四、为避免读者使用年鉴发生理解歧义，本年鉴对来自部门统计的数据尽量说明数据来源和取得范围。

五、本年鉴部分数据合计数或相对数由于单位取舍不同产生的计算误差均未作机械调整。

六、读者在使用统计资料时，凡与本年鉴有出入的，均以本年鉴为准。

七、本年鉴中符号使用说明：“—”或“空格”表示数据不详或无该项数据；

“#”表示其中的主要项；

“*”表示另有注解。

八、《南京统计年鉴》公开出版以来，受到社会各界的关注和支持，对年鉴的内容和编辑工作提出了许多宝贵的意见，对此，我们深表谢意。欢迎读者继续对年鉴的不足之处给予批评指正，帮助我们进一步提高编辑水平，以期更好地为广大读者服务。

《南京统计年鉴》编辑部

2011年6月

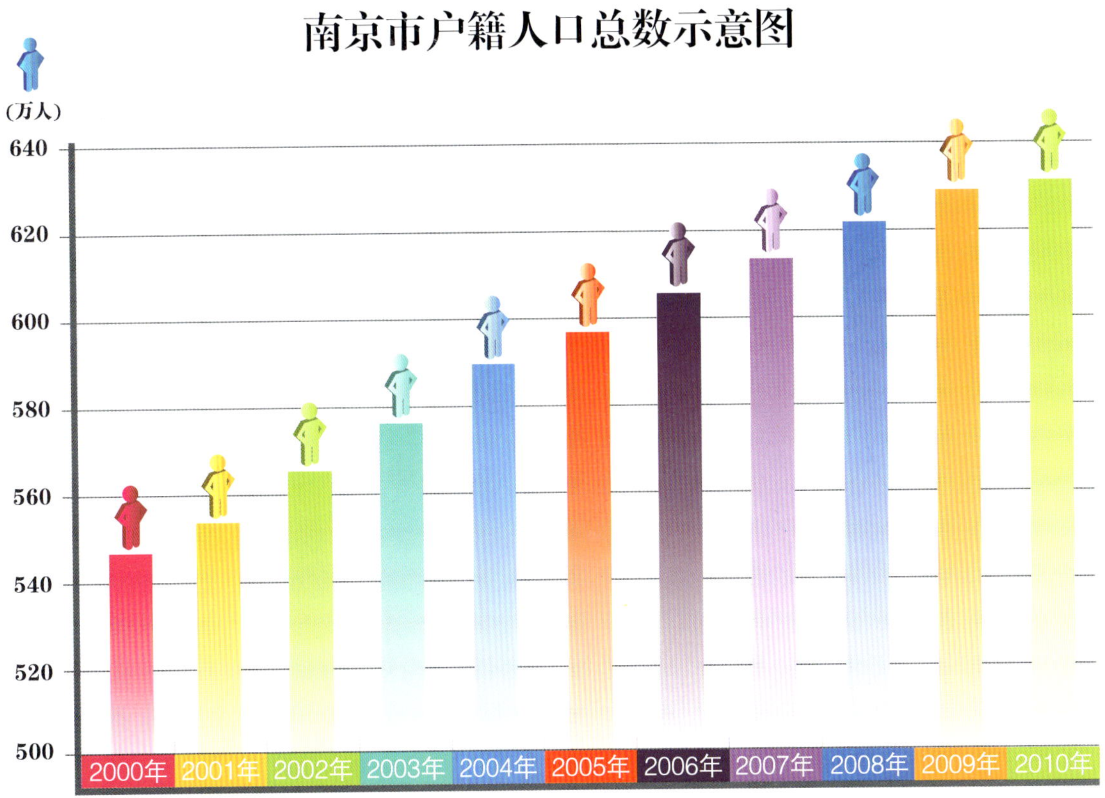
南京市户籍人口总数示意图
(万人)
640
620
600
580
560
540
520
500
2000年
2001年
2002年
2003年
2004年
2005年
2006年
2007年
2008年
2009年
2010年

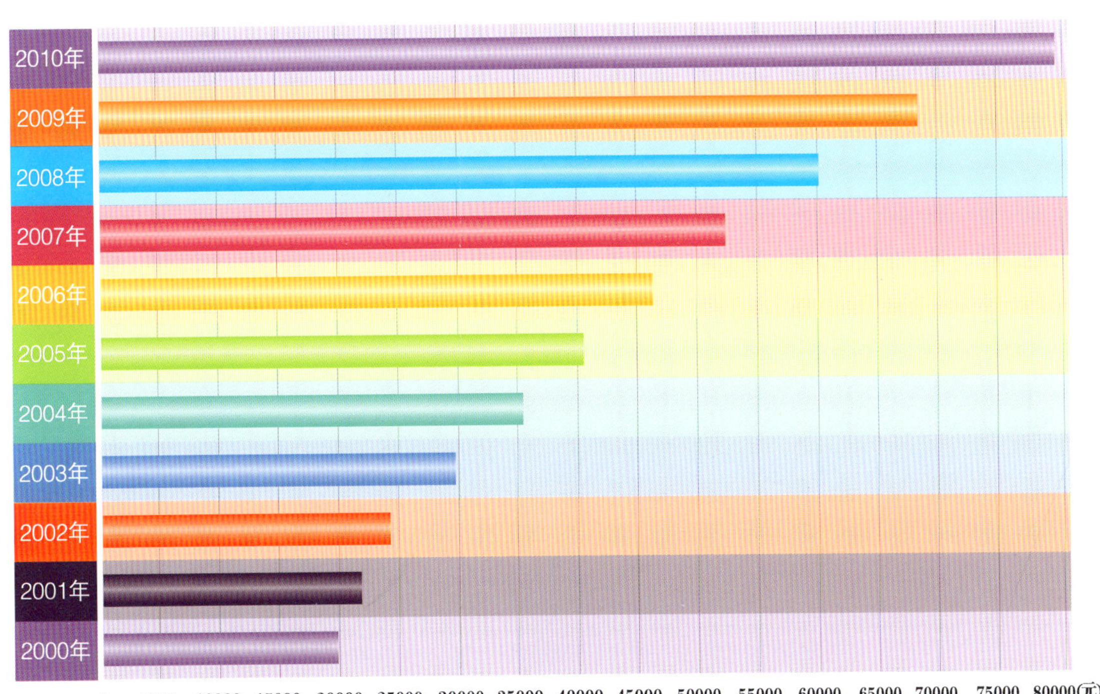
南京人均地区生产总值(按户籍人口计算)示意图
2010年
2009年
2008年
2007年
2006年
2005年
2004年
2003年
2002年
2001年
2000年
0
5000
10000
15000
20000
25000
30000
35000
40000
45000
50000
55000
60000
65000
70000
75000
80000(元)

南京市地区生产总值示意图

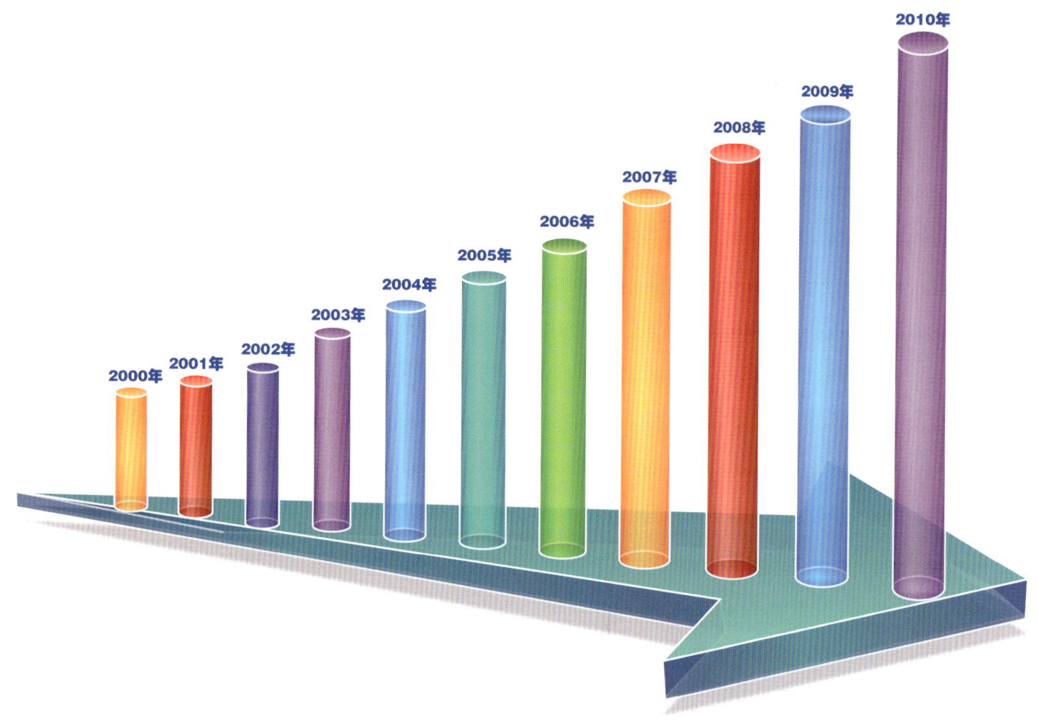

南京市第三产业占地区生产总值比重示意图

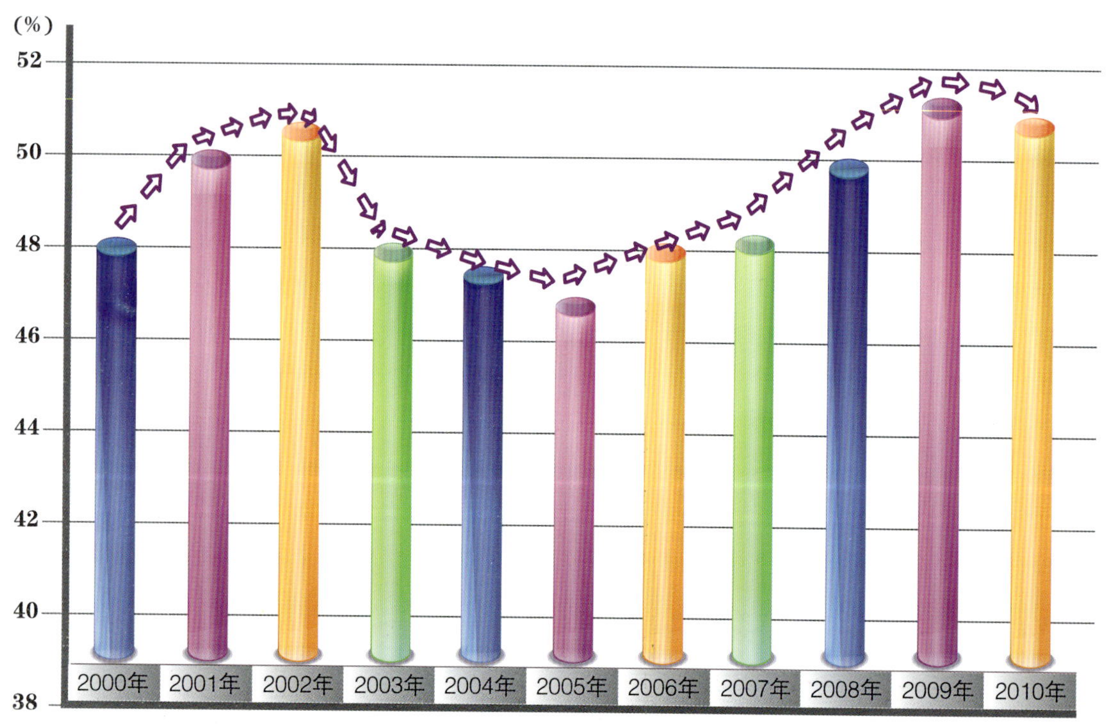

南京市财政收入示意图

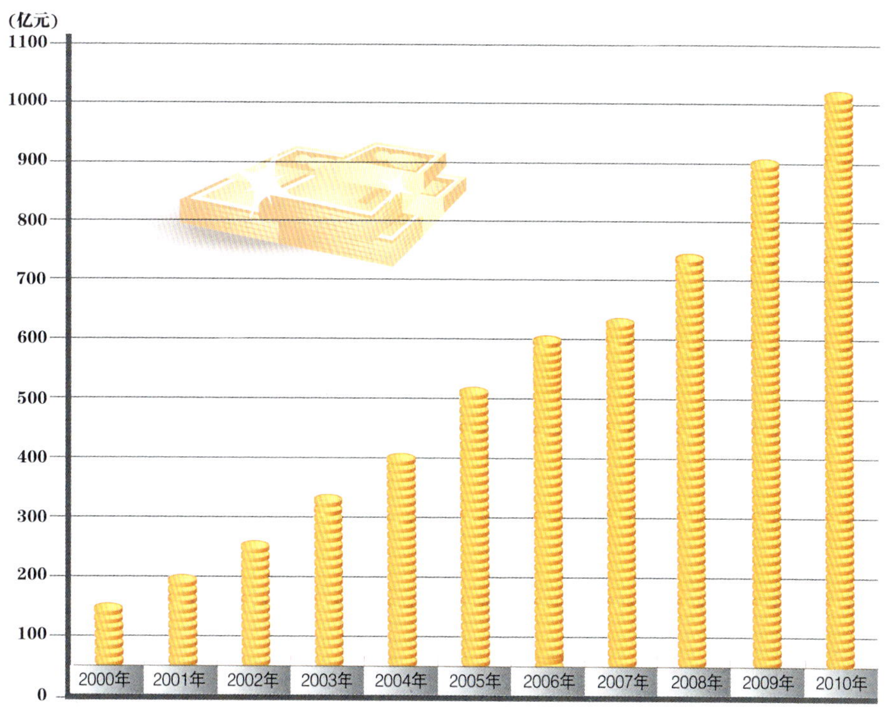

南京全社会固定资产投资完成额示意图

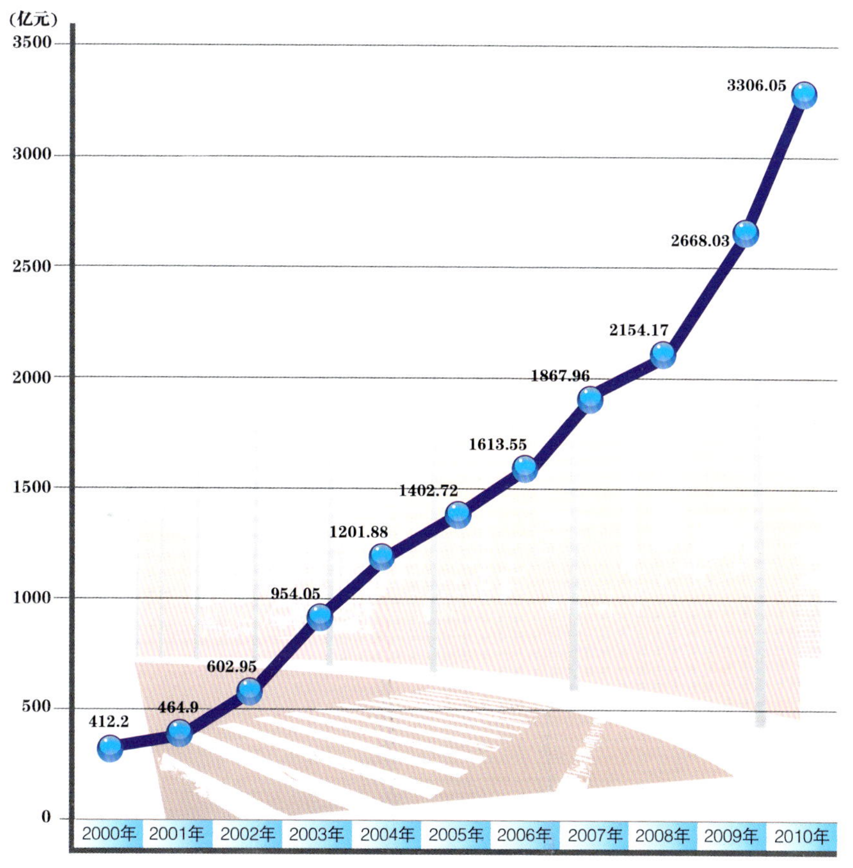

南京社会消费品零售总额示意图

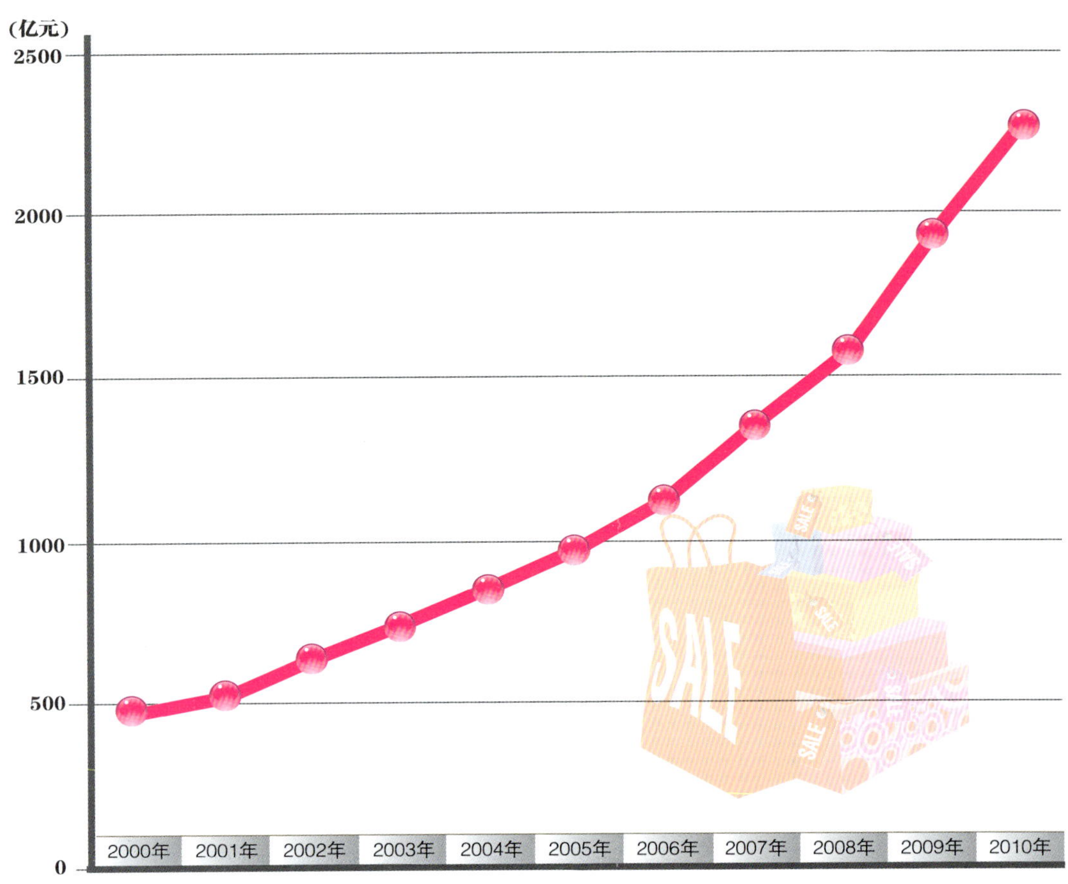

南京外贸出口总额示意图

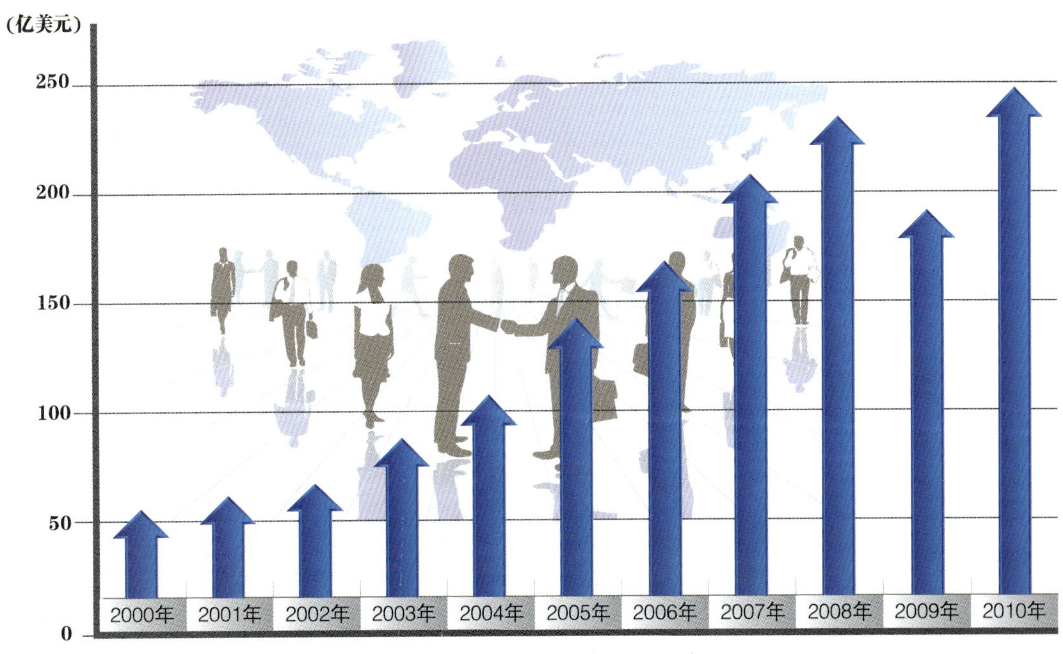

南京工业增加值示意图

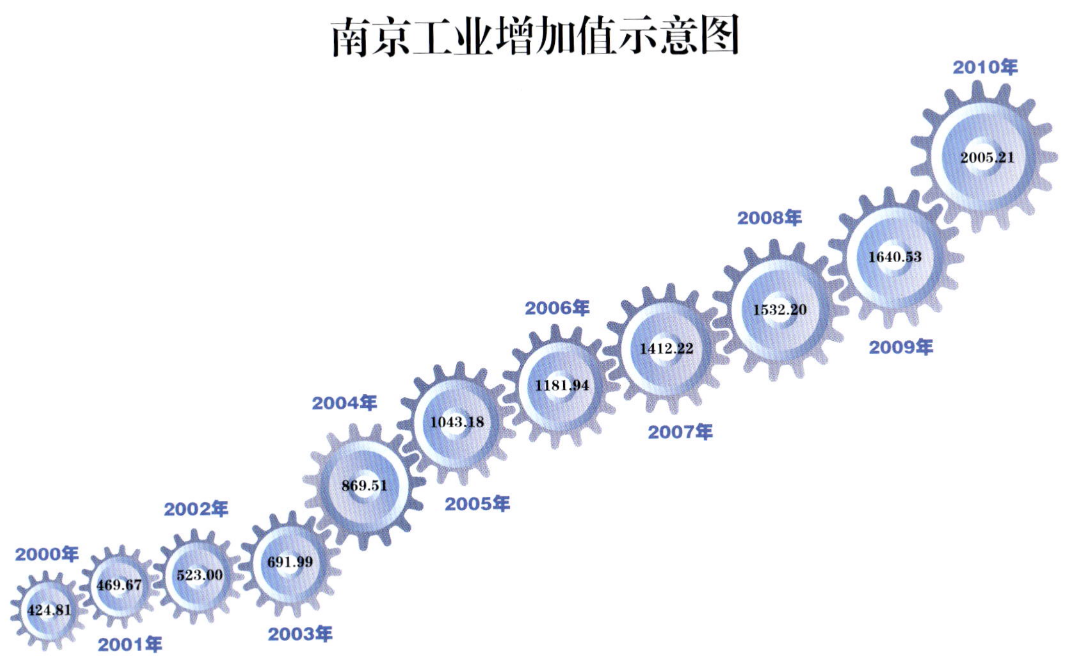

南京市规模以上工业企业利税总额示意图

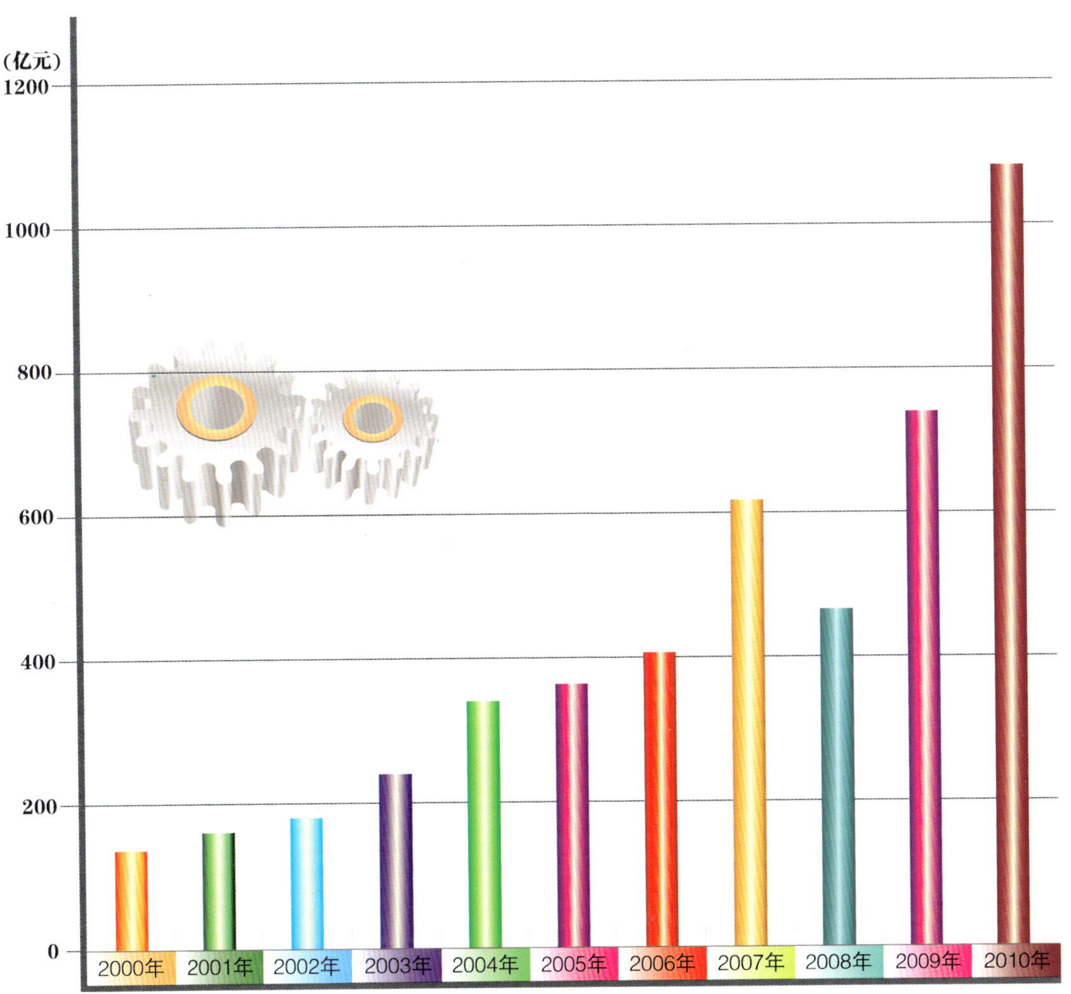

南京市农林牧渔总产值(现价)示意图

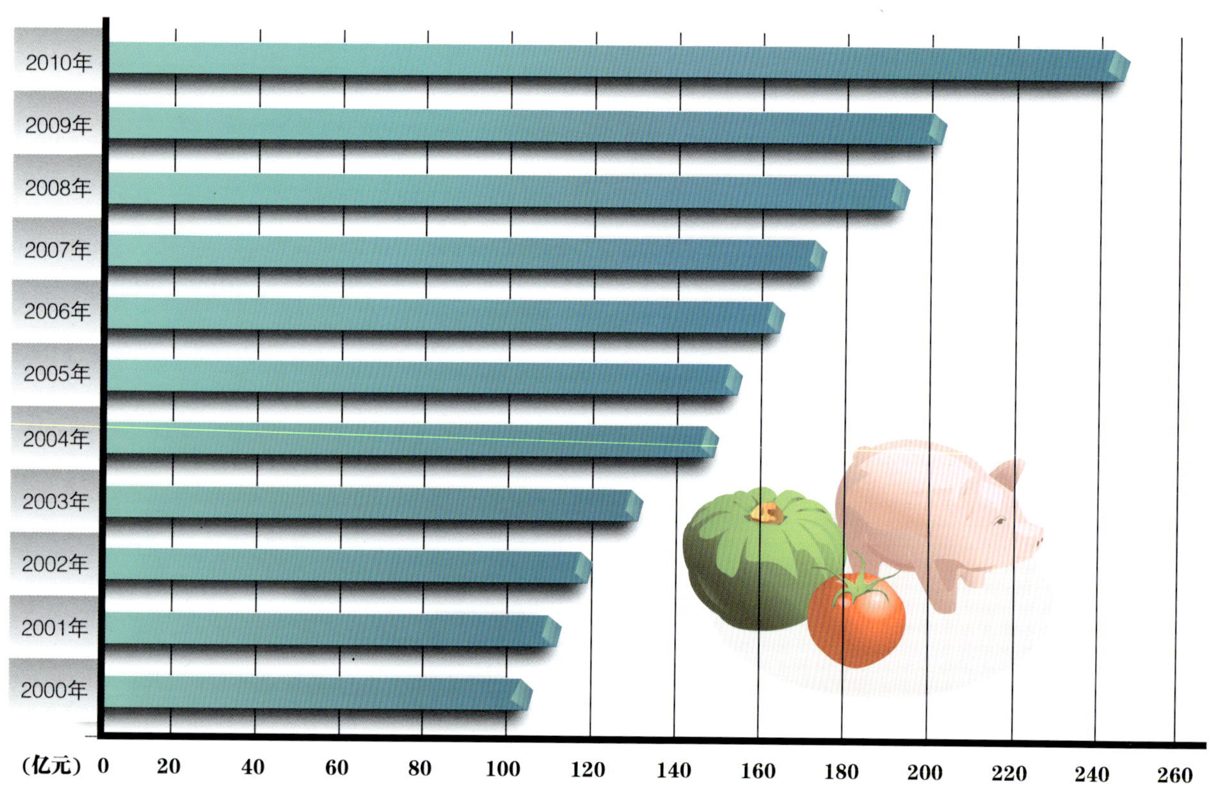

南京市普通高校在校学生人数示意图

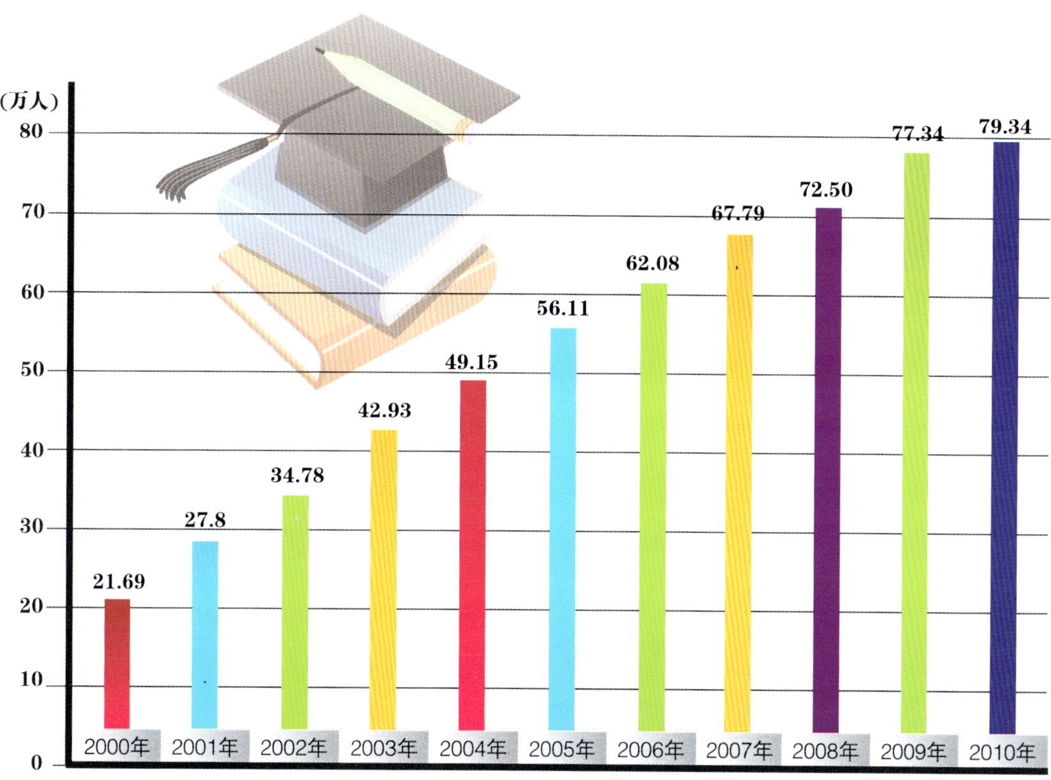

南京市人均绿地面积示意图

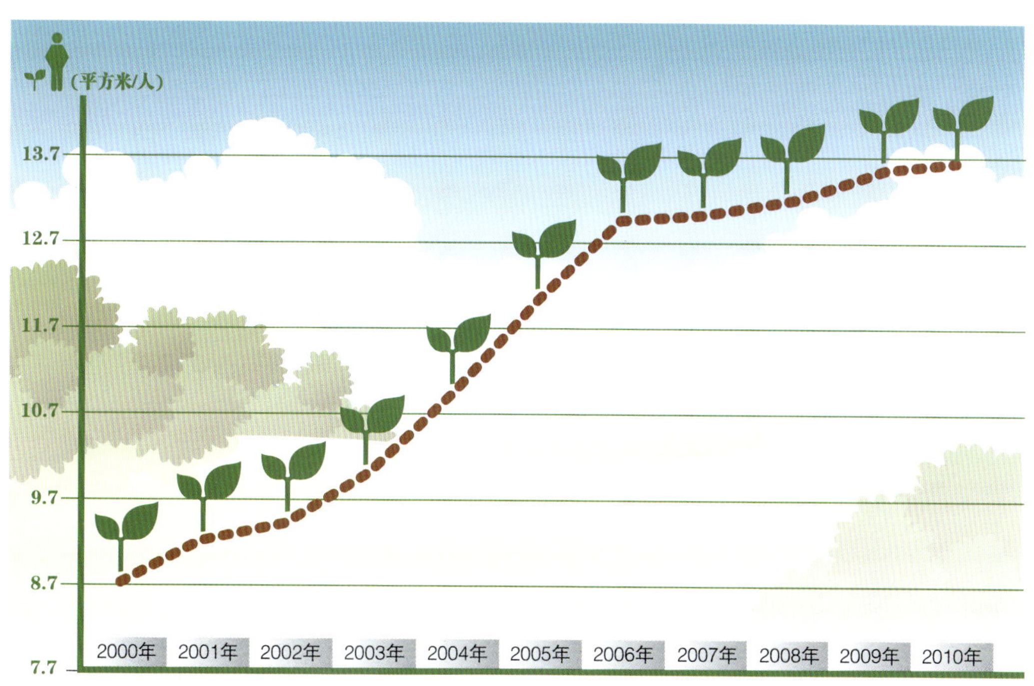

南京市城市居民人均可支配收入示意图

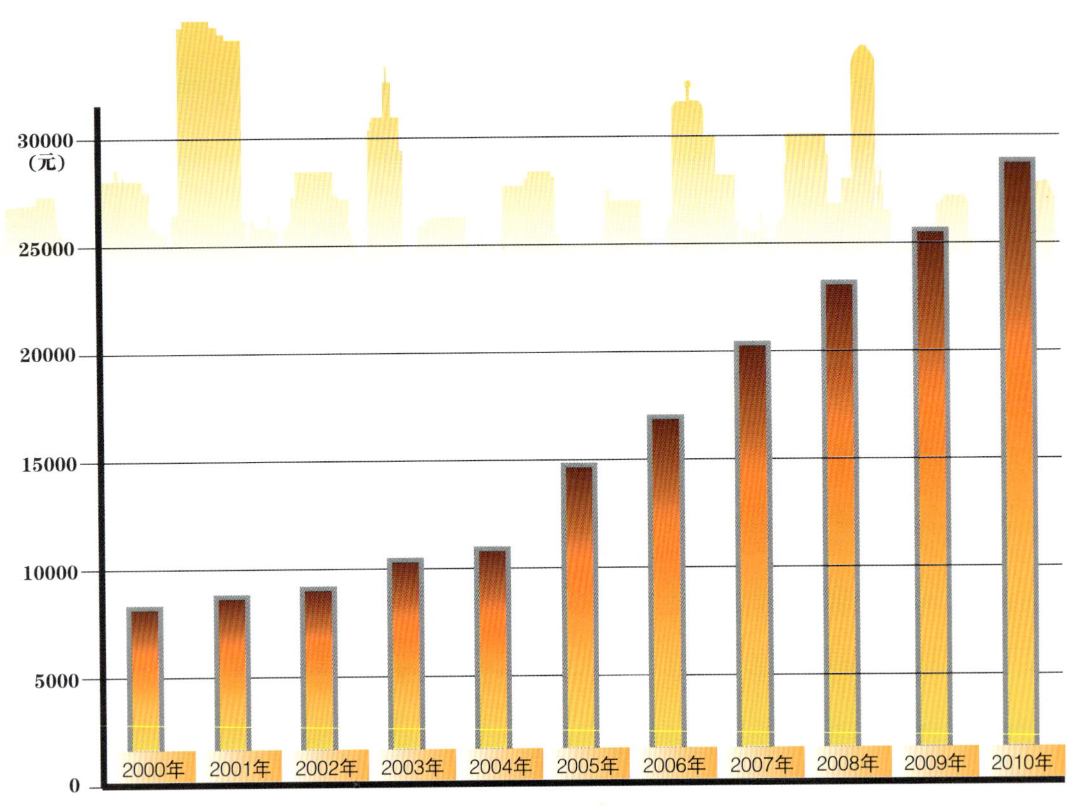

南京市农民人均纯收入示意图

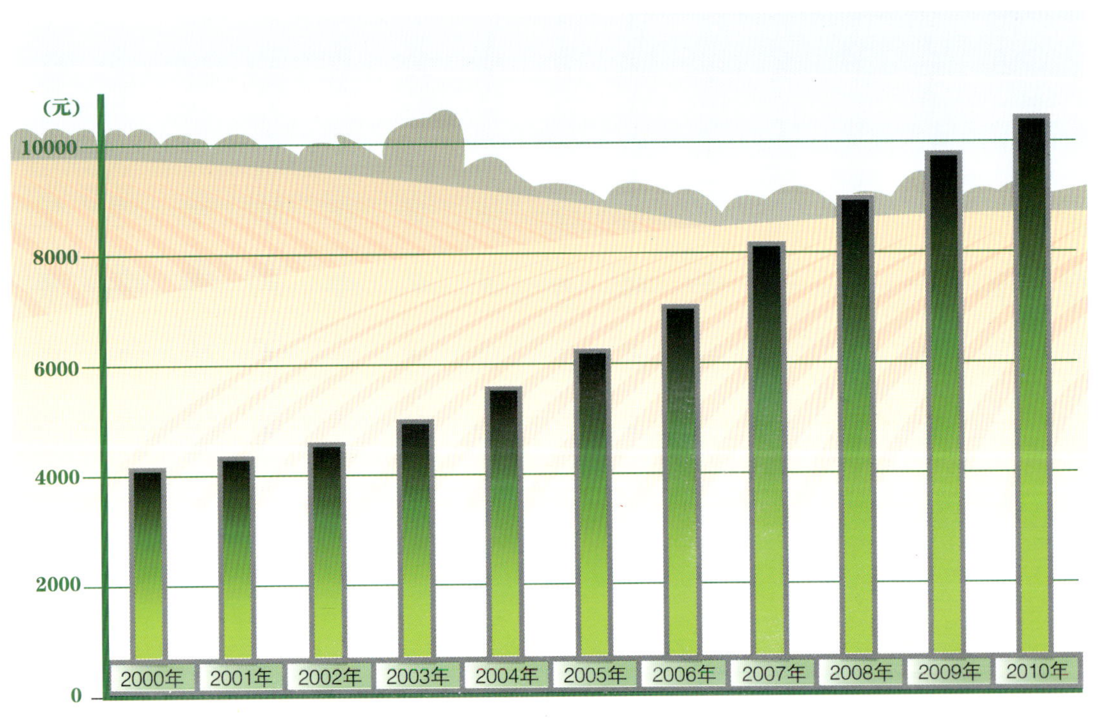

2011 年统计年鉴目录

CONTENTS ON STATISTICAL YEARBOOK－2011

(一) 综合
General Survey

(二) 国民经济核算
National Accounts

(三) 人口和就业
Population And Employment

(四) 人民生活
People's Livelihood

（五）价格指数
Price Indices

（六）农业
Agriculture

（七）工业和能源
Industry and Energy

(八)交通运输和邮电通讯业
Transportation,Post and Telecommunication Services

(九) 固定资产投资和建筑业
Investment in Fixed Assets and Construction

(十) 批发和零售业、住宿和餐饮业

Wholesale and Retail Trade, Accommodations and Catering

(十一)对外经济贸易和旅游业

Foreign Trade and Economic Cooperation, Tourism

（十二）财政、金融和保险
Finance, Banking and Insurance

（十三）科技和教育
Science and Technology, Education

(十四) 文化、卫生和体育
Culture,Public Health and Sports

(十五)司法、社会福利与其他社会活动
Judicature,Social Welfare and Others

（十六）城市建设与环境保护
Urban Construction and Environmental Protection

（十七）区县社会经济
Social Economy by District and County

(十八) 附录
Appendix

（一）综合

CHAPTER 1
GENERAL SURVEY

表1—1 行政区划与行政区域土地面积(2010年末)

计量单位:个、平方公里

地区	行政区划				行政区域土地面积
	街道办事处	社区居民委员会	镇人民政府	村民委员会	
总计	84	762	29	571	6587.02
市区	84	737	13	346	4733.13
城区	40	329		32	260.50
玄武	8	63		4	75.46
白下	7	57			26.39
秦淮	5	47		6	22.72
建邺	7	42		19	82.93
鼓楼	7	64		3	24.65
下关	6	56			28.35
郊区	44	408	13	314	4472.63
浦口	7	71	4	62	910.49
栖霞	10	78		34	381.01
雨花台	7	51		9	132.39
江宁	10	124		77	1577.75
六合	10	84	9	132	1470.99
县		25	16	225	1853.89
溧水		15	8	91	1063.67
高淳		10	8	134	790.23

注:本表中行政区划数据由市民政局提供;土地面积数据由市国土资源局提供。

表1—2　区、县所辖街道办事处、镇名称(2010年)

地　　区	街道办事处
玄武区	梅园新村、新街口、玄武门、后宰门、锁金村、孝陵卫、玄武湖、红山
白下区	洪武路、五老村、大光路、瑞金路、月牙湖、光华路、朝天宫
秦淮区	夫子庙、双塘、中华门、秦虹、红花
建邺区	滨湖、南湖、南苑、兴隆、双闸、沙洲、江心洲
鼓楼区	华侨路、宁海路、湖南路、中央门、挹江门、江东、凤凰
下关区	热河南路、阅江楼、建宁路、宝塔桥、小市、幕府山
浦口区	泰山、顶山、沿江、江浦、桥林、汤泉、盘城
栖霞区	尧化、迈皋桥、燕子矶、马群、龙潭、栖霞、仙林、靖安、八卦洲、西岗
雨花台区	雨花新村、宁南、西善桥、板桥、铁心桥、赛虹桥、梅山
江宁区	东山、秣陵、淳化、汤山、禄口、江宁、谷里、湖熟、横溪、麒麟
六合区	山潘、西厂门、卸甲甸、葛塘、长芦、雄州、龙池、程桥、横梁、金牛湖

表1—2　续表

地　　区	镇
浦口区	永宁、星甸、石桥、乌江
六合区	冶山、瓜埠、东沟、竹镇、马集、龙袍、玉带、马鞍、新篁
溧水县	永阳、柘塘、洪蓝、石湫、东屏、白马、和凤、晶桥
高淳县	淳溪、固城、东坝、桠溪、漆桥、阳江、砖墙、古柏

表 1—3　耕地面积情况

计量单位：千公顷

指　　标	2010 年	2009 年
一、年初耕地面积	241.12	242.09
二、年内增加耕地面积	1.01	0.30
三、当年经批准减少耕地面积	2.22	0.32
＃国家基建占地	2.22	0.30
四、年末耕地面积	239.91	242.07

注：本表数据来源于市国土资源局。根据国土部统一规定：2010 年年初耕地面积使用第二次全国土地调查数据。

表 1—4　气候（2010 年）

月　份	平均气温（摄氏）	月平均气温（摄氏）		月降水量合计（毫米）
		最高	最低	
全　年	16.2			1298.4
一　月	3.6	8.4	0.1	18.8
二　月	6.0	10.0	2.7	115.6
三　月	8.6	13.3	5.0	117.8
四　月	12.8	17.4	8.8	197.9
五　月	21.1	25.8	17.2	56.1
六　月	24.8	29.3	21.0	62.1
七　月	28.3	32.0	25.4	343.2
八　月	29.7	33.9	26.2	142.1
九　月	24.2	28.2	21.7	181.1
十　月	17.1	21.7	13.8	32.1
十一月	11.9	17.8	7.4	7.6
十二月	6.5	12.2	2.3	24.0

附：极端最低气温－5.5 ℃　1 月 14 日和 2 月 13 日
　　极端最高气温 38.4 ℃　8 月 13 日
　　全年日照　1899.3 小时

表1—5 社会经济主要指标

指　　标	2010年	2009年
行政区域土地面积(平方公里)	6587.02	6582.31
户籍总人口(万人)	632.42	629.77
常住人口(万人)	800.76	771.31
居民平均期望寿命(岁)	76.84	76.60
地区生产总值(亿元)	5012.64	4230.26
规模以上工业总产值(亿元)	8609.5	6799.77
全社会固定资产投资(亿元)	3306.05	2668.03
＃房地产开发投资	754.76	595.68
社会消费品零售总额(亿元)	2288.74	1935.49
实际使用外资(亿美元)	28.16	23.92
海关进出口总额(亿美元)	456.01	337.45
＃出口总额	248.85	184.59
接待国内外旅游人数(万人次)	6496.88	5633.36
国际旅游创汇收入(亿美元)	9.81	8.37
财政总收入(亿元)	1075.25	901.15
＃地方财政一般预算收入	518.80	434.51
地方财政一般预算支出(亿元)	542.18	461.27

表 1—5　续表

指　　标	2010 年	2009 年
城市居民消费价格指数(以上年为 100)	104.2	100.1
城镇登记失业率(%)	2.6	2.7
城镇企业职工基本养老保险参保人数(万人)	209.30	181.19
城镇失业保险参保人数(万人)	198.75	182.00
城镇职工基本医疗保险参保人数(万人)	276.66	251.78
个人轿车拥有量(万辆)	47.04	36.10
计算机互联网用户(万户)	150.59	142.10
专业技术人员数(万人)	89.60	75.08
规模以上工业企业高新技术工业总产值(亿元)	3331.22	2444.76
专利申请量(件)	19275	14220
普通高校在校学生数(万人)	79.34	77.34
普通中学在校学生数(万人)	24.86	26.11
小学在校学生数(万人)	28.83	28.32
公共图书馆总藏量(万册)	1339.31	1297.9
传染病发病率(1/10 万)	128.59	138.78
5 岁以下儿童死亡率(‰)	3.81	4.69
执业(助理)医师(人)	17007	16593
单位地区生产总值能源消费总量(吨标准煤/万元)	1.065	1.12
城市绿化覆盖率(%)	44.38	44.11
森林覆盖率(%)	24.9	24.0
环境空气质量良好以上天数(天)	302	315

表 1—6　按人口平均的社会经济主要指标

指　　标	2010 年	2009 年
人均地区生产总值(元)*	79427	67455
人均固定资产投资(元)*	52385.52	42544.17
人均财政收入(元)*	17037.71	14369.66
人均地方财政一般预算支出(元)*	8591.03	7355.37
居民人均储蓄本外币存款余额(元)*	56600.7	49830.97
城镇非私营单位职工年平均工资(元)	45444	40134
城市居民人均可支配收入(元)	28312	25504
城市居民人均消费支出(元)	18156	16339
农村居民人均纯收入(元)	11128	9858
农村居民人均生活消费支出(元)	8477	7526
城市居民人均住房建筑面积(平方米)	27.44	27.04
农村居民人均钢筋、砖木结构住房面积(平方米)	49.94	48.85
人均日生活用水量(升)	314.8	257.23
人均生活用电(千瓦小时)*	840.02	721.31
年末每万人拥有医疗床位数(张)*	49.26	47.65
年末每万人拥有执业医师、助理医师(人)*	26.95	26.46
每百万人口拥有公共文化设施数(个)*	35.34	31.73
每万人口拥有收养性社会福利单位的床位数(张)*	45.32	36.73
交通、火灾死亡人口比率(1/10 万)	6.60	7.04
每万人拥有公共交通车辆(标台)	17.57	15.82
人均拥有道路面积(平方米)	19.35	18.91

注:本表中加“*”号指标均按户籍平均人口计算。

表1—7　用电量

计量单位:万千瓦小时

指　　标	2010年	2009年	2010年为上年%
全社会用电量	3736638	3370545	110.9
#农业用电	16871	16264	103.7
工业用电	2426591	2237473	108.5
城乡居民生活用电	530134	452346	117.2
#乡村生活用电	107195	93197	115.0

注:农业用电量指农、林、牧、渔用电量。

表1—8　个体经营户注册登记情况(2010年)

指　　标	年末户数(户)	从业人数(人)	资金数额(万元)
合　计	235479	472329	1604221.0
农、林、牧、渔业	3835	9235	77920.3
采矿业	67	309	1202.3
制造业	12220	33016	110603.8
电力、燃气及水的生产和供应业	24	44	123.2
建筑业	1691	5293	25561.4
交通运输、仓储和邮政业	6907	10795	62111.5
信息传输、计算机服务和软件业	867	1830	4388.4
批发和零售业	150764	263305	877986.9
住宿和餐饮业	21460	64166	190315.9
金融业	5	10	20.1
房地产业	910	1931	7108.5
租赁和商务服务业	3386	7013	29204.0
科学研究、技术服务和地质勘查业	210	465	1475.0
水利、环境和公共设施管理业	62	193	828.5
居民服务和其他服务业	28208	64759	184228.9
教育	31	90	217.2
卫生、社会保障和社会福利业	416	1090	3365.6
文化、体育和娱乐业	4317	8603	27170.6
其他	99	182	389.0

注:本表数据来自市工商局。

表 1—9　私营企业注册登记情况(2010 年)

指　标	年末户数(户)	从业人数(人)	注册资金(万元)
合　计	136305	1322888	22467479.9
农、林、牧、渔业	1063	10157	185164.1
采矿业	101	3971	146322.5
制造业	19490	339287	4525426.7
电力、燃气及水的生产和供应业	122	2732	105468.6
建筑业	11610	172044	2311780.9
交通运输、仓储和邮政业	3252	37668	607782.9
信息传输、计算机服务和软件业	6243	43734	788357.7
批发和零售业	54291	356732	6042074.1
住宿和餐饮业	2260	43906	210227.5
金融业	251	2509	343166.1
房地产业	3995	47088	2317617.3
租赁和商务服务业	19163	139318	3074769.2
科学研究、技术服务和地质勘查业	7492	62463	1236920.8
水利、环境和公共设施管理业	425	4426	96123.0
居民服务和其他服务业	4997	42782	319775.4
教育	59	945	7029.4
卫生、社会保障和社会福利业	228	3362	24081.1
文化、体育和娱乐业	1260	9753	125376.8
其他	3	11	16.0

注:本表数据来自市工商局。

表 1—10　人民币市场汇率(年末中间价)

年　份 Year	美　元 US Dollar (100)	欧　元 EURO (100)	日　元 Japanese Yen (100)	港　币 Hong Kong Dollar (100)	英　镑 Pound (100)
1981	174.55		0.79	30.80	
1983	198.09		0.85	25.30	
1984	257.55		1.13	35.90	
1985	320.15		1.59	40.79	
1986	372.21		2.33	47.68	
1987	372.21		3.01	47.90	
1988	372.21		2.98	47.61	
1989	472.21		3.29	60.48	
1990	522.21		3.87	67.00	
1991	543.42		4.32	69.42	
1992	575.18		4.61	74.31	
1993	580.00		5.21	75.09	
1994	844.62		8.48	109.14	
1995	831.74		8.05	107.96	
1996	829.84		7.20	107.24	
1997	827.96		6.35	106.99	
1998	827.87		7.17	106.78	
1999	827.93		8.09	106.51	
2000	827.81		7.24	106.06	
2001	827.66		6.30	106.06	
2002	827.73	863.60	6.90	106.11	
2003	827.67	1033.83	7.73	106.57	
2004	827.65	1126.27	7.97	106.37	
2005	807.02	957.97	6.87	104.03	
2006	780.87	1026.65	6.56	100.47	
2007	730.46	1066.69	6.11	93.64	1458.07
2008	683.46	956.90	7.57	88.19	987.98
2009	682.82	979.71	7.38	88.05	1097.80
2010	662.27	880.65	8.13	85.09	1021.82

主要统计指标解释

可比价格 指在不同时期的价值指标对比时，扣除了价格变动的因素，以确切反映物量的变化。按可比价格计算有两种方法：一种是直接用产品产量乘某一年的不变价格计算；另一种是用价格指数换算。

不变价格 指以同类产品某年的平均价格作为固定价格，来计算各年产品价值。按不变价格计算的产品价值消除了价格变动因素，不同时期对比可以反映生产的发展速度。新中国成立后，随着工农业产品价格水平的变化，国家统计局先后五次制定了全国统一的工业产品不变价格和农业产品不变价格，从1949年到1957年使用1952年工（农）业产品不变价格，从1957年到1971年使用1957年不变价格，从1971年到1981年使用1970年不变价格，从1981年到1990年使用1980年不变价格，从1990年开始使用1990年不变价格。

平均增长速度 我国计算平均增长速度有两种方法：一种是习惯上经常使用的“水平法”，又称几何平均法，是以间隔期最后一年的水平同基期水平对比来计算平均每年增长（或下降）速度；另一种是“累计法”，又称代数平均法或方程法，是以间隔期内各年水平的总和同基期水平对比来计算平均每年增长（或下降）速度。在一般正常情况下，两种方法计算的平均每年增长速度比较接近；但在经济发展不平衡、出现大起大落时，两种方法计算的结果差别较大。

本《年鉴》内所列的平均增长速度，除固定资产投资用“累计法”计算外，其余均用“水平法”计算。从某年到某年平均增长速度的年份，均不包括基期年在内。如建国四十三年以来的平均增长速度是以1949年为基期计算的，则写为1950—1992年平均增长速度，其余类推。

三次产业 根据社会生产活动历史发展的顺序对产业结构的划分，产品直接取自自然界的部门称为第一产业，对初级产品进行再加工的部门称为第二产业。为生产和消费提供各种服务的部门称为第三产业。它是世界上通用的产业结构分类，但各国的划分不尽一致。

我国的三次产业划分是：

第一产业是指农、林、牧、渔业。

第二产业是指采矿业，制造业，电力、燃气及水的生产和供应业，建筑业。

第三产业是指除第一、二产业以外的其他行业。

企业（单位）登记注册类型 是以在工商行政管理机关登记注册的各类企业为划分对象，以工商行政管理部门对企业登记注册的类型为依据，将企业登记注册类型分为内资企业、港澳台商投资企业和外商投资企业三大类。内资企业包括国有企业、集体企业、股份合作企业、联营企业、有限责任公司、股份有限公司、私营公司和其他企业；港澳台商投资企业和外商投资企业分别包括合资经营企业、合作经营企业、独资经营企业和股份有限公司。对不在工商行政管理部门进行登记注册的行政机关、事业单位和社会团体，主要按其经费来源和管理方式进行划分。

法人单位　指具备以下条件的单位：(1) 依法成立，有自己的名称、组织机构和场所，能够独立承担民事责任；(2) 独立拥有和使用（或授权使用）资产，承担负债，有权与其他单位签订合同；(3) 会计上独立核算，能够编制资产负债表。法人单位包括企业法人、事业单位法人、机关法人、社会团体法人和其他法人。

法人单位所属产业活动单位（简称：产业活动单位）　是指具备有以下条件的单位：(1) 在一个场所从事一种或主要从事一种社会经济活动；(2) 相对独立组织生产经营或业务活动：(3) 能够掌握收入和支出等业务核算资料。产业活动单位是指经过法定程序批准建立的、不能独立承担民事责任的单位。包括由各级工商行政管理机关核准登记，领取《营业执照》的分支机构或经营单位；由各级登记主管机关备案，或依据相关法律法规由各级主管部门批准建立的事业单位分支机构和社会团体分支机构。未经法定程序批准在法人内部建立的机构，具备产业活动单位条件的认定为产业活动单位。产业活动单位分为单产业法人单位和多产业法人单位。

（二）国民经济核算

CHAPTER 2
NATIONAL ACCOUNTS

表 2—1　全市地区生产总值（2010 年）

计量单位：亿元

指　　标	2010 年	2010 年为上年%（按可比价计算）	占地区生产总值比重%
地区生产总值	5012.64	113.1	100.0
第一产业	142.28	104.1	2.8
第二产业	2327.86	113.6	46.5
工业	2005.21	114.4	40.0
建筑业	322.65	107.4	6.5
第三产业	2542.50	113.0	50.7
交通运输、仓储和邮政业	260.39	114.9	5.2
批发和零售业	515.90	112.5	10.3
住宿和餐饮业	92.96	112.1	1.8
金融业	420.41	115.1	8.4
房地产业	315.79	95.6	6.3
其他服务业	937.05	118.7	18.7
附：按户籍平均人口计算的人均地区生产总值（元）	79427	112.4	—
按常住平均人口计算的人均地区生产总值（元）	63771	110.1	—

表2—2 市区地区生产总值(2010年)

计量单位:亿元

指　　标	2010年	2010年为上年%（按可比价计算）	占地区生产总值比重%
地区生产总值	4526.48	112.9	100.0
第一产业	96.44	103.7	2.1
第二产业	2029.97	113.1	44.9
工业	1758.94	114.0	38.9
建筑业	271.03	106.0	6.0
第三产业	2400.07	113.0	53.0
交通运输、仓储和邮政业	210.39	115.4	4.6
批发和零售业	484.89	112.4	10.7
住宿和餐饮业	86.68	111.8	1.9
金融业	418.95	115.1	9.3
房地产业	300.41	95.2	6.6
其他服务业	898.75	118.8	19.9
附:按户籍平均人口计算的人均地区生产总值(元)	82725	112.2	—
按常住平均人口计算的人均地区生产总值(元)	64511	109.6	—

表 2—3　按支出法计算的全市地区生产总值(2010 年)

计量单位:亿元

指　　标	2010 年	2010 年为上年%（按可比价计算）
支出法地区生产总值	5012.64	113.1
一、最终消费支出	2311.79	114.0
1. 居民消费支出	1540.40	116.1
农村居民	186.68	111.7
城镇居民	1353.72	116.7
2. 政府消费支出	771.39	109.9
二、资本形成总额	2723.26	112.1
1. 固定资本形成总额	2554.99	112.3
2. 存货增加	168.27	107.6
三、货物和服务净流出	－22.41	—

注:从 2008 年开始本表发展速度按可比价计算。

表 2—4　居民消费水平

指　　标	2010 年
一、当年价格居民消费水平(元/人)	19596.91
农村居民	10718.39
城镇居民	22124.20
二、常住居民年平均人口(万人)	786.04
农村居民	174.17
城镇居民	611.87

表2—5 最终消费(2010年)

计量单位:亿元

指　　标	2010年
最终消费支出	2311.79
一、居民消费支出	1540.40
（一）农村居民	186.68
1. 食品类支出	54.17
2. 衣着类支出	10.67
3. 居住类支出	20.10
4. 家庭设备、用品及服务类支出	8.89
5. 医疗保健类支出	7.62
6. 公共医疗消费支出	0.8
7. 交通和通信类支出	16.76
8. 文教娱乐用品及服务类支出	32.98
9. 金融中介服务虚拟支出	18.09
10. 金融机构实际服务消费支出	3.24
11. 保险服务消费支出	0.20
12. 自有住房服务虚拟支出	9.79
13. 商品和服务类支出	3.37
（二）城镇居民	1353.72
1. 食品类支出	394.75
2. 衣着类支出	96.17
3. 居住类支出	92.91
4. 家庭设备、用品及服务类支出	85.91
5. 医疗保健类支出	83.81
6. 公共医疗消费支出	36.34
7. 交通和通信类支出	119.29
8. 文教娱乐用品及服务类支出	199.64
9. 金融中介服务虚拟支出	69.00
10. 金融机构实际服务消费支出	19.44
11. 保险服务消费支出	1.23
12. 自有住房服务虚拟支出	94.08
13. 实物消费支出	14.05
14. 其他商品和服务类支出	47.10
二、政府消费支出	771.39

表 2—6　主要年份地区生产总值

计量单位:亿元

年份	地区生产总值	第一产业	第二产业	#工业	第三产业	人均地区生产总值(元)(按户籍人口计算)	人均地区生产总值(元)(按常住人口计算)
1990	176.52	17.26	96.03	87.40	63.23	3538	—
1994	472.17	34.85	248.26	227.99	189.06	9142	—
1995	584.59	44.97	297.46	258.38	242.16	11242	—
1996	682.78	45.93	339.49	286.12	297.36	13041	—
1997	773.78	49.85	379.86	323.13	344.07	14665	—
1998	850.24	51.72	406.18	341.89	392.34	16010	—
1999	937.89	53.53	432.86	368.44	451.50	17535	—
2000	1073.54	57.56	491.87	424.81	524.11	19838	—
2001	1218.51	61.94	544.66	469.67	611.91	22196	—
2002	1385.14	65.73	610.65	523.00	708.76	24816	—
2003	1690.77	69.51	802.24	691.99	819.02	29780	—
2004	2067.18	75.27	1003.99	869.51	987.92	35770	—
2005	2451.94	102.00	1199.48	1043.58	1150.46	41579	36112
2006	2822.80	109.55	1359.94	1181.94	1353.31	46928	40072
2007	3340.05	115.28	1607.22	1412.22	1617.55	54558	45473
2008	3814.62	119.4	1771.28	1532.20	1923.94	61445	50855
2009	4230.26	129.18	1930.66	1640.53	2170.42	67455	55290
2010	5012.64	142.28	2327.86	2005.21	2542.50	79427	63771

注:本表数据均为现价。

表 2—7　主要年份地区生产总值发展速度

计量单位:%

年份	地区生产总值	第一产业	第二产业	#工业	第三产业	人均地区生产总值(元)(按户籍人口计算)	人均地区生产总值(元)(按常住人口计算)
1990	109.2	97.2	105.1	111.8	121.8	107.7	—
1994	115.6	98.6	119.2	120.6	112.8	114.7	—
1995	112.4	115.6	113.0	108.7	110.8	111.6	—
1996	113.0	108.9	113.6	111.1	112.8	112.2	—
1997	113.3	109.6	113.3	113.9	114.1	112.4	—
1998	111.8	104.5	111.9	111.3	112.6	111.1	—
1999	110.6	107.4	109.7	111.0	112.6	109.8	—
2000	112.3	108.1	112.1	112.8	113.1	111.0	—
2001	111.1	108.3	109.0	108.1	113.8	109.5	—
2002	112.8	106.8	112.3	111.2	114.0	110.9	—
2003	115.0	105.1	118.7	118.4	112.5	113.1	—
2004	117.3	105.9	120.7	123.0	114.9	115.2	—
2005	115.1	102.7	117.9	118.0	113.4	112.8	115.0
2006	115.1	104.0	115.4	115.9	115.7	112.8	110.9
2007	115.7	103.6	115.9	117.6	116.4	113.7	111.6
2008	112.1	102.7	109.6	109.9	115.3	110.5	109.1
2009	111.5	104.1	110.1	109.3	113.5	110.4	109.4
2010	113.1	104.1	113.6	114.4	113.0	112.4	110.1

注:本表的发展速度均按可比价计算。

主要统计指标解释

地区生产总值 是按市场价格计算的地区生产总值的简称。它是一个国家（地区）所有常住单位在一定时期内生产活动的最终成果。地区生产总值有三种表现形态，即价值形态、收入形态和产品形态。从价值形态看，它是所有常住单位在一定时期内所生产的全部货物和服务价值超过同期投入的全部非固定资产货物和服务价值的差额，即所有常住单位的增加值之和；从收入形态看，它是所有常住单位在一定时期内所创造并分配给常住单位和非常住单位的初次分配收入之和；从产品形态看，它是最终使用的货物和服务减去进口货物和服务。在实际核算中，地区生产总值的三种表现形态表现为三种计算方法，即生产法、收入法和支出法。三种方法分别从不同的方面反映地区生产总值及其构成。

支出法地区生产总值 指一个国家（地区）所有常住单位在一定时期内用于最终消费、资本形成总额，以及货物和服务的净出口总额，它反映本期生产的地区生产总值的使用及构成。

最终消费 指常住单位在一定时期内对于货物和服务的全部最终消费支出，也就是常住单位为满足物质、文化和精神生活的需要，从本国经济领土和国外购买的货物和服务的支出；不包括非常住单位在本国经济领土内的消费支出。最终消费分为居民消费和政府消费。

居民消费 指常住住户对货物和服务的全部最终消费支出。居民消费按市场价格计算，即按居民支付的购买者价格计算。购买者价格是购买者取得货物所支付的价格，包括购买者支付的运输和商业费用。居民消费除了直接以货币形式购买货物和服务的消费之外，还包括以其他方式获得的货物和服务的消费支出，即所谓的虚拟消费支出。居民虚拟消费支出包括以下几种类型：单位以实物报酬及实物转移的形式提供给劳动者的货物和服务；住户生产并由本住户消费了的货物和服务，其中的服务仅指住户的自有住房服务；金融机构提供的金融媒介服务；保险公司提供的保险服务。

政府消费 指政府部门为全社会提供公共服务的消费支出和免费或以较低价格向住户提供的货物和服务的净支出。前者等于政府服务的产出价值减去政府单位所获得的经营收入的价值，政府服务的产出价值等于它的经常性业务支出加上固定资产折旧；后者等于政府部门免费或以较低价格向住户提供的货物和服务的市场价值减去向住户收取的价值。

资本形成总额 指常住单位在一定时期内获得的减去处置的固定资产加存货的变动，包括固定资本形成总额和存货增加。

固定资本形成总额 指常住单位购置、转入和自产自用的固定资产，扣除固定资产的销售和转出后的价值，分有形固定资产形成总额和无形固定资产形成总额。有形固定资产形成总额包括一定时期内完成的建筑工程、安装工程和设备工器具购置（减处置）价值，以及土地改良、新增役、种、奶、毛、娱乐用牲畜和新增经济林木价值。无形固定资产形成总额包括矿藏的勘探、计算机软件、娱乐和文学艺术品原件等获得减处置。

存货增加 指常住单位存货实物量变动的市场价值，即期末价值减期初价值的差额。存货增加可以是正值，也可以是负值；正值表示存货上升，负值表示存货下降。它包括生产单位购进的原材料、燃料和储备物资等存货，以及生产单位生产的产成品、在制品等存货等。

货物和服务净出口 指货物和服务出口减货物和服务进口的差额。出口包括常住单位向非常住单位出售或无偿转让的各种货物和服务的价值；进口包括常住单位从非常住单位购买或无偿得到的各种货物和服务的价值。由于服务活动的提供与使用同时发生，因此服务的进出口业务并不发生出入境现象，一般把常住单位从国外得到的服务作为进口，非常住单位从本国得到的服务作为出口。货物的出口和进口都按离岸价格计算。

（三）人口和就业

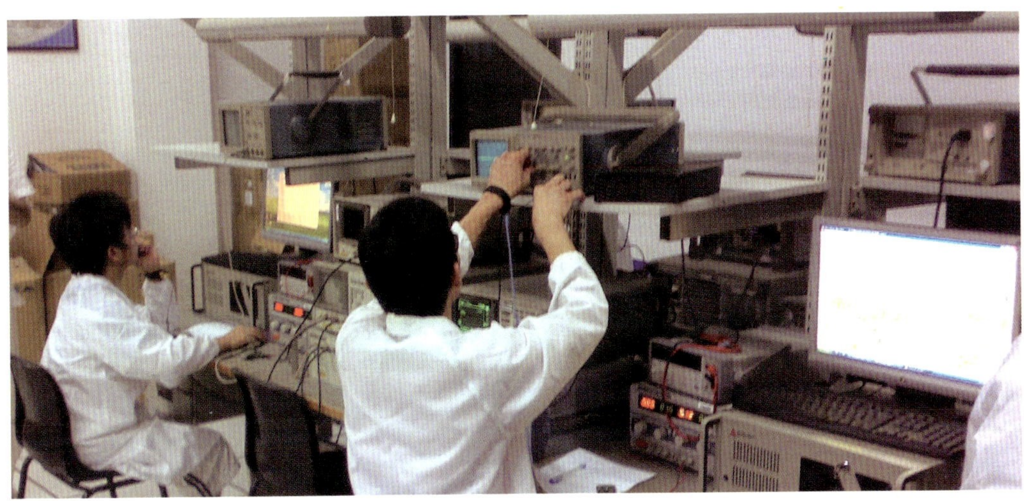

CHAPTER 3
POPULATION AND EMPLOYMENT

表 3—1　人口主要指标

指　　标	2010 年	2009 年	2010 年为上年%
一、户籍人口情况			
总户数(户)	2092943	2056372	101.8
总人口(人)	6324244	6297730	100.4
按性别分:			
男	3196530	3191601	100.2
女	3127714	3106129	100.7
性别比(以女性为 100)	102.2	102.75	99.5
迁入人口(人)	177039	189027	93.7
市区	168833	181307	93.1
县	8206	7720	106.3
迁出人口(人)	157555	149201	105.6
市区	153737	145052	106.0
县	3818	4149	92.0
出生人口(人)	57379	49327	116.3
出生率(‰)	9.09	7.87	—
死亡人口(人)	49642	35654	139.2
死亡率(‰)	7.87	5.69	—
自然增长人口(人)	7737	13673	56.6
自然增长率(‰)	1.22	2.18	—
二、全市常住人口(万人)	800.76	771.31	103.8

注:本表户籍资料根据市公安局提供的户籍数据编制。

表3—2　计划生育情况(2010年)

计量单位:人

指　标	数　值
一、出生人数	43518
一孩	40448
二孩	2994
三孩及三孩以上	76
二、计划内生育	40448
三、育龄妇女人数	2051438
四、已婚育龄妇女人数	1491907
五、现家庭只有一个孩子的妇女人数	1190446

注:本表根据市人口和计划生育委员会提供的资料编制。

表3—3　结婚及离婚登记情况

指　标	2010年	2009年
结婚登记(对)	66225	74178
#内地居民登记结婚	66225	74178
涉外及华侨、港澳台居民登记结婚	0	0
内地居民登记结婚初婚人数(人)	104638	120036
内地居民登记结婚再婚人数(人)	27812	28320
内地居民恢复结婚对数(对)	7986	2946
离婚登记(对)	24612	18316
#内地居民登记离婚	24612	18316
港澳台、华侨居民登记离婚	0	0

注:本表根据市民政局提供的资料编制。涉外及华侨、港澳台居民登记结婚、离婚对数在省民政厅统计。

表 3—4　收养登记情况

计量单位：人

指　　标	2010 年	2009 年
一、收养人合计	136	190
1. 国内公民	136	190
＃港澳同胞、台湾公民	0	0
华侨	0	0
2. 外国人	0	0
二、被收养人合计	136	190
1. 社会福利机构抚养的孤儿	0	0
＃被外国人收养	0	0
2. 社会福利机构抚养的弃婴	19	47
＃被外国人收养	0	0
3. 社会弃婴	110	140
4. 父母无力抚养的儿童	0	0
5. 其他	7	3

注：本表数据为市属口径，由市民政局提供。

表 3—5　全市从业人员

计量单位：万人

指　　标	2010 年	2009 年
从业人员	457.75	407.70
＃专业技术人员	89.60	75.08
从业人员按三次产业分组		
第一产业	51.3	45.80
第二产业	174.79	168.79
＃工业	122.44	118.97
第三产业	231.66	193.11

表3—6 全市城镇非私营单位从业人员情况(2010年)

计量单位:人

指　　标	单位从业人员	其中			离开本单位仍保留劳动关系的人员
		女性从业人员	在岗职工	其他从业人员	
全　　市	1256430	493768	1167051	89379	106007
按注册登记类型分组					
国有经济	500192	187420	462671	37521	42172
城镇集体经济	49010	18683	45686	3324	11676
其他单位合计	707228	287665	658694	48534	52159
内资	420525	143652	391905	28620	46663
港澳台商投资	90007	50398	83492	6515	3094
外商投资	196696	93615	183297	13399	2402
按国民经济行业分组					
农、林、牧、渔业	4133	1756	3853	280	527
采矿业	3240	905	3237	3	808
制造业	474067	198599	446594	27473	54634
电力、燃气及水的生产和供应业	17797	4936	17030	767	510
建筑业	100785	14571	92759	8026	11174
交通运输、仓储及邮政业	88700	28575	79968	8732	9979
信息传输、计算机服务和软件业	24329	6680	23483	846	169
批发和零售业	87057	47107	82416	4641	10670
住宿和餐饮业	38993	21560	31719	7274	2084
金融业	31239	15431	28592	2647	874
房地产业	20344	7720	18948	1396	4205
租赁和商务服务业	39736	9873	36243	3493	4968
科学研究、技术服务和地质勘查业	43593	12852	40150	3443	1441
水利、环境和公共设施管理业	17656	7045	13990	3666	695
居民服务和其他服务业	3309	1409	3009	300	940
教育	115368	56734	109527	5841	360
卫生、社会保障和社会福利业	47222	29742	43190	4032	464
文化、体育和娱乐业	17250	7168	16627	623	456
公共管理和社会组织	81612	21105	75716	5896	1049

表 3—7　全市城镇非私营单位分行业职工人数及构成(2010 年)

计量单位:人

指　标	全　市	国有单位	城镇集体单位	其他类型单位
总　计	1273058	504843	57362	710853
按企业、事业、机关分组				
企业	982601	223287	50363	708951
事业	224814	216314	6912	1588
机关	65206	65119	87	
其他	437	123		314
按国民经济行业分组				
农、林、牧、渔业	4380	4087	183	110
农业	862	821		41
林业	2080	2011		69
牧业	112	44	68	
渔业	350	350		
农、林、牧、渔服务业	976	861	115	
采矿业	4045	547	223	3275
制造业	501228	58467	20858	421903
电力、燃气及水的生产和供应业	17540	11383	164	5993
电力、热力的生产和供应业	10182	6965		3217
燃气生产和供应业	2425	236	24	2165
水的生产和供应业	4933	4182	140	611
建筑业	103933	18848	13151	71934
房屋和土木工程建筑业	77812	7112	13025	57675
建筑安装业	19609	10916	35	8658
建筑装饰业	3022	204	64	2754
其他建筑业	3490	616	27	2847

注:在岗职工+离开本单位仍保留劳动关系的人员=城镇单位职工人数。

表3—7　续表1

指　　标	全　　市	国有单位	城镇集体单位	其他类型单位
交通运输、仓储及邮政业	89947	65373	3765	20809
铁路运输业	29080	26854	2207	19
道路运输业	13170	5339	969	6862
城市公共交通业	17724	13129		4595
水上运输业	15108	9878	183	5047
航空运输业	5831	5784		47
管道运输业	150			150
装卸搬运和其他运输服务业	3315	218	406	2691
仓储业	2127	817		1310
邮政业	3442	3354		88
信息传输、计算机服务和软件业	23652	2138	30	21484
电信和其他信息传输服务业	7605	1927	30	5648
计算机服务业	1408	200		1208
软件业	14639	11		14628
批发和零售业	93086	12658	2813	77615
批发业	42419	7608	1046	33765
零售业	50667	5050	1767	43850
住宿和餐饮业	33803	8229	621	24953
住宿业	18916	6938	528	11450
餐饮业	14887	1291	93	13503
金融业	29466	13504	1925	14037
银行业	22791	11653	1904	9234
证券业	2160	429		1731
保险业	4327	1344		2983
其他金融活动	188	78	21	89

表 3—7　续表 2

指　　标	全　　市			
		国有单位	城镇集体单位	其他类型单位
房地产业	23153	6648	1157	15348
＃房地产开发经营	10816	1962	96	8758
物业管理	7250	2336	544	4370
房地产中介服务	145	83		62
租赁和商务服务业	41211	22806	4732	13673
租赁业	579	319	45	215
商务服务业	40632	22487	4687	13458
科学研究、技术服务和地质勘查业	41591	31800	229	9562
研究与试验发展	20821	18056	5	2760
自然科学研究与试验发展	7338	7044		294
工程和技术研究与试验发展	10648	8390	5	2253
农业科学研究与试验发展	1615	1615		
医学研究与试验发展	729	516		213
社会人文科学研究与试验发展	491	491		
专业技术服务业	15238	8441	203	6594
＃气象服务	407	407		
地震服务	239	239		
海洋服务	426	426		
测绘服务	2456	771	9	1676
技术检测	2102	1602	50	450
环境监测	388	358		30
工程技术与规划管理	8126	3845	144	4137
科技交流和推广服务业	1504	1275	21	208
地质勘查业	4028	4028		
水利、环境和公共设施管理业	14685	12005	1019	1661
水利管理业	1930	1823	97	10

表 3—7　续表 3

指　标	全　市	国有单位	城镇集体单位	其他类型单位
环境管理业	6018	4890	703	425
公共设施管理业	6737	5292	219	1226
居民服务和其他服务业	3949	808	625	2516
居民服务业	1942	451	44	1447
其他服务业	2007	357	581	1069
教育	109887	106718	905	2264
＃初等教育	19704	19690	14	
中等教育	29848	28856	12	980
高等教育	53837	53332		505
卫生、社会保障和社会福利业	43654	36938	4847	1869
卫生	39220	32741	4618	1861
社会保障业	2803	2583	212	8
社会福利业	1631	1614	17	
文化、体育和娱乐业	17083	15124	112	1847
新闻出版业	3673	2310		1363
广播、电视、电影和音像业	7610	7588		22
文化艺术业	3678	3596	63	19
体育	1442	1440	2	
娱乐业	680	190	47	443
公共管理和社会组织	76765	76762	3	
中国共产党机关	2778	2778		
国家机构	71798	71798		
人民政协和民主党派	693	693		
群众团体、社会团体和宗教组织	1496	1493	3	

表 3—8 主要年份户籍人口数及自然变动情况

年份	年末户籍总人口（万人）	按农业、非农业分		按性别分		出生率（‰）	死亡率（‰）	自然增长率（‰）
		非农业人口	农业人口	男	女			
1949	256.70	102.02	154.68	136.68	120.02	30.45	17.36	13.09
1950	256.70	101.05	155.65	135.53	121.17	31.20	15.56	15.64
1952	256.18	96.99	159.19	133.82	122.36	34.40	14.57	19.83
1955	280.34	115.25	165.09	147.57	132.77	32.78	12.84	19.94
1957	304.85	133.83	171.02	160.03	144.82	42.75	9.60	33.15
1960	322.59	159.53	163.06	171.34	151.25	20.68	20.45	0.23
1962	322.55	149.10	173.45	166.56	155.99	36.87	8.27	28.60
1965	345.29	153.25	192.04	178.28	167.01	32.07	6.49	25.58
1970	360.53	132.47	228.06	185.69	174.84	26.04	5.28	20.76
1975	392.99	145.62	247.37	203.54	189.45	15.23	5.70	9.53
1978	412.38	156.37	256.01	213.65	198.73	14.50	5.66	8.84
1980	435.87	183.33	252.54	225.11	210.76	13.91	5.83	8.08
1985	465.77	226.70	239.07	241.64	224.13	10.16	5.60	4.56
1990	501.82	236.22	265.60	260.08	241.74	14.77	5.59	9.18
1995	521.72	259.04	262.68	270.77	250.95	8.56	5.94	2.62
1997	529.82	270.11	259.71	274.28	255.54	8.01	5.85	2.16
1998	532.31	276.23	256.08	275.41	256.90	7.12	6.12	1.00
1999	537.44	287.03	250.41	278.14	259.30	7.54	5.53	2.01
2000	544.89	309.52	235.37	281.66	263.23	10.17	7.69	2.48
2002	563.28	339.35	223.93	291.34	271.94	7.11	5.47	1.64
2005	595.80	—	—	305.25	290.55	7.69	5.35	2.34
2006	607.23	—	—	310.40	296.83	7.33	5.15	2.18
2007	617.17	—	—	314.70	302.47	8.40	5.56	2.84
2008	621.10		—	317.38	307.08	8.11	5.60	2.51
2009	629.77	—	—	319.16	310.61	7.87	5.69	2.18
2010	632.42	—	—	319.65	312.77	9.09	7.87	1.22

注：从 2002 年开始出生率、死亡率、自然增长率改为公安数据。

主要统计指标解释

人口数 指一定时点、一定地区范围内的有生命的个人的总和。

年度统计的年末人口数指每年12月31日24时的人口数。年度统计的全国人口总数内未包括台湾省和港澳同胞以及海外华侨人数。

城镇人口和乡村人口 其定义有三种口径：

第一种口径 （按行政建制）城镇人口是指市辖区内和县辖镇的全部人口；乡村人口是指县辖乡人口。

第二种口径 （按常住人口划分）城镇人口是指设区的市的区人口和不设区的市所辖的街道人口以及不设区的市所辖镇的居民委员会人口和县辖镇的居民委员会人口，乡村人口是除上述两种人口以外的全部人口。

第三种口径 城乡人口的划分是按照国家统计局1999年发布的《关于统计上划分城乡的规定（试行）》计算的。

1952—1989年数据为第一种口径的数据，1990—1999年的数据为第二种口径的数据，2000年人口普查和2000年以后数据是按照国家统计局1999年发布的《关于统计上划分城乡的规定（试行）》计算的。

出生率 （又称粗出生率）指在一定时期内（通常为一年）一定地区的出生人数与同期内平均人数（或期中人数）之比。一般用千分率表示。

本资料中的出生率指年出生率，其计算公式为：出生率＝年出生人数/年平均人数×1000

公式中：出生人数指活产婴儿，即胎儿脱离母体时（不管怀孕月数），有过呼吸或其他生命现象。年平均人数指年初、年底人口数的平均数，也可用年中人口数代替。

死亡率 （又称粗死亡率）指在一定时期内（通常为一年）一定地区的死亡人数与同期内平均人数（或期中人数）之比，一般用千分率表示。

本资料中的死亡率指年死亡率，其计算公式为：死亡率＝年死亡人数/年平均人数×1000

人口自然增长率 指在一定时期内（通常为一年）人口自然增加数（出生人数减死亡人数）与该时期内平均人数（或期中人数）之比，一般用千分率表示。

计算公式为：人口自然增长率＝（本年出生人数－本年死亡人数）/年平均人数×1000

常住人口：是指具有中华人民共和国国籍并在中华人民共和国境内常住的人。时间标准为半年，空间标准为乡镇街道。即只要一个人在某乡镇街道居住半年以上，即为该地的常住人口。

从业人员 指从事一定社会劳动并取得劳动报酬或经营收入的全部劳动力。包括：（1）全部城镇单位从业人员；（2）城镇私营企业从业人员；（3）个体劳动者；（4）社会劳动者；（5）其他社会劳动者。这一指标反映了一定时期内全部劳动力资源的实际利用情况，是研究我国基本国情国力的重要指标。

城镇非私营单位从业人员 指在各级国家机关、政党机关、社会团体及企业、事业单位中工作，取得工资或其他形式的劳动报酬的全部人员（在岗职工＋其他从业人员），不包括村办、乡办、私营、个体从业人员和离开本单位仍保留劳动关系的职工。其中：（1）在岗职工是指在城镇单位工作并由单位支付工资的人员。（2）其他从业人员包括：再就业的离退休人员、民办教师以及在各单位中工作的外方人员和港澳台方人员、兼职人员、借用的外单位人员和第二职业者等，反映了各城镇单位实际参加生产或工作的全部劳动力。

城镇非私营单位职工 指在城镇及镇以上的国有经济、集体经济、联营经济、股份制经济、外商和港、澳、台商投资经济、其他经济（不含个体、私营和乡办、村办企业）等各种经济类型单位及其附属机构工作，并由其支付工资的各类人员，包括在岗职工和不在岗职工。

离岗职工 指由于各种原因，已经离开本人的生产或工作岗位，但仍与用人单位保留劳动关系的职工。

（四）人民生活

CHAPTER 4
PEOPLE'S LIVELIHOOD

表 4—1　城市居民家庭生活基本情况

指　　标	2010 年	2009 年	2010 年为上年%
调查户数(户)	800	800	100.0
平均每户家庭人口(人)	2.68	2.68	100.0
平均每户就业人员(人)	1.27	1.29	98.4
每一就业者负担人口 (包括本人)(人)	2.11	2.08	101.4
平均每户就业面(%)	47.3	48.1	98.3
平均每人年总收入(元)	31314	28278	110.7
平均每人年消费性支出(元)	18156	16339	111.1
人均住房建筑面积(平方米) *	27.44	27.04	101.5

注:* 人均住房建筑面积中未列入偶尔居住面积。

表 4—2　城市居民家庭全年人均收入

计量单位:元

指　　标	2010 年	2009 年	2010 年为上年%	比重%	
				2010 年	2009 年
一、家庭总收入	31314	28278	110.7	100.0	100.0
#可支配收入	28312	25504	111.0	90.4	90.2
(一) 工薪收入	19216	17991	106.8	61.4	63.6
1. 工资及补贴收入	18979	17763	106.8	60.6	62.8
2. 其他劳动收入	237	228	103.9	0.8	0.8
(二) 经营净收入	1313	1060	123.9	4.2	3.7
(三) 财产性收入	233	230	101.3	0.7	0.8
(四) 转移性收入	10552	8997	117.3	33.7	31.8
#赡养、赠送收入	381	464	82.1	1.2	1.6
二、出售财物收入	7	142	4.9	—	—
三、借贷收入	5195	5144	101.0	—	—
#提取储蓄存款	5186	4861	106.7	—	—

表4—3 城市居民家庭按人均收支水平分组情况(2010年)

指标	全市调查户合计	按收入水平分组						
		最低收入户(占10%)	低收入户(占10%)	中等偏下户(占20%)	中等收入户(占20%)	中等偏上户(占20%)	高收入户(占10%)	最高收入户(占10%)
调查户数(户)	800	80	80	160	160	160	80	80
平均每户家庭人口(人)	2.68	3.07	3.16	2.69	2.56	2.6	2.52	2.32
平均每户就业人口(人)	1.27	1.44	1.59	1.17	1.11	1.3	1.43	1.13
每一就业者负担人口(包括本人)(人)	2.11	2.13	1.99	2.30	2.31	2.00	1.76	2.05
一、家庭总收入(元)	31314	11468	16427	20702	26564	37417	51730	78434
#可支配收入	28312	9311	14174	18652	24264	34025	46742	72481
(一)工薪收入	19216	7999	10958	11190	13241	22645	38214	49681
1.工资及补贴收入	18979	7686	10815	11013	13056	22336	37999	49301
2.其他劳动收入	237	312	143	177	184	309	215	380
(二)经营净收入	1313	669	110	967	2009	1922	1497	1475
(三)财产性收入	233	22	121	147	114	406	334	648
(四)转移性收入	10552	2779	5238	8399	11200	12445	11685	26631
二、出售财物收入(元)	7	1	2	4	15	2	4	30
三、借贷收入(元)	5195	1800	2262	2442	4078	6325	10224	14792
四、家庭总支出(元)	23836	10324	14497	16361	21622	29386	36234	51538
#消费支出	18156	7866	11178	13239	16455	22136	26948	38571
1.食品	6451	3507	4778	5643	6858	7341	9434	9811
2.衣着	1572	510	912	1139	1395	1904	8219	3254
3.居住	1518	665	783	1028	1317	2004	2795	4278
4.家庭设备用品及服务	1404	376	705	773	1272	1616	1453	4409
5.医疗保健	1370	801	591	1130	1149	2286	2022	2465
6.交通和通讯	1950	608	1021	1108	1434	2369	1112	4779
7.教育文化娱乐服务	3263	1215	2102	1975	2628	3801	4205	8021
8.其他商品和服务	629	185	285	444	402	815	5898	1555

表 4—4 城市居民家庭全年人均消费支出

计量单位:元

指 标	2010 年	2009 年	2010 年为上年%	各项费用占消费支出比重(%)	
				2010 年	2009 年
消费支出合计	18156	16339	111.1	100.0	100.0
一、食品	6451	5997	107.6	35.5	36.7
二、衣着	1572	1364	115.2	8.7	8.3
三、居住	1518	1071	141.7	8.4	6.6
#房租	21	32	65.6	0.1	0.2
水费	128	105	121.9	0.7	0.6
电费	493	394	125.1	2.7	2.4
四、家庭设备用品及服务	1404	1207	116.3	7.7	7.4
五、医疗保健	1370	1373	99.8	7.5	8.4
六、交通和通讯	1950	2158	90.4	10.7	13.2
七、教育文化娱乐服务	3263	2590	126.0	18.0	15.8
八、其他商品和服务	629	579	108.6	3.5	3.5

表 4—5 城市居民家庭平均每百户年末耐用消费品拥有量

指 标	2010 年	2009 年
摩托车(辆)	4.6	4.4
家用汽车(辆)	14.6	13.5
洗衣机(台)	101.4	101.0
电冰箱(台)	101.9	101.4
彩色电视机(台)	163.4	161.8
家用电脑(台)	91.0	88.9
组合音响 (套)	31.5	32.0
摄像机(架)	15.0	14.0
照相机(架)	74.8	71.9
中高档乐器(件)	9.3	7.9
微波炉(台)	97.4	97.0
空调器(台)	205.4	200.6
淋浴热水器(台)	102.8	102.4
消毒碗柜(台)	19.3	19.3
洗碗机(台)	1.8	1.6
健身器材(套)	5.9	5.8
普通电话(部)	95.5	95.5
移动电话 (部)	189.5	186.6

表4—6　农民家庭基本情况

指　　标	2010年	2009年
平均每户常住人口(人)	3.53	3.56
平均每户整半劳动力(人)	2.58	2.64
平均每人年总收入(元)	13147	11611
平均每人年总支出(元)	11089	10091
平均每人年纯收入(元)	11128	9858
平均每人年生活消费支出(元)	8477	7588
平均每人年末住房面积(平方米)	49.94	48.85
＃钢筋混凝土结构面积	33.04	33.99
砖木结构面积	16.42	14.64
平均每户年末生产性固定资产(元)	7187	7458
附:平均每户年内出售和自宰肥猪(公斤)	31.15	24.96
平均每户出售粮食(原粮)(公斤)	657.38	867.28
平均每户出售油料(公斤)	32.05	64.76
平均每户出售蔬菜(公斤)	227.28	261.29
平均每户出售水产品(公斤)	60.99	54.97
平均每户经营耕地面积(公顷)	0.22	0.22
平均每户经营山地面积(公顷)	0.01	0.01
平均每户经营水面面积(公顷)	0.06	0.06

注:本表根据全市农民家庭抽样调查资料编制。

表4—7 农民人均纯收入构成

计量单位:元

指　　标	2010年	2009年
全年纯收入	11128	9858
一、工资性收入	6908	6141
1. 在非企业组织中劳动得到的收入	830	764
2. 在本地企业中劳动得到的收入	4451	3942
3. 常住人口外出从业得到的收入	1627	1435
二、家庭经营收入	3392	3061
1. 农业收入	1139	1040
2. 林业收入	18	20
3. 牧业收入	222	164
4. 渔业收入	329	332
5. 工业收入	172	124
6. 建筑业收入	244	233
7. 交通运输和邮电业收入	605	477
8. 批发、零售贸易、餐饮业收入	426	444
9. 社会服务业收入	171	157
10. 文教卫生业收入	52	62
11. 其他家庭经营收入	13	9
三、财产性收入	372	285
#利息收入与集体分红	91	86
租金收入	94	58
转让承包土地经营权收入	94	88
四、转移性收入	456	371
#家庭非常住人口寄回或带回的收入	19	15
农村外部亲友赠送	16	14
离退休、养老金	168	148

表4—8　农民家庭人均全年支出构成

计量单位：元

指　　标	2010年	2009年
平均每人全年支出	11089	10091
一、生活消费支出	8477	7588
（一）食品消费总支出	3110	2810
＃主食	389	329
副食	2377	2180
在外饮食	334	294
（二）衣着消费总支出	612	534
＃服装	431	368
衣着材料	2	3
（三）居住消费总支出	1154	1054
＃住房	512	519
电费	189	159
燃料	104	84
（四）家庭设备、用品及服务支出	511	468
＃耐用消费品	296	266
家庭日杂用品	195	192
（五）医疗保健消费总支出	385	345
＃医疗卫生保健用品	119	107
医疗保健服务费	265	238
（六）交通和通讯消费总支出	963	844
＃交通工具	332	278
通讯工具	110	87
交通费	81	79
交通、通讯修理费	23	23

表 4—8 续表

指 标	2010 年	2009 年
(七) 文教娱乐用品及服务总支出	1549	1387
#文化教育娱乐用品	382	356
文娱用机电消费品	274	237
书报杂志	34	36
纸张文具	14	17
文化教育娱乐服务	1167	1031
学杂费	325	297
技术培训费	55	47
文娱费	356	320
(八) 其他商品和服务消费总支出	193	144
#商品性支出	133	95
服务支出	61	49
二、家庭经营支出	1433	1312
三、税费支出	49	54
四、购置生产性固定资产	148	202
五、财产性支出	47	29
六、转移性支出	935	906
七、建造生产性固定资产雇工支出	1	0

表4—9 农民家庭人均主要消费品消费量

指　标	2010年	2009年
粮食（公斤）	174.9	177.1
蔬菜（公斤）	144.7	135.1
食用植物油（公斤）	8.8	8.5
豆制品（公斤）	4.5	4.6
猪牛羊肉（公斤）	19.7	19.9
家禽（公斤）	13.5	15.8
蛋类（公斤）	8.3	9.2
鱼虾（公斤）	10.9	10.8
食糖（公斤）	1.0	1.3
酒类（公斤）	12.9	13.4
＃白酒	5.5	5.9
啤酒	7.3	7.3
水果（公斤）	12.3	12.9
卷烟（盒）	44.2	38.5
煤炭及煤制品（公斤）	5.4	7.4

表 4—10　每百户农民家庭年末主要耐用消费品拥有量

指　标	2010 年	2009 年
自行车(辆)	160	168
#电动自行车	65	56
摩托车(辆)	72	71
电视机(台)	158	155
#彩色	150	145
微波炉(台)	58	51
照相机(架)	17	13
热水器(台)	87	83
固定电话(部)	83	84
移动电话(部)	210	191
洗衣机(台)	86	85
电冰箱(台)	96	91
影碟机(台)	50	49
抽油烟机(台)	44	42
家用电脑(台)	42	38
空调机(台)	92	84

表 4—11 全市城镇非私营单位职工工资总额及离岗职工生活费(2010 年)

指 标	职工工资总额（千元）	在岗职工工资总额	离岗职工生活费	职工年平均人数（人）	职工年人均工资（元）
全 市	57039029	55796498	1242531	1255143	45444
按企业、事业、机关分组					
企业	38502558	37337845	1164713	966275	39846
事业	13132347	13062615	69732	223805	58678
机关	5387367	5379281	8086	64627	83361
其他	16757	16757		436	38433
按国民经济行业分组					
农、林、牧、渔业	99189	95014	4175	4445	22315
采矿业	110832	104841	5991	4162	26630
制造业	16908910	16339473	569437	491001	34438
电力、燃气及水的生产和供应业	1124187	1110907	13280	17397	64620
建筑业	3389352	3263012	126340	102352	33115
交通运输、仓储及邮政业	4564262	4394972	169290	90493	50438
信息传输、计算机服务和软件业	1710628	1706434	4194	23285	73465
批发和零售业	3355463	3243479	111984	91645	36614
住宿和餐饮业	894328	877142	17186	33569	26641
金融业	3131415	3089976	41439	28394	110284
房地产业	994199	957203	36996	22935	43349
租赁和商务服务业	1117254	1075073	42181	40464	27611
科学研究、技术服务和地质勘查业	2851067	2826992	24075	40395	70580
水利、环境和公共卫生设施管理业	567563	554115	13448	14770	38427
居民服务和其他服务业	103211	98415	4796	3915	26363
教育	6553326	6544213	9113	109756	59708
卫生、社会保障和社会福利业	2389794	2379203	10591	42974	55610
文化、体育和娱乐业	1098151	1084013	14138	17077	64306
公共管理和社会组织	6075898	6052021	23877	76114	79826

表4—12 全市城镇非私营单位国有单位职工工资总额及离岗职工生活费(2010年)

指 标	职工工资总额(千元)	在岗职工工资总额	离岗职工生活费	职工年平均人数(人)	职工年人均工资(元)
全 市	28976210	28419106	557104	505052	57373
按企业、事业、机关分组					
企业	10776325	10293943	482382	225052	47884
事业	12813799	12747163	66636	215337	59506
机关	5381135	5373049	8086	64540	83377
其他	4951	4951		123	40252
按国民经济行业分组					
农、林、牧、渔业	89866	85903	3963	4156	21623
采矿业	7529	6056	1473	584	12892
制造业	2088119	1910677	177442	59906	34857
电力、燃气及水的生产和供应业	747811	742939	4872	11248	66484
建筑业	931853	893024	38829	19662	47394
交通运输、仓储及邮政业	3653227	3534257	118970	65431	55833
信息传输、计算机服务和软件业	98284	97713	571	2154	45629
批发和零售业	637274	604425	32849	12772	49896
住宿和餐饮业	205401	199820	5581	8318	24694
金融业	1342735	1306804	35931	13182	101861
房地产业	324674	313074	11600	6642	48882
租赁和商务服务业	555956	519815	36141	22550	24654
科学研究、技术服务和地质勘查业	2178449	2155710	22739	31426	69320
水利、环境和公共卫生设施管理业	477143	466523	10620	12095	39450
居民服务和其他服务业	41593	41505	88	800	51991
教育	6431083	6422114	8969	106576	60343
卫生、社会保障和社会福利业	2121254	2112729	8525	36319	58406
文化、体育和娱乐业	968314	954250	14064	15120	64042
公共管理和社会组织	6075645	6051768	23877	76111	79826

表 4—13　全市城镇非私营单位集体单位职工工资总额及离岗职工生活费（2010 年）

指　　标	职工工资总额（千元）	在岗职工工资总额	离岗职工生活费	职工年平均人数（人）	职工年人均工资（元）
全　　市	1514231	1421961	92270	56385	26855
按企业、事业、机关分组					
企业	1268302	1179066	89236	49423	25662
事业	239697	236663	3034	6875	34865
机关	6232	6232		87	71632
按国民经济行业分组					
农、林、牧、渔业	7302	7090	212	183	39902
采矿业	3597	3447	150	224	16058
制造业	366012	313748	52264	21393	17109
电力、燃气及水的生产和供应业	4053	4031	22	146	27760
建筑业	306570	303778	2792	11378	26944
交通运输、仓储及邮政业	108671	94491	14180	3828	28388
信息传输、计算机服务和软件业	1323	815	508	30	44100
批发和零售业	60686	52803	7883	2924	20754
住宿和餐饮业	19385	18742	643	790	24538
金融业	179996	176461	3535	1905	94486
房地产业	44675	40604	4071	1180	37860
租赁和商务服务业	150001	146990	3011	4683	32031
科学研究、技术服务和地质勘查业	8206	8206		228	35991
水利、环境和公共卫生设施管理业	21968	20898	1070	1013	21686
居民服务和其他服务业	18076	17407	669	646	27981
教育	24249	24167	82	901	26913
卫生、社会保障和社会福利业	185381	184241	1140	4812	38525
文化、体育和娱乐业	3827	3789	38	118	32432
公共管理和社会组织	253	253		3	84333

表4—14 全市城镇非私营单位其他各种类型单位职工工资总额及离岗职工生活费(2010年)

指　　标	职工工资总额(千元)	在岗职工工资总额	离岗职工生活费	职工年平均人数(人)	职工年人均工资(元)
全　　市	26548588	25955431	593157	693706	38271
按企业、事业、机关分组					
企业	26457931	25864836	593095	691800	38245
事业	78851	78789	62	1593	49498
机关					
其他	11806	11806		313	37719
按国民经济行业分组					
农、林、牧、渔业	2021	2021		106	19066
采矿业	99706	95338	4368	3354	29727
制造业	14454779	14115048	339731	409702	35281
电力、燃气及水的生产和供应业	372323	363937	8386	6003	62023
建筑业	2150929	2066210	84719	71312	30162
交通运输、仓储及邮政业	802364	766224	36140	21234	37787
信息传输、计算机服务和软件业	1611021	1607906	3115	21101	76348
批发和零售业	2657503	2586251	71252	75949	34991
住宿和餐饮业	669542	658580	10962	24461	27372
金融业	1608684	1606711	1973	13307	120890
房地产业	624850	603525	21325	15113	41345
租赁和商务服务业	411297	408268	3029	13231	31086
科学研究、技术服务和地质勘查业	664412	663076	1336	8741	76011
水利、环境和公共卫生设施管理业	68452	66694	1758	1662	41187
居民服务和其他服务业	43542	39503	4039	2469	17635
教育	97994	97932	62	2279	42999
卫生、社会保障和社会福利业	83159	82233	926	1843	45122
文化、体育和娱乐业	126010	125974	36	1839	68521
公共管理和社会组织					

表 4—17　主要年份人民生活主要指标

年　份	城市居民人均可支配收入（元）	农村居民人均纯收入（元）	居民储蓄存款（万元）
1949	—	—	—
1952	—	—	1280
1957	—	—	4298
1962	—	—	4412
1965	—	—	7341
1970	—	—	8515
1975	—	—	14506
1978	—	—	21141
1979	—	—	28982
1980	487	—	37998
1985	823	530	137193
1990	1591	970	554614
1995	4996	2471	2681784
1997	6497	3533	4397445
1998	7018	3724	5052485
1999	7694	3862	5680472
2000	8233	4062	5966974
2002	9157	4579	10310053
2005	14997	6225	16774919
2006	17538	7045	19131200
2007	20317	8020	20103100
2008	23123	8951	25658300
2009	25504	9858	31250000
2010	28312	11128	35720700

注：从 2002 年起城乡储蓄存款余额包括外币。

主要统计指标解释

城市居民家庭总收入 指城镇调查户中生活在一起的所有家庭成员在调查期得到的工薪收入、经营净收入、财产性收入、转移性收入的总和，不包括借贷收入。收入的统计标准以实际发生的数额为准，无论收入是补发还是预发，只要是调查期得到的都应如实计算，不作分摊。

城市居民家庭可支配收入 指调查户可用于最终消费支出和其他非义务性支出以及储蓄的总和，即居民家庭可以用来自由支配的收入。它是家庭总收入扣除交纳的个人所得税、个人交纳的社会保障费以及调查户的记帐补贴后的收入。

计算公式为：可支配收入＝家庭总收入－交纳个人所得税－个人交纳社会保障支出－记帐补贴

城市居民家庭消费性支出 指调查户购买商品和用于服务的全部支出，分八大类：食品；衣着；家庭设备、用品及服务；医疗保健；交通和通讯；娱乐、教育、文化服务；居住；杂项商品和服务。购买商品支出是指从商店、集市、饮食业、工作单位以及直接从工厂和农村购买各种商品的支出，包括自用的和赠送亲友的在内；服务支出是指调查户用于社会提供的各种文化和生活服务方面的支出，包括各种修理费、加工费、洗理美容费、保姆费、劳务费等。

农村居民家庭纯收入 指农村常住居民家庭总收入中，扣除从事生产和非生产经营费用支出、缴纳税款和上交承包集体任务金额以后剩余的，可直接用于进行生产性、非生产性建设投资、生活消费和积蓄的那一部分收入。农村居民家庭纯收入包括从事生产性和非生产性的经营收入，在外人口寄回带回和国家财政救济、各种补贴等非经营性收入；既包括货币收入，又包括自产自用的实物收入。但不包括向银行、信用社和向亲友借款等属于借贷性的收入。

农村居民家庭生活消费支出 指农村常住居民家庭用于日常生活的全部开支，是反映和研究农民家庭实际生活消费水平高低的重要指标。

城乡居民储蓄存款余额 指某一时点城乡居民存入银行及农村信用社的储蓄金额，包括城镇居民储蓄存款和农民个人储蓄存款，不包括居民的手存现金和工矿企业、部队、机关、团体等单位存款。

职工工资总额 指各单位在一定时期内直接支付给本单位全部职工的劳动报酬总额。工资总额包括计时工资、计件工资、奖金、计件超额工资、各种津贴和补贴、加班加点工资、特殊情况下支付的工资（其他工资）等。

工资总额的计算原则应以直接支付给职工的全部劳动报酬为依据。各单位支付给职工的劳动报酬以及其他根据有关规定支付的工资，不论是计入成本的还是不计入成本的，不论是按国家规定列入计征奖金税项目的，还是未列入计征奖金税项目的，不论是以货币形式支付的还是以实物形式支付的，均包括在工资总额内。即凡是单位以各种名义发放的现金和实物，只要属于劳动报酬性质并且现行统计制度未明确规定不统计为工资的都应作为工资统计。

职工平均工资　指城镇企业、事业、机关单位的职工在一定时期内平均每人所得的工资额。它表明一定时期职工工资收入高低程度，是反映职工工资水平的主要指标。

计算公式为：职工平均工资＝报告期实际支付的全部职工工资总额÷报告期全部职工平均人数

（五）价格指数

CHAPTER 5
PRICE INDICES

表 5—1　工业品出厂价格指数

指　　标	2010 年（以上年价格为 100）	2009 年（以上年价格为 100）
全部工业品	105.6	90.8
#轻工业	99.1	94.1
重工业	110.1	88.7
#生产资料	106.8	89.1
生活资料	100.6	100.1
按工业行业大类分		
黑色金属矿采选业	110.5	100.3
有色金属矿采选业	156.9	86.8
非金属矿采选业	105.7	98.7
农副食品加工业	102.0	99.9
食品制造业	100.7	101.6
饮料制造业	99.5	98.3
烟草制品业	103.7	105.2
纺织业	108.2	98.5
纺织服装、鞋、帽制造业	99.0	100.5
皮革、毛皮、羽毛(绒)及其制品业	102.4	100.6
木材加工及木、竹、藤、棕、草制品业	101.5	99.3
家具制造业	100.0	100.0
造纸及纸制品业	102.2	98.5
印刷业和记录媒介的复制	102.1	99.0
文教体育用品制造业	105.8	99.4
石油加工、炼焦及核燃料加工业	125.6	88.9

表5—1 续表

指 标	2010年（以上年价格为100）	2009年（以上年价格为100）
化学原料及化学制品制造业	118.7	84.9
医药制造业	93.8	101.8
化学纤维制造业	115.2	91.5
橡胶制品业	103.1	100.8
塑料制品业	109.2	88.5
非金属矿物制品业	105.2	99.8
黑色金属冶炼及压延加工业	110.7	81.4
有色金属冶炼及压延加工业	120.8	89.8
金属制品业	98.8	98.4
通用设备制造业	99.2	102.0
专用设备制造业	98.9	99.1
交通运输设备制造业	100.2	100.1
电气机械及器材制造业	98.6	96.8
通信设备、计算机及其他电子设备制造业	93.4	88.6
仪器仪表及文化、办公用机械制造业	98.8	101.2
工艺品及其他制造业	114.0	99.9
废弃资源和废旧材料回收加工业	103.7	88.6
电力、热力的生产和供应业	103.6	107.0
燃气生产和供应业	117.3	90.9
水的生产和供应业	105.0	108.3

表5—2 城市居民消费价格指数

指　　标	2010年（以上年价格为100）	2009年（以上年价格为100）
城市居民消费价格指数	104.2	100.1
一、食品类	107.3	102.1
＃粮食	117.3	104.5
干豆类及其制品	109.9	97.6
油脂	105.3	76.1
肉禽及其制品	103.8	92.6
蛋	106.8	95.0
水产品	110.4	102.6
菜	114.9	117.4
干鲜瓜果	114.1	108.8
液体乳及乳制品	104.6	99.2
在外用膳	103.7	104.4
二、烟酒及用品类	102.4	102.6
三、衣着类	105.4	100.5
四、家庭设备用品及维修服务类	100.7	106.6
五、医疗保健和个人用品类	103.6	100.5
六、交通和通讯类	98.7	96.9
七、娱乐教育文化用品及服务类	104.4	96.5
八、居住类	103.8	98.9

表5—3 城市商品零售价格指数

指标	2010年（以上年价格为100）	2009年（以上年价格为100）
城市商品零售价格指数	103.5	98.7
一、食品类	107.4	102.4
#粮食	117.9	104.4
干豆类及其制品	109.9	97.6
油脂	105.2	76.1
肉禽及其制品	103.5	93.9
蛋	106.8	95.1
水产品	110.2	102.4
菜	114.8	117.3
干鲜瓜果	114.0	108.8
液体乳及乳制品	104.6	99.4
在外用膳	103.6	104.3
二、饮料、烟酒类	102.9	101.9
三、服装、鞋帽类	106.2	102.4
四、纺织品类	112.1	104.6
五、家用电器及音像器材类	95.5	92.4
六、文化办公用品类	99.0	89.5
七、日用品类	99.6	106.2
八、体育娱乐用品类	94.0	76.3
九、交通、通信用品类	92.9	92.2
十、家具类	101.5	100.2
十一、化妆品类	100.8	101.9
十二、金银珠宝类	122.1	100.6
十三、中西药品及医疗保健用品类	103.6	100.5
十四、书报杂志及电子出版物类	113.0	108.9
十五、燃料类	115.1	87.0
十六、建筑材料及五金电料类	107.0	100.0

表5—4 主要年份价格指数(以上年价格为100)

年份	城市居民消费价格指数	城市商品零售价格指数
1952	99.4	99.3
1957	102.2	102.5
1962	—	100.4
1965	—	97.3
1970	—	—
1975	99.8	99.9
1978	—	107.4
1979	101.1	101.1
1980	104.9	105.0
1985	110.1	110.5
1990	105.3	104.4
1995	115.1	111.2
1997	99.7	97.6
1998	100.0	98.2
1999	98.6	97.1
2000	100.0	99.2
2005	102.1	96.7
2006	101.7	98.9
2007	103.7	99.9
2008	106.2	103.7
2009	100.1	98.7
2010	104.2	103.5

注:本表1978年前数据为国营商业牌价。

主要统计指标解释

工业品价格指数 是通过调查收集部分代表企业的代表产品的价格变动资料加权计算的相对数，以反映工业品价格变动趋势和变动程度。

居民消费价格指数 是度量一组代表性消费品及服务项目价格水平随着时间而变动的相对数，反映居民家庭购买的消费品及服务价格水平的变动情况。它是宏观经济分析和决策、价格总水平监测和调控以及国民经济核算的重要指标。其按年度计算的变动率通常被用来作为反映通货膨胀（或紧缩）程度的指标。

商品零售价格指数 是反映城乡商品零售价格变动趋势的一种经济指数。零售物价的调整变动直接影响到城乡居民的生活支出和国家的财政收入，影响居民购买力和市场供需平衡，影响消费与积累的比例。因此，计算零售价格指数，可以从一个侧面对上述经济活动进行观察和分析。

城市居民消费价格指数 是反映城市居民家庭所购买的生活消费品价格和服务项目价格变动趋势和程度的相对数。城市居民消费价格指数可以观察和分析消费品的零售价格和服务项目价格变动对职工货币工资的影响，作为研究职工生活和确定工资政策的依据。

（六）农业

CHAPTER 6
AGRICULTURE

表6—1　农村组织情况和从业人员情况(2010年)

指　　标	全　市	市　区	其中				
			浦　口	栖　霞	雨花台	江　宁	六　合
一、农村基层组织情况(个)							
镇个数	29	13	4				9
村委会个数	571	346	62	34	9	77	132
村民小组个数	12535	9092	1218	506	211	4466	2596
二、农村人口、从业人员资源及主要行业分布							
乡村户数(万户)	65.21	43.5	7.63	2.47	1.19	16.36	14.96
乡村人口数(万人)	207.17	139.87	24.76	6.91	3.09	50.92	51.99
劳动年龄内人口数(万人)	121.87	82.65	14.58	4.65	2.31	30.8	29.14
#劳动年龄内上学的人口数	6.09	4.25	0.82	0.27	0.19	1.49	1.39
超过劳动年龄而实际参加劳动的人数	10.78	6.64	0.81	0.45	0.16	2.33	2.84
乡村实有从业人员合计(万人)	121.49	80.90	12.99	4.42	2.04	30.71	29.61
男从业人员	64.28	42.53	6.75	2.31	1.13	16.11	15.67
女从业人员	57.22	38.37	6.24	2.11	0.91	14.6	13.94
农林牧渔业从业人员(万人)	30.05	19.28	2.44	1.65	0.22	6.82	7.77
#种植业从业人员	23.31	16.46	1.96	1.53	0.14	5.71	6.75
工业从业人员(万人)	35.02	24.73	4.09	1.43	0.81	10.95	7.19
建筑业从业人员(万人)	24.51	14.04	1.75	0.34	0.24	5.40	6.29
交通运输业、仓储业和邮政业从业人员(万人)	7.17	4.84	0.96	0.17	0.21	1.88	1.52
信息传输、计算机服务和软件业从业人员(万人)	0.63	0.44	0.11	0.02	0.03	0.16	0.12
批发与零售业从业人员(万人)	7.11	4.88	0.93	0.16	0.19	1.74	1.71
住宿与餐饮业从业人员(万人)	3.69	2.68	0.58	0.06	0.13	0.82	1.00
金融、保险业从业人员(万人)	0.43	0.27	0.05	0.01	0.01	0.10	0.08
其他从业人员(万人)	12.88	9.73	2.08	0.58	0.19	2.84	3.93

表 6—1 续表

指　标	县	溧　水	高　淳
一、农村基层组织情况(个)			
镇个数	16	8	8
村委会个数	225	91	134
村民小组个数	3443	2006	1437
二、农村人口、从业人员资源及主要行业分布			
乡村户数(万户)	21.71	10.47	11.24
乡村人口数(万人)	67.30	31.58	35.72
劳动年龄内人口数(万人)	39.22	17.47	21.75
#劳动年龄内上学的人口数	1.84	0.92	0.92
超过劳动年龄而实际参加劳动的人数(万人)	4.14	1.74	2.40
乡村实有从业人员合计(万人)	40.59	17.73	22.86
男从业人员	21.75	9.58	12.17
女从业人员	18.85	8.15	10.69
农林牧渔业从业人员(万人)	10.77	4.48	6.29
#种植业从业人员	6.85	3.58	3.27
工业从业人员(万人)	10.29	5.04	5.25
建筑业从业人员(万人)	10.47	3.62	6.84
交通运输业、仓储业和邮政业从业人员(万人)	2.33	1.02	1.31
信息传输、计算机服务和软件业从业人员 (万人)	0.19	0.12	0.07
批发与零售业从业人员(万人)	2.23	1.07	1.16
住宿与餐饮业从业人员(万人)	1.01	0.49	0.52
金融、保险业从业人员(万人)	0.16	0.10	0.06
其他从业人员(万人)	3.15	1.79	1.36

表 6—2　农、林、牧、渔业总产值（现价）（2010 年）

计量单位：万元

指　　标	合　计	农　业	林　业	牧　业	渔　业	农林牧渔服务业
全　　市	2447531	1394403	31168	394385	506240	121335
增长(%)	3.90	5.49	2.35	−0.54	3.72	3.01
市区	1658056	1005990	22689	283723	277174	68480
＃浦口区	407593	226381	6875	91821	62531	19985
栖霞区	97097	78399	823	7350	7380	3145
雨花台区	10568	4872	0	3965	1665	65
江宁区	551776	319338	4955	77620	127520	22343
六合区	554769	353571	9750	94902	73656	22890
县	789475	388413	8479	110662	229066	52855
溧水县	381055	226366	3860	60794	58855	31180
高淳县	408420	162047	4619	49868	170211	21675

注：增长速度按可比价计算。

表 6—3　农、林、牧、渔业增加值（现价）（2010 年）

计量单位：万元

指　　标	合　计	农　业	林　业	牧　业	渔　业	农林牧渔服务业
全　　市	1422772	900087	17600	157163	281115	66807
市区	964370	648181	12808	113094	152717	37570
＃浦口区	233879	149027	3886	36437	33236	11293
栖霞区	56661	47502	439	2900	4100	1720
雨花台区	5525	3071	0	1534	886	34
江宁区	321252	202865	2766	30083	73370	12168
六合区	325548	228657	5509	37821	40958	12603
县	458402	251906	4792	44069	128398	29237
溧水县	223806	147487	2182	24146	32685	17306
高淳县	234596	104419	2610	19923	95713	11931

表6—4　农业机械化、农业化学化、农田水利化情况(2010年)

指　标	2010年
一、农业机械化情况(万千瓦)	
农用机械总动力合计	206.21
柴油发动机动力	138.66
汽油发动机动力	2.59
电动机动力	64.96
其他机械动力	
(一) 耕作机械	
大中型拖拉机(台)	2869
(万千瓦)	11.48
小型拖拉机(台)	40339
(万千瓦)	33.44
大中型拖拉机配套农具(部)	3365
小型拖拉机配套农具(部)	65674
(二) 农用排灌机械	
柴油机(台)	26512
(万千瓦)	18.57
电动机(台)	37413
(万千瓦)	47.29
农用水泵(万台)	6.40
节水灌溉机械(套)	1372
(三) 收获机械	
联合收割机(台)	1344
机动割晒机(台)	2
其他收获机械(台)	1453
#秸秆粉碎还田机(台)	1380

注:本表数据来源于市农业委员会。2008年由于《农业机械化管理统计报表制度》的修订,删除了“拖拉机”其中项“变型拖拉机”,将此项数据填至“运输机械”项下“手扶变型运输机”栏内,原“拖拉机”项下只统计大田作业用的拖拉机。原三轮运输车、四轮运输车分别改为三轮汽车、低速载货汽车。

表 6—4 续表 1

指　　标	2010 年
机动脱粒机（台）	12041
（四）田间管理机械	
＃机动喷雾（粉）机（台）	10644
（五）林果业机械（台）	149
（六）畜牧养殖机械（台）	968
（七）渔业机械（台）	5691
（八）农副产品初加工作业机械（台）	
＃粮食加工机械	4959
棉花加工机械	1675
油料加工机械	740
（九）运输机械	
农用运输车（台）	3247
＃三轮汽车（台）	1539
（万千瓦）	1.80
低速载货汽车（台）	1708
（万千瓦）	5.11
手扶变型运输机（台）	5857
农用挂车（台）	370
（十）其他农业机械	
农田基本建设机械（台）	959
（万千瓦）	7.32

注：本表数据来源于市农业委员会。2008 年由于《农业机械化管理统计报表制度》的修订，删除了“拖拉机”其中项“变型拖拉机”，将此项数据填至“运输机械”项下“手扶变型运输机”栏内，原“拖拉机”项下只统计大田作业用的拖拉机。原三轮运输车、四轮运输车分别改为三轮汽车、低速载货汽车。

表6—4　续表2

指　标	全　市	市　区	县
二、农业主要能源及物资消耗			
农村用电量(万千瓦小时)	286199	199014	87185
农用化肥使用量(按折纯法计算)(吨)	90107	55368	34739
氮肥	46728	27613	19115
磷肥	7091	4054	3037
钾肥	6067	2768	3299
复合肥	30219	20933	9286
农用塑料薄膜使用量(吨)	5182	3788	1394
#地膜使用量	2204	1570	634
地膜覆盖面积(公顷)	19885	15177	4708
农用柴油(吨)	21758	11294	10464
农药使用量(吨)	2425	1411	1014
三、农田水利建设情况(千公顷)			
有效灌溉面积	189.73	130.31	59.42
旱涝保收面积	138.68	98.32	40.36
机电排灌面积	169.72	114.04	55.68

表6—5　农业主要产品生产情况（全社会）（2010年）

指　　标	播种面积（千公顷）	每公顷产量（公斤）	总产量（吨）
农作物总播种面积	335.28		
一、粮食作物合计	161.11	6868	1106435
（一）夏收粮食	46.89	4631	217167
1. 夏收谷物	45.70	4678	213789
小麦	44.92	4694	210859
元麦			
大麦	0.78	3756	2930
2. 夏收豆类（蚕豌豆）	1.19	2839	3378
（二）秋收粮食	114.22	7786	889268
1. 秋收谷物	105.14	8074	848888
稻谷	96.63	8189	791351
早稻			
中稻	31.55	7695	242771
单季晚稻	64.15	8440	541395
双季后作稻	0.93	7726	7185
稻谷中：籼稻	27.37	7646	209266
粳稻	67.02	8419	564211
糯稻	2.24	7979	17874
玉米	8.51	6761	57537
#杂交玉米	6.91	6683	46181
谷子			
高粱			
其他谷物			
2. 秋收豆类	5.34	2653	14165
大豆	4.80	2721	13063
绿豆	0.35	2049	717
其他豆类	0.19	2026	385
3. 秋收薯类（按五折一计算）	3.74	7009	26215

表6—5 续表

指 标	播种面积（千公顷）	每公顷产量（公斤）	总产量（吨）
二、油料合计	51.43	2288	117697
（一）花生	1.95	2662	5191
（二）油菜籽	47.68	2291	109223
（三）芝麻	1.8	1824	3283
（四）其他油料			
三、棉花（皮棉）	2.94	1406	4135
四、麻类合计	0.87	2308	2008
＃苎麻	0.87	2308	2008
五、糖料合计	0.23	44857	10317
＃甘蔗	0.23	44857	10317
六、烟叶合计			
＃烤烟叶			
七、药材类合计	0.44	—	—
八、蔬菜、瓜类	98.71	30059	2967164
（一）蔬菜（含菜用瓜）	89.93	29647	2663232
（二）瓜果类	8.78	34616	303932
＃西瓜	7.67	36305	278456
甜瓜	0.56	27802	15569
九、其他农作物	19.65	—	—
＃青饲料	14.17	—	—
绿肥	0.68	—	—
附：常年种蔬菜面积	27.07	—	—

表6—6　茶叶、水果生产情况

指　　标	2010年	2009年
茶叶合计(吨)	2092	2084
红毛茶		
绿毛茶	2092	2084
其他茶		
园林水果合计(吨)	85273	107016
#苹果	30	50
柑橘	35	34
梨	11465	9245
葡萄	27974	21584
桃子	15115	14555
枇杷	98	99
红枣(干枣应折鲜枣)	934	1935
柿子(柿饼应折鲜柿)	5079	5152
年末实有茶园面积(千公顷)	7.51	6.89
#当年采摘面积	5.9	4.41
年末园林果园面积合计(千公顷)	10.90	11.58
#苹果园	0.03	0.01
柑橘园	0.03	
梨园	0.89	1.04
葡萄园	1.97	1.45
桃园	1.81	1.46
年末实有桑园面积(千公顷)	0.39	0.33

注:此表数据来源于市农业委员会。2009年园林水果统计中包含草莓22944吨,2010年农业部门园林水果统计口径调整不含草莓。

表 6—7 林业生产情况

指 标	2010 年	2009 年
一、营林情况		
1. 当年造林面积合计(千公顷)	4.01	5.87
2. 迹地更新面积(千公顷)		
3. 零星(四旁)植树(万株)	642.98	623.09
4. 育苗面积(千公顷)	20.06	46.62
5. 幼林抚育实际面积(千公顷)	23.37	25.92
6. 成林抚育面积(千公顷)	11.98	11.47
二、当年造林面积按用途分(千公顷)		
用材林	0.77	0.83
经济林	1.20	2.14
防护林	2.04	2.91
薪炭林		
特种用途林		
三、主要林产品产量(吨)		
油桐籽		
油茶籽		
乌桕籽		
棕片		
竹笋干	1216	812
核桃		
板栗	2872	2420
白果	9	25
四、村及村以下竹木采伐量		
1. 木材(立方米)	78740	47266
2. 竹材(毛竹、篙竹)(万根)	14.19	27.45

注:本表数据来源于市农业委员会。

表6—8 畜牧业主要产品生产情况(2010年)

指　　标	当年出栏头数	年末存栏头数	肉产量(吨)
一、大牲畜(万头)	0.62	3.02	1116
＃从事农事劳役的		1.21	
1. 牛(万头)	0.62	3.02	1116
＃黄牛	0.04	0.06	72
良种及改良乳牛	0.04	1.58	72
水牛	0.54	1.38	972
2. 驴(万头)	—	—	—
二、猪(万头)	95.98	48.96	70068
三、羊(万只)	28.41	12.13	3978
1. 山羊	28.41	12.13	3978
2. 绵羊	—	—	—
四、家禽(万只)	3160.21	1051.22	47404
五、兔(万只)	25.08	9.51	351

表6—8 续表

指　　标	全　市		
		市　区	县
奶类产量(吨)	86071	85744	327
＃牛奶产量	86071	85744	327
蜂蜜产量(吨)	825	315	510
禽蛋产量(吨)	74756	56668	18088
蚕茧产量(吨)	170	18	152

表 6—9 渔业生产情况(2010 年)

指标	全市	市区	县
水产品总产量(吨)	204183	136694	67489
#鱼类	147797	103783	44014
虾蟹类	45887	25504	20383
贝类	8855	6145	2710
其他类	1644	1262	382
#内陆水域捕捞(吨)	14009	9764	4245
内陆水域养殖(吨)	190174	126930	63244
内陆水域养殖面积(千公顷)	47.38	28.92	18.46
#池塘养殖	28.55	20.14	8.41
湖泊养殖	2.48	0	2.48
河沟养殖	9.13	4	5.13
水库养殖	6.78	4.43	2.35
其他养殖	0.44	0.35	0.09

注:本表数据来源于市农业委员会。

表 6—10 主要年份农林牧渔业总产值（现价）

计量单位：万元

年 份	合 计	农 业	林 业	牧 业	渔 业	农林牧渔服务业
1978	61713	48846	1013	10943	911	—
1980	77728	58761	1266	16009	1692	—
1985	154358	101895	3897	41969	6597	—
1990	308287	172537	4591	111029	20130	—
1995	764367	510727	13068	168272	72300	—
1997	942439	585783	16069	229413	111174	—
1998	979644	586628	16834	247533	128649	—
1999	989199	599064	19370	224822	145943	—
2000	1063412	616473	24033	253261	169645	—
2003	1325889	675733	18645	301214	244707	85590
2005	1553837	854544	19637	338746	293414	47496
2006	1650538	900765	20641	334302	341924	52906
2007	1749179	944763	22788	351247	373128	57253
2008	1940094	1051973	24505	400745	401579	61292
2009	2236617	1228116	30453	387016	477113	113919
2010	2447531	1394403	31168	394385	506240	121335

说明：2009 年农林牧渔业总产值根据江苏省统计局反馈的经济普查数据进行了调整。

表6—11 主要年份主要农产品产量

年 份	粮 食（万吨）	棉 花（吨）	油 料（吨）	麻 类（吨）	蚕 茧（吨）	园林水果（吨）
1949	37.84	836	9194	104	27	913
1950	49.53	892	10577	121	31	934
1955	72.44	2160	11024	595	118	1587
1960	45.84	656	7833	244	308	1448
1965	96.12	1825	10468	878	169	2887
1970	102.57	2360	9928	1693	565	4774
1975	120.44	2718	15841	2545	940	6492
1978	147.20	3621	21882	3593	797	5077
1980	138.01	5528	28025	2710	1095	9653
1985	173.70	4459	90542	9906	629	6802
1990	173.26	2392	96797	1727	487	8526
1995	168.57	3520	144872	1320	1127	13639
1997	182.51	4501	146179	1561	484	18530
1998	176.91	4838	106504	1631	580	18685
1999	169.77	3699	192144	1687	494	22032
2000	143.37	4461	220119	2318	536	23625
2005	96.54	5920	211685	4013	441	42495
2006	97.73	3245	171056	4156	524	53930
2007	100.88	2325	124528	3841	394	68267
2008	114.43	4327	133405	2709	431	79304
2009	110.69	4016	134144	2378	119	107016
2010	110.64	4135	117697	2008	170	85273

主要统计指标解释

农林牧渔业总产值 指以货币表现的农、林、牧、渔业全部产品和对农业生产进行各种支持性服务活动的总量，它反映一定时期内农业生产总规模和总成果。从2003年开始农林牧渔业总产值执行新的国民经济行业分类标准，包括农业、林业、牧业、渔业、农林牧渔服务业，不再包括农民家庭兼营商品性工业。农林牧渔业总产值中的农、林、牧、渔四业的计算方法通常是按农、林、牧、渔业产品及其副产品的产量分别乘以各自单位产品价格求得，现行价格从2003年开始使用生产价格调查的价格；少数生产周期较长，当年没有产品或产品产量不易统计的，则采用间接方法匡算其产值；然后将四业产品产值与农林牧渔服务业产值相加即为农林牧渔业总产值。1957年以前的农林牧渔业总产值中包括了厩肥和农民自给性手工业（如农民自制衣服、鞋、袜，自己从事粮食初步加工等）。1958年及以后，林业中增加了村及村以下竹木采伐产值；牧业中取消了厩肥产值；副业中取消了农民自给性手工业产值，增加了村及村以下办的工业产值；渔业中增加了海洋捕捞水产品产值。1980年及以后，在副业中增加了农民家庭兼营工业商品部分的产值。从1984年起村及村以下工业产值划归工业。从1993年起取消副业，将野生动物的捕猎划入牧业、野生植物采集和农民家庭兼营商品性工业划归农业，从2003年起不再包括农民家庭兼营商品性工业产值。1996年第一次农业普查以后，由于畜牧业产品年报数据与普查数据之间存在一定的差距，国家统计局农调总队对畜牧业年报数据与普查数据进行衔接，相应的畜牧业产值进行调整。

粮食产量 指全社会的产量。包括国有经济经营的、集体统一经营的和农民家庭经营的粮食产量，还包括工矿企业办的农场和其他生产单位的产量。粮食除包括稻谷、小麦、玉米、高粱、谷子及其他杂粮外，还包括薯类和豆类。其产量计算方法，豆类按去豆荚后的干豆计算；薯类（包括甘薯和马铃薯，不包括芋头和木薯）1963年以前按每4公斤鲜薯折1公斤粮食计算，从1964年开始改为按5公斤鲜薯折1公斤粮食计算。城市郊区作为蔬菜的薯类（如马铃薯等）按鲜品计算，并且不作粮食统计。其他粮食一律按脱粒后的原粮计算。

棉花产量 指全社会的产量。包括春播棉和夏播棉。产量按皮棉计算。

油料产量 指全部油料作物的生产量。包括花生、油菜籽、芝麻、向日葵籽、胡麻籽（亚麻籽）和其他油料。不包括大豆、木本油料和野生油料。花生以带壳干花生计算。

水产品产量 指人工养殖的水产品和天然生长的水产品的捕捞量。包括海水的鱼类、虾蟹类、贝类和藻类以及内陆水域的鱼类、虾蟹类和贝类，不包括淡水水生植物。

猪、牛、羊肉产量 指当年出栏并已屠宰、除去头蹄下水后带骨肉（即胴体重）的重量。

期初（末）畜禽存栏头（只）数　指报告期初（末）农村各种合作经济组织和国营农场、农民个人、机关、团体、学校、工矿企业、部队等单位以及城镇居民饲养的大牲畜、猪、羊、家禽等畜禽的存栏数。

耕地面积　是指年初可用来种植农作物并经常进行耕种、能够正常收获的土地。包括当年实际耕种的熟地、当年新开荒地、休闲不满三年随时可以复耕的地和当年休闲地以及以种植农作物为主并附带种植桑树、茶树、果树和其他林木的土地、沿海、沿湖地区已围垦利用的“海涂”、“湖田”等面积。不包括临时种植农作物的坡度在25度以上的陡坡地、在河套、湖畔、库区临时开发的成片或零星土地，属于专业性的桑园、茶园、果园、果木苗圃、林地、芦苇地、天然或人工草地面积、也不包括已列为国家和省（区、市）退耕计划但临时耕种的土地。

农作物播种面积　指实际播种或移植有农作物的面积。凡是实际种植有农作物的面积，不论种植在耕地上还是种植在非耕地上，均包括在农作物播种面积中。在播种季节基本结束后，因遭灾而重新改种和补种的农作物面积，也包括在内。

有效灌溉面积　指具有一定的水源，地块比较平整，灌溉工程或设备已经配套，在一般年景下当年能够进行正常灌溉的耕地面积。在一般情况下，有效灌溉面积应等于灌溉工程或设备已经配备，能够进行正常灌溉的水田和水浇地面积之和。

农用化肥施用量　指本年内实际用于农业生产的化肥数量，包括氮肥、磷肥、钾肥和复合肥。化肥施用量要求按折纯量计算数量。折纯量是指把氮肥、磷肥、钾肥分别按含氮、含五氧化二磷、含氧化钾的百分之一百成份进行折算后的数量。复合肥按其所含主要成分折算。

农业机械总动力　指主要用于农、林、牧、渔业的各种动力机械的动力总和。包括耕作机械、排灌机械、收获机械、农用运输机械、植物保护机械、牧业机械、林业机械、渔业机械和其他农业机械［内燃机按引擎马力折成瓦（特）计算、电动机按功率折成瓦（特）计算］。不包括专门用于乡、镇、村、组办工业、基本建设、非农业运输、科学试验和教学等非农业生产方面用的动力机械与作业机械。

大中型拖拉机　指发动机额定功率在14.7千瓦（含14.7千瓦即20马力）以上的拖拉机，有链轨式和轮式两种。

小型拖拉机　指发动机额定功率在2.2千瓦（含2.2千瓦）以上，小于14.7千瓦的拖拉机，包括小四轮与手扶式。

拖拉机配套农具　指由拖拉机牵引或悬挂的田间移动作业机具，例如：机引犁、拖耕机、机引耙、播种机等农具。与大中型拖拉机配套使用的农具称为大中型拖拉机配套农具，与小型拖拉机配套使用的农具称为小型拖拉机配套农具。

农林牧渔业劳动力　指全社会直接参加农林牧渔业生产活动的劳动力。

（七）工业和能源

CHAPTER 7
INDUSTRY AND ENERGY

表7—1　规模以上工业企业主要经济指标(2010年)

计量单位：千元

指　　标	企业单位数（个）	#亏损企业	工业总产值	工业销售产值
总　　计	3917	465	860949983	848257743
一、按经济类型分组：				
内资企业	3050	302	534805465	525324837
国有企业	81	16	118871194	116866683
集体企业	90	15	9023672	8815360
股份合作企业	38	9	5429503	5371558
联营企业	11	1	1141659	1106469
有限责任公司	369	49	158168270	155879953
股份有限公司	97	15	96223422	95565680
私营企业	2339	191	141703990	137686635
其他企业	25	6	4243755	4032499
港、澳、台商投资企业	281	52	53828300	53223042
外商投资企业	586	111	272316218	269709864
二、在总计中：国有控股	215	40	305242625	301053832
三、按轻重工业分组：				
轻工业	1180	156	155449867	152852595
重工业	2737	309	705500116	695405148
四、按企业规模分组：				
大型企业	50	7	375702953	370168101
中型企业	330	46	212280206	210146019
小型企业	3537	412	272966824	267943623
五、按隶属关系分组：				
中央	61	6	209681534	207795654
省	44	10	21300679	21135821
市	259	57	104939131	104687954
市以下	3553	392	525028639	514638314

注：1. 全市工业企业累计完成工业总产值9019.89亿元，其中：规模以下工业总产值410.39亿元。
2. 我市规模以上工业的统计范围为“年主营业务收入500万元及以上的工业企业”。

表7—1 续表1

指 标	企业单位数(个)	#亏损企业	工业总产值	工业销售产值
六、按工业行业分组				
采矿业	39	2	4472414	4392905
煤炭开采和洗选业				
石油和天然气开采业				
黑色金属矿采选业	6	0	1311883	1308181
有色金属矿采选业	2	0	601470	561996
非金属矿采选业	31	2	2559061	2522728
其他采矿业				
制造业	3839	456	838287879	825722354
农副食品加工业	72	9	11251835	11104588
食品制造业	62	11	7051259	6810232
饮料制造业	16	4	5023728	5016816
烟草制品业	1	0	12965470	12912650
纺织业	91	13	9924890	9618555
纺织服装、鞋、帽制造业	275	23	20480787	20118377
皮革、毛皮、羽毛(绒)及其制品业	28	6	3743984	3563407
木材加工及木、竹、藤、棕、草制品业	23	2	776764	753515
家具制造业	31	6	1352664	1338950
造纸及纸制品业	74	5	3608882	3538091
印刷业和记录媒介复制业	74	9	2698922	2669338
文教体育用品制造业	63	12	3623621	3515384
石油加工、炼焦及核燃料加工业	15	1	72772234	72561452
化学原料及化学制品制造业	335	36	155912778	153941241

表 7—1　续表 2

指　　标	企业单位数（个）	＃亏损企业	工业总产值	工业销售产值
医药制造业	59	8	12216529	11410210
化学纤维制造业	9	1	7472185	7464317
橡胶制品业	34	2	6079721	6128384
＃轮胎制造	3	1	2714150	2800695
塑料制品业	146	15	9259131	9076197
非金属矿物制品业	267	34	19573174	19279316
黑色金属冶炼及压延加工业	53	6	69873518	69482305
有色金属冶炼及压延加工业	82	7	28899584	28654315
金属制品业	373	31	25993817	25411967
通用设备制造业	483	41	42692528	41353905
专用设备制造业	234	21	16701256	16472985
交通运输设备制造业	255	41	93384504	90303888
＃汽车制造	152	31	60322193	58647535
摩托车制造	10	2	717385	683115
电气机械及器材制造业	312	43	48688294	47449475
通信设备、计算机及其他电子设备制造业	222	51	125971969	126313469
仪器仪表及文化、办公用机械制造业	102	8	13868170	13451994
工艺品及其他制造业	33	8	3255900	3047297
废弃资源和废旧材料回收加工业	15	2	3169781	2959734
电力、燃气及水的生产和供应业	39	7	18189690	18142484
电力、热力的生产和供应业	14	3	13045269	13032423
燃气生产和供应业	10	0	3669588	3669286
水的生产和供应业	15	4	1474833	1440775

表7—1 续表3

指 标	资产总计	流动资产	固定资产原价	累计折旧	负 债	流动负债
总 计	696077439	370345240	358779012	139200188	402715110	339474221
一、按经济类型分组:						
内资企业	465092044	249680547	233857681	93156689	271196384	228034790
国有企业	119445453	58174472	81013364	38650024	55115628	45505935
集体企业	3164904	2446084	970407	427924	1861543	1604808
股份合作企业	9952977	1293908	5895462	857633	7301582	1569145
联营企业	510112	218480	400020	132327	213553	165608
有限责任公司	184857959	96992097	81701266	31019754	117171759	98359843
股份有限公司	60149152	36719356	29640761	11864077	34968665	32275477
私营企业	84182995	52002672	33525077	9971063	52470261	46673194
其他企业	2828492	1833478	711324	233887	2093393	1880780
港、澳、台商投资企业	53174914	27731109	20434577	6248717	29430100	25241510
外商投资企业	177810481	92933584	104486754	39794782	102088626	86197921
二、在总计中:国有控股	312232547	143320542	183912547	78735732	172115188	140656046
三、按轻重工业分组:						
轻工业	123309755	71011988	52223968	17549963	61272708	53420607
重工业	572767684	299333252	306555044	121650225	341442402	286053614
四、按企业规模分组:						
大型企业	295019649	144417757	175356514	78757057	182392815	162210616
中型企业	208376514	116555156	98387533	35004392	112967411	89484610
小型企业	192681276	109372327	85034965	25438739	107354884	87778995
五、按隶属关系分组:						
中央	181528553	79012767	120041127	54727001	102856608	84592838
省	22272091	15350305	9026072	3401975	7266733	6374960
市	91019928	54228300	38129816	14627920	53106201	46696647
市以下	401256867	221753868	191581997	66443292	239485568	201809776

表 7—1　续表 4

指　　标	资产总计	流动资产	固定资产原价	累计折旧	负　债	流动负债
六、按工业行业分组						
采矿业	4205389	2289228	2519844	1344536	1825155	1298603
煤炭开采和洗选业						
石油和天然气开采业						
黑色金属矿采选业	2268063	1356681	1349517	999959	894622	446070
有色金属矿采选业	600117	361767	352891	167208	338071	314029
非金属矿采选业	1337209	570780	817436	177369	592462	538504
其他采矿业						
制造业	643825654	359188826	320675160	128070205	373054565	325827740
农副食品加工业	12103723	5613443	1444449	437873	8894162	8180261
食品制造业	7124076	4537892	3261537	1007719	2594175	2312556
饮料制造业	3456964	1438470	2618864	827740	2203431	2096479
烟草制品业	13187443	11006582	2967051	1432396	1923533	1897777
纺织业	7913687	3720986	4132269	1313257	4541856	2997131
纺织服装、鞋、帽制造业	7926960	4500798	3656522	1058917	3749779	3339145
皮革、毛皮、羽毛(绒)及其制品业	1631256	852122	762649	211059	1006041	839214
木材加工及木、竹、藤、棕、草制品业	421963	238714	178860	55123	266035	261328
家具制造业	1220183	566024	693670	148174	458189	451065
造纸及纸制品业	2642145	1402928	1479578	451079	1453116	1327997
印刷业和记录媒介复制业	3364630	1625073	2321233	1013076	1511995	1186250
文教体育用品制造业	1750653	997292	756021	213040	889679	818446
石油加工、炼焦及核燃料加工业	17946367	8299445	15407630	7130182	12623065	12538277
化学原料及化学制品制造业	116074310	48546194	85037931	39726217	57459786	45048159

表7—1 续表5

指 标	资产总计	流动资产	固定资产原价	累计折旧	负 债	流动负债
医药制造业	12253943	7337113	5489003	2097627	4460689	3971645
化学纤维制造业	10164543	5006437	5504461	1786158	6406038	5241682
橡胶制品业	5662919	2168780	4389302	1348751	3670603	3343826
＃轮胎制造	4284220	1486794	3640380	1086362	2824553	2723478
塑料制品业	5178993	2991715	2784737	979601	2586682	2406121
非金属矿物制品业	21745383	11618009	12378046	4930259	12792820	10623085
黑色金属冶炼及压延加工业	66936075	25800265	48342281	16800619	42227091	36480428
有色金属冶炼及压延加工业	10873189	7817071	3934164	1686280	7020933	6421774
金属制品业	18088558	12075780	6872058	2325834	11435747	10277934
通用设备制造业	40251778	25590889	15371532	4682978	22394205	18622720
专用设备制造业	14479529	9959038	4914433	1592424	8593108	7870117
交通运输设备制造业	83267890	45484937	34467740	12043347	60140837	52860670
＃汽车制造	48873665	25020932	23450825	8429031	36934887	32708844
摩托车制造	677545	307526	533275	241733	296561	279817
电气机械及器材制造业	45474093	35097250	10985085	3315865	24424037	22505954
通信设备、计算机及其他电子设备制造业	89539278	58627424	34743114	17724237	55914375	51417139
仪器仪表及文化、办公用机械制造业	19963816	14538996	4489309	1193328	9754211	9106030
工艺品及其他制造业	2247987	1198041	886519	349962	1169451	917882
废弃资源和废旧材料回收加工业	933320	531118	405112	187083	488896	466648
电力、燃气及水的生产和供应业	48046396	8867186	35584008	9785447	27835390	12347878
电力、热力的生产和供应业	36658140	5562104	27727753	7624655	23829198	9682008
燃气生产和供应业	3534024	807455	2596230	493438	1549705	1155837
水的生产和供应业	7854232	2497627	5260025	1667354	2456487	1510033

表 7—1　续表 6

指　　标	主营业务收　　入	主营业务税金及附加	利　　税总　　额	盈亏相抵后利润总额	从业人员平均人数（人）
总　　计	862535193	23375120	107995543	49791047	805873
一、按经济类型分组：					
内资企业	538035496	21509009	72675569	29029314	544228
国有企业	118701143	10925040	23422689	7660895	69458
集体企业	9107119	64938	823180	449179	13100
股份合作企业	5361360	14521	635684	433256	5157
联营企业	1148841	12335	132650	62646	2311
有限责任公司	169370945	1235448	14752664	8759401	161301
股份有限公司	92974141	8638486	18741201	3246045	37887
私营企业	137258106	589864	13873311	8282114	249833
其他企业	4113841	28377	294190	135778	5181
港、澳、台商投资企业	53346120	71741	6938761	4863420	75875
外商投资企业	271153577	1794370	28381213	15898313	185770
二、在总计中：国有控股	307826844	20685329	52118084	16761240	193593
三、按轻重工业分组：					
轻工业	155151237	7641331	28418917	12340316	249751
重工业	707383956	15733789	79576626	37450731	556122
四、按企业规模分组：					
大型企业	381156809	14229679	42333610	14002546	216058
中型企业	212275276	8155028	36979914	17910736	231885
小型企业	269103108	990413	28682019	17877765	357930
五、按隶属关系分组：					
中央	208507049	13128487	29861997	7157034	101829
省	20911681	7114349	12445797	3188965	20150
市	110600572	181437	11619300	5103194	97738
市以下	522515891	2950847	54068449	34341854	586156

表7—1 续表7

指 标	主营业务收入	主营业务税金及附加	利税总额	盈亏相抵后利润总额	从业人员平均人数（人）
四、按工业行业分组					
采矿业	4218709	35680	719619	443666	10846
煤炭开采和洗选业					
石油和天然气开采业					
黑色金属矿采选业	1155484	16905	253862	133595	5193
有色金属矿采选业	568063	5225	220499	171661	1434
非金属矿采选业	2495162	13550	245258	138410	4219
其他采矿业					
制造业	839633589	23293190	105652034	48270195	780538
农副食品加工业	11373787	18898	1452482	1015799	9754
食品制造业	7022386	14931	1200727	830526	13999
饮料制造业	4786632	66287	593222	276104	5257
烟草制品业	12912650	7064531	11279637	2452542	1650
纺织业	9586773	32179	677155	402904	23663
纺织服装、鞋、帽制造业	20453606	96076	2113167	1164547	73452
皮革、毛皮、羽毛(绒)及其制品业	3455228	7482	356854	193049	7936
木材加工及木、竹、藤、棕、草制品业	753110	3658	46411	24896	1417
家具制造业	1322566	5204	89287	45270	3501
造纸及纸制品业	3682861	11446	375921	243759	6857
印刷业和记录媒介复制业	2665711	8565	398007	287728	6972
文教体育用品制造业	3419690	15031	371658	214405	11094
石油加工、炼焦及核燃料加工业	70627498	8529036	15865519	1478668	5393
化学原料及化学制品制造业	155228692	3819879	19739989	10941445	70943

表7—1　续表8

指　　标	主营业务收　　入	主营业务税金及附加	利　税总　额	盈亏相抵后利润总额	从业人员平均人数（人）
医药制造业	12555772	52052	2454292	1476280	17203
化学纤维制造业	7609746	6112	1172922	911877	7926
橡胶制品业	6159771	15335	597444	304684	8271
＃轮胎制造	2814005	1856	171300	40701	2716
塑料制品业	8994900	32443	919984	588256	14658
非金属矿物制品业	19063586	92750	2113219	1233938	31588
黑色金属冶炼及压延加工业	74878106	137847	2775476	1547099	22532
有色金属冶炼及压延加工业	29021301	88343	2326407	1055064	10666
金属制品业	25279797	89340	2741170	1789207	39013
通用设备制造业	41507667	170937	6240175	4265751	67461
专用设备制造业	16695964	98085	1956087	1203159	29969
交通运输设备制造业	94589204	1952260	9164039	4235511	95397
＃汽车制造	63017349	1815328	6181464	2357726	55050
摩托车制造	695799	1209	47281	19204	2186
电气机械及器材制造业	46940200	576028	6285193	4068938	55035
通信设备、计算机及其他电子设备制造业	128362943	154435	8877426	3455488	105526
仪器仪表及文化、办公用机械制造业	14255147	86536	2991964	2315356	23060
工艺品及其他制造业	3346008	22826	149300	61162	6576
废弃资源和废旧材料回收加工业	3082287	24658	326900	186783	3769
电力、燃气及水的生产和供应业	18682895	46250	1623890	1077186	14489
电力、热力的生产和供应业	13591069	26960	1044785	646989	6871
燃气生产和供应业	3639162	10633	409771	332179	3374
水的生产和供应业	1452664	8657	169334	98018	4244

表7—2 规模以上工业企业主要产品产量

产品名称	2010年	2009年	同比增长(%)
铁矿石原矿(吨)	2340944	4470530	−47.6
饲料(吨)	68533	70672	−3.0
精制食用植物油(吨)	3088	9426	−67.2
饮料酒(千升)	375950	546930	−31.3
软饮料(吨)	1006101	988263	1.8
卷烟(万支)	3416225	3268017	4.5
纱(吨)	44098	44631	−1.2
布(万米)	3178	2827	12.4
服装(万件)	22303	19542	14.1
皮革鞋靴(万双)	300	776	−61.4
家具(件)	1104928	1047907	5.4
机制纸及纸板(吨)	60761	67536	−10.0
原油加工量(吨)	20985299	20408618	2.8
汽油(吨)	2437149	2463412	−1.1
煤油(吨)	1655742	1568728	5.5
柴油(吨)	6937497	6781596	2.3
液化石油气(吨)	1012571	1057140	−4.2
焦炭(吨)	3930838	3362678	16.9
硫酸(折100%)(吨)	815605	750870	8.6
烧碱(折100%)(吨)	87749	78927	11.2
乙烯(吨)	1214687	1416019	−14.2
纯苯(吨)	598126	617433	−3.1

表 7—2 续表 1

产品名称	2010 年	2009 年	同比增长(%)
浓硝酸(折 100%)(吨)	205604	156001	31.8
合成氨(无水氨)(吨)	187238	317090	−41.0
农用氮、磷、钾化学肥料总计(折纯)(吨)	152192	210985	−27.9
化学农药原药(折有效成分 100%)(吨)	99753	67422	48.0
涂料(吨)	289182	191510	51.0
初级形态的塑料(吨)	1505704	1703171	−11.6
合成橡胶(吨)	147114	128267	14.7
合成纤维单体(吨)	1928035	1948680	−1.1
化学药品原药(吨)	1089	1064	2.3
中成药(吨)	2274	2425	−6.2
化学纤维(吨)	116327	110576	5.2
橡胶轮胎外胎(条)	12770016	11895256	7.4
塑料制品(吨)	134216	131362	2.2
水泥熟料(吨)	9427809	8172002	15.4
水泥(吨)	9801971	10433940	−6.1
日用玻璃制品(吨)	74792	33485	123.4
日用陶瓷制品(万件)	7161	5775	24.0
生铁(吨)	10345017	9495162	9.0
粗钢(吨)	10541430	9506525	10.9
钢材(吨)	10692873	9971945	7.2
泵(台)	46178	38841	18.9
气体压缩机(台)	4983	5459	−8.7

表7—2　续表2

产品名称	2010年	2009年	同比增长(%)
采矿专用设备(吨)	2544	1605	58.5
汽车(辆)	365749	239265	52.9
其中:基本型乘用车(轿车)	56492	15678	260.3
客车	243091	171573	41.7
载货汽车	66166	52014	27.2
改装汽车(辆)	6594	5865	12.4
摩托车整车(辆)	459681	433025	6.2
民用钢质船舶(载重吨)	3163058	2457800	28.7
发电机组(发电设备)(千瓦)	5899980	4709000	25.3
其中:风力发电机组		990000	—
交流电动机(千瓦)	1995392	1630092	22.4
变压器(千伏安)	17549111	16861950	4.1
家用电风扇(台)	378303	190798	98.3
家用洗衣机(台)	3192935	2427489	31.5
电光源(万只)	4395	5983	－26.5
移动通信手持机(手机)(台)	2991359	4462849	－33.0
电子计算机整机(台)	168553	243255	－30.7
彩色电视机(台)	4175520	1195152	249.4
其中:液晶(LCD)电视机	4142494	1146812	261.2
发电量(万千瓦小时)	3261709	2070354	57.5
煤气生产量(万立方米)	172329	144767	19.0
自来水生产量(万立方米)	107956	82223	31.3

表7—3　规模以上国有工业企业主要经济指标(2010年)

计量单位:千元

指　　标	企业单位数(个)	#亏损企业	工业总产值
总　　计	81	16	118871194
一、按轻重工业分组:			
轻工业	31	8	18256702
重工业	50	8	100614492
二、按企业规模分组:			
大型企业	10	1	90415257
中型企业	25	4	23992906
小型企业	46	11	4463031
三、按行业分组:			
采矿业	3	1	656583
煤炭开采和洗选业			
石油和天然气开采业			
黑色金属矿采选业	2	0	636294
有色金属矿采选业			
非金属矿采选业	1	1	20289
其他采矿业			
制造业	68	12	115032987
农副食品加工业	1	0	33256
食品制造业			
饮料制造业	1	1	11400
烟草制品业	1	0	12965470
纺织业	1	1	27763
纺织服装、鞋、帽制造业	5	0	1056156
皮革、毛皮、羽毛(绒)及其制品业			
木材加工及木、竹、藤、棕、草制品业			
家具制造业			
造纸及纸制品业	1	1	25465

表 7—3　续表 1

指　　标	企业单位数（个）	#亏损企业	工业总产值
印刷业和记录媒介复制业	9	3	302630
文教体育用品制造业			
石油加工、炼焦及核燃料加工业			
化学原料及化学制品制造业	7	1	56570540
医药制造业	3	0	2178363
化学纤维制造业			
橡胶制品业	1	0	306960
塑料制品业	1	0	49200
非金属矿物制品业	2	1	573298
黑色金属冶炼及压延加工业	2	0	17657463
有色金属冶炼及压延加工业			
金属制品业	4	0	1581683
通用设备制造业	4	0	655151
专用设备制造业	5	0	1082431
交通运输设备制造业	8	2	15659859
电气机械及器材制造业	3	1	969699
通信设备、计算机及其他电子设备制造业	4	1	726916
仪器仪表及文化、办公用机械制造业	5	0	2599284
工艺品及其他制造业			
废弃资源和废旧材料回收加工业			
电力、燃气及水的生产和供应业	10	3	3181624
电力、热力的生产和供应业	4	2	2029816
燃气生产和供应业			
水的生产和供应业	6	1	1151808

表 7—3　续表 2

指　　标	资产总计	流动资产	固定资产原价	累计折旧	负债	流动负债
总　　计	119445453	58174472	81013364	38650024	55115628	45505935
一、按轻重工业分组：						
轻工业	25662888	17173272	10147433	4182704	6350183	5445993
重工业	93782565	41001200	70865931	34467320	48765445	40059942
二、按企业规模分组：						
大型企业	75545143	32241744	61677406	32737657	33379323	31186096
中型企业	38150620	23201352	16074952	5113328	18585674	12123784
小型企业	5749690	2731376	3261006	799039	3150631	2196055
三、按行业分组：						
采矿业	2060503	1059004	1445213	897810	736385	287833
煤炭开采和洗选业						
石油和天然气开采业						
黑色金属矿采选业	1643628	941207	1150576	879713	671718	223166
有色金属矿采选业						
非金属矿采选业	416875	117797	294637	18097	64667	64667
其他采矿业						
制造业	101881731	53546696	67253747	34706112	44490647	41423996
农副食品加工业	18150	11131	19169	12150	1817	1000
食品制造业						
饮料制造业	22376	20240	1890	180	20489	20333
烟草制品业	13187443	11006582	2967051	1432396	1923533	1897777
纺织业	138058	38612	170945	71499	142807	142807
纺织服装、鞋、帽制造业	1134989	824260	296819	91948	612203	500054
皮革、毛皮、羽毛(绒)及其制品业						
木材加工及木、竹、藤、棕、草制品业						
家具制造业						
造纸及纸制品业	208589	32036	180651	15949	152656	152656

表7—3 续表3

指　　标	资产总计	流动资产	固定资产原价	累计折旧	负债	流动负债
印刷业和记录媒介复制业	797363	330776	649101	319597	298335	275780
文教体育用品制造业						
石油加工、炼焦及核燃料加工业						
化学原料及化学制品制造业	30196643	15401567	31384480	21420561	8654707	7756761
医药制造业	3794531	2455813	1542448	713252	1190881	1111663
化学纤维制造业						
橡胶制品业	326890	225220	169790	106754	229880	174400
塑料制品业	33057	14920	16027	4867	27283	15262
非金属矿物制品业	538696	339415	182019	84504	388661	382691
黑色金属冶炼及压延加工业	26848836	5427331	22278168	7652007	13848620	13061593
有色金属冶炼及压延加工业						
金属制品业	2173232	1143668	1409068	741692	793695	742710
通用设备制造业	676343	497213	298108	169905	508746	458756
专用设备制造业	1005220	835520	174810	72854	820189	820126
交通运输设备制造业	13617702	9317967	4225896	1254678	10634655	9813268
电气机械及器材制造业	707367	602450	166079	83280	393707	393707
通信设备、计算机及其他电子设备制造业	919840	550109	594016	325821	537195	518405
仪器仪表及文化、办公用机械制造业	5536406	4471866	527212	132218	3310588	3184247
工艺品及其他制造业						
废弃资源和废旧材料回收加工业						
电力、燃气及水的生产和供应业	15503219	3568772	12314404	3046102	9888596	3794106
电力、热力的生产和供应业	9621602	1549620	8091085	1598516	8200094	2760094
燃气生产和供应业						
水的生产和供应业	5881617	2019152	4223319	1447586	1688502	1034012

表 7—3　续表 4

指　　标	主营业务收　　入	主营业务税金及附加	利　税总　额	盈亏相抵后利润总额	从业人员平均人数（人）
总　　计	118701143	10925040	23422689	7660895	69458
一、按轻重工业分组：					
轻工业	20016573	7108002	12023320	2875878	17544
重工业	98684570	3817038	11399369	4785017	51914
二、按企业规模分组：					
大型企业	89262223	3733042	9559312	3443302	42681
中型企业	25259249	7160108	13316526	3845227	20414
小型企业	4179671	31890	546851	372366	6363
三、按行业分组：					
采矿业	487768	11363	83514	26942	3935
煤炭开采和洗选业					
石油和天然气开采业					
黑色金属矿采选业	472916	10913	85441	30078	3758
有色金属矿采选业					
非金属矿采选业	14852	450	—1927	—3136	177
其他采矿业					
制造业	114648669	10901676	23169095	7613200	59731
农副食品加工业	33141	832	3337	964	66
食品制造业					
饮料制造业	10540	15	—868	—1285	183
烟草制品业	12912650	7064531	11279637	2452542	1650
纺织业	27763	105	—14936	—15886	380
纺织服装、鞋、帽制造业	1542319	7876	120773	77057	2852
皮革、毛皮、羽毛(绒)及其制品业					
木材加工及木、竹、藤、棕、草制品业					
家具制造业					
造纸及纸制品业	28870	22	—4382	—5121	208

表 7—3　续表 5

指　　标	主营业务收　　入	主营业务税金及附加	利　税总　额	盈亏相抵后利润总额	从业人员平均人数（人）
印刷业和记录媒介复制业	323434	1437	14866	1762	1590
文教体育用品制造业					
石油加工、炼焦及核燃料加工业					
化学原料及化学制品制造业	54715156	3624396	7769790	2371922	12622
医药制造业	3407889	20298	507657	311297	5948
化学纤维制造业					
橡胶制品业	351370	1380	24200	10490	750
塑料制品业	50123	73	880	57	80
非金属矿物制品业	529841	2888	32289	1296	474
黑色金属冶炼及压延加工业	19237676	19920	322335	156916	4814
有色金属冶炼及压延加工业					
金属制品业	1526710	12990	562240	422456	2729
通用设备制造业	668609	4168	52462	12096	2680
专用设备制造业	1294135	6263	96924	38477	1237
交通运输设备制造业	13424215	61698	1195269	845479	13088
电气机械及器材制造业	963177	23232	139900	109154	1273
通信设备、计算机及其他电子设备制造业	779357	3442	29056	8708	3963
仪器仪表及文化、办公用机械制造业	2821694	46110	1037666	814819	3144
工艺品及其他制造业					
废弃资源和废旧材料回收加工业					
电力、燃气及水的生产和供应业	3564706	12001	170080	20753	5792
电力、热力的生产和供应业	2428101	5013	59346	－33151	2226
燃气生产和供应业					
水的生产和供应业	1136605	6988	110734	53904	3566

表7—4　规模以上集体工业企业主要经济指标(2010年)

计量单位：千元

指　　标	企业单位数(个)	#亏损企业	工业总产值
总　　计	90	15	9023672
一、按轻重工业分组：			
轻工业	24	4	2418741
重工业	66	11	6604931
二、按企业规模分组：			
大型企业			
中型企业	5	1	1476841
小型企业	85	14	7546831
三、按行业分组：			
采矿业	2	1	31706
煤炭开采和洗选业			
石油和天然气开采业			
黑色金属矿采选业			
有色金属矿采选业			
非金属矿采选业	2	1	31706
其他采矿业			
制造业	86	13	8968677
农副食品加工业	1	0	51987
食品制造业	1	0	14694
饮料制造业			
烟草制品业			
纺织业	1	0	130185
纺织服装、鞋、帽制造业	2	0	150492
皮革、毛皮、羽毛(绒)及其制品业	2	0	134510
木材加工及木、竹、藤、棕、草制品业			
家具制造业			
造纸及纸制品业	2	0	17260

表7—4　续表1

指　　标	企业单位数（个）	#亏损企业	工业总产值
印刷业和记录媒介复制业	4	1	63181
文教体育用品制造业			
石油加工、炼焦及核燃料加工业	2	0	70497
化学原料及化学制品制造业	10	0	1657562
医药制造业			
化学纤维制造业			
橡胶制品业	1	1	4526
塑料制品业	3	0	43692
非金属矿物制品业	6	1	362403
黑色金属冶炼及压延加工业	1	0	190100
有色金属冶炼及压延加工业	4	1	1064244
金属制品业	9	1	574638
通用设备制造业	7	0	242321
专用设备制造业	4	1	155272
交通运输设备制造业	13	4	597371
电气机械及器材制造业	3	1	59486
通信设备、计算机及其他电子设备制造业	0	0	0
仪器仪表及文化、办公用机械制造业	3	1	58235
工艺品及其他制造业	5	1	1615101
废弃资源和废旧材料回收加工业	2	0	1710920
电力、燃气及水的生产和供应业	2	1	23289
电力、热力的生产和供应业			
燃气生产和供应业			
水的生产和供应业	2	1	23289

表 7—4　续表 2

指　　标	资产总计	流动资产	固定资产原价	累计折旧	负债	流动负债
总　　计	3164904	2446084	970407	427924	1861543	1604808
一、按轻重工业分组：						
轻工业	577006	462818	166953	100958	300530	268157
重工业	2587898	1983266	803454	326966	1561013	1336651
二、按企业规模分组：						
大型企业						
中型企业	660945	502186	190235	77857	374123	311317
小型企业	2503959	1943898	780172	350067	1487420	1293491
三、按行业分组：						
采矿业	56299	44032	21928	16303	39302	31746
煤炭开采和洗选业						
石油和天然气开采业						
黑色金属矿采选业						
有色金属矿采选业						
非金属矿采选业	56299	44032	21928	16303	39302	31746
其他采矿业						
制造业	3087435	2394413	932533	407345	1806996	1559217
农副食品加工业	22186	3951	14987	10864	8027	0
食品制造业	26765	15721	11580	5439	1854	1854
饮料制造业						
烟草制品业						
纺织业	33398	32971	2240	1813	20547	20547
纺织服装、鞋、帽制造业	11060	7910	5980	3497	5580	5580
皮革、毛皮、羽毛(绒)及其制品业	27493	26956	5616	5080	18903	18101
木材加工及木、竹、藤、棕、草制品业						
家具制造业						
造纸及纸制品业	4789	3170	628	209	850	400

表7—4 续表3

指 标	资产总计	流动资产	固定资产原价	累计折旧	负债	流动负债
印刷业和记录媒介复制业	85855	79509	19398	15481	19076	19076
文教体育用品制造业						
石油加工、炼焦及核燃料加工业	19763	18105	3559	1901	12415	9862
化学原料及化学制品制造业	686835	591556	192093	117041	319095	301281
医药制造业						
化学纤维制造业						
橡胶制品业	8970	6501	3631	1162	8377	8377
塑料制品业	25043	10796	6512	1254	9006	8306
非金属矿物制品业	185892	151007	76283	42289	152260	85664
黑色金属冶炼及压延加工业	31366	11273	21001	908	9312	9312
有色金属冶炼及压延加工业	235353	123024	102143	10635	189274	155785
金属制品业	220401	143344	108900	35224	67130	66821
通用设备制造业	131359	110318	32083	13093	83351	81245
专用设备制造业	245093	172157	80439	24698	146448	142614
交通运输设备制造业	563590	447077	119476	49370	371992	280917
电气机械及器材制造业	79216	72432	9567	4334	91173	91030
通信设备、计算机及其他电子设备制造业	0	0	0	0	0	0
仪器仪表及文化、办公用机械制造业	53444	42313	22777	12589	26438	26438
工艺品及其他制造业	312871	263968	73680	44973	189015	176134
废弃资源和废旧材料回收加工业	76693	60354	19960	5491	56873	49873
电力、燃气及水的生产和供应业	21170	7639	15946	4276	15245	13845
电力、热力的生产和供应业						
燃气生产和供应业						
水的生产和供应业	21170	7639	15946	4276	15245	13845

表 7—4　续表 4

指　　标	主营业务收　入	主营业务税金及附加	利　税总　额	盈亏相抵后利润总额	从业人员平均人数（人）
总　　计	9107119	64938	823180	449179	13100
一、按轻重工业分组					
轻工业	2634206	17735	145445	83806	2617
重工业	6472913	47203	677735	365373	10483
二、按企业规模分组					
大型企业					
中型企业	1670418	19517	97506	48026	2538
小型企业	7436701	45421	725674	401153	10562
三、按行业分组					
采矿业	30937	745	4641	1968	191
煤炭开采和洗选业					
石油和天然气开采业					
黑色金属矿采选业					
有色金属矿采选业					
非金属矿采选业	30937	745	4641	1968	191
其他采矿业					
制造业	9052893	64025	818197	447536	12852
农副食品加工业	51867	154	7480	4931	16
食品制造业	9973	191	6616	4748	50
饮料制造业					
烟草制品业					
纺织业	130515	248	4876	2223	203
纺织服装、鞋、帽制造业	145545	528	17062	11995	586
皮革、毛皮、羽毛(绒)及其制品业	130692	274	8784	5516	147
木材加工及木、竹、藤、棕、草制品业					
家具制造业					
造纸及纸制品业	17860	62	1061	771	64

表 7—4 续表 5

指标	主营业务收入	主营业务税金及附加	利税总额	盈亏相抵后利润总额	从业人员平均人数（人）
印刷业和记录媒介复制业	64197	531	20362	14977	105
文教体育用品制造业					
石油加工、炼焦及核燃料加工业	71128	123	4436	2061	43
化学原料及化学制品制造业	1627756	8836	228694	149857	1739
医药制造业					
化学纤维制造业					
橡胶制品业	6280	32	91	−245	70
塑料制品业	43680	213	2776	1000	170
非金属矿物制品业	327074	1073	1700	−10841	653
黑色金属冶炼及压延加工业	183080	348	3358	593	58
有色金属冶炼及压延加工业	1002826	10367	113171	62026	657
金属制品业	599073	3841	58391	28440	1088
通用设备制造业	232417	888	16707	7738	658
专用设备制造业	156688	3593	11289	2510	845
交通运输设备制造业	618748	3262	53150	18107	2348
电气机械及器材制造业	55496	399	3919	157	467
通信设备、计算机及其他电子设备制造业	0	0	0	0	0
仪器仪表及文化、办公用机械制造业	61136	328	1712	−335	342
工艺品及其他制造业	1850642	14952	55406	23647	1023
废弃资源和废旧材料回收加工业	1666220	13782	197156	117660	1520
电力、燃气及水的生产和供应业	23289	168	342	−325	57
电力、热力的生产和供应业					
燃气生产和供应业					
水的生产和供应业	23289	168	342	−325	57

表 7—5　规模以上有限责任公司工业企业主要经济指标(2010 年)

计量单位:千元

指　　标	企业单位数(个)	#亏损企业	工业总产值
总　　计	2660	260	432544442
一、按经济类型分组:			
国有独资公司	16	2	20599845
私营有限责任公司	1942	158	116234475
与港澳台商合资经营	117	21	23278456
中外合资经营	232	32	134863241
其他有限责任公司	353	47	137568425
二、按轻重工业分组:			
轻工业	807	90	71009007
重工业	1853	170	361535435
三、按企业规模分组:			
大型企业	23	3	141998195
中型企业	177	18	114450913
小型企业	2460	239	176095334
四、按行业分组:			
采矿业	25	0	3282342
煤炭开采和洗选业			
石油和天然气开采业			
黑色金属矿采选业	4	0	675589
有色金属矿采选业	2	0	601470
非金属矿采选业	19	0	2005283
其他采矿业			
制造业	2617	258	421242311
农副食品加工业	54	6	4989873
食品制造业	45	8	5584718
饮料制造业	8	1	3729171
烟草制品业			
纺织业	69	6	7033365
纺织服装、鞋、帽制造业	203	16	14224935
皮革、毛皮、羽毛(绒)及其制品业	14	2	444728

表7—5 续表1

指　　标	企业单位数（个）	#亏损企业	工业总产值
木材加工及木、竹、藤、棕、草制品业	17	2	637340
家具制造业	24	3	587951
造纸及纸制品业	58	3	2635474
印刷业和记录媒介复制业	51	4	1892340
文教体育用品制造业	38	5	2535121
石油加工、炼焦及核燃料加工业	8	1	2285148
化学原料及化学制品制造业	223	23	60699317
医药制造业	37	3	6011840
化学纤维制造业	6	0	5614085
橡胶制品业	20	0	3749713
塑料制品业	100	11	6187467
非金属矿物制品业	201	23	14674765
黑色金属冶炼及压延加工业	29	5	50663416
有色金属冶炼及压延加工业	59	3	22070964
金属制品业	276	21	15669609
通用设备制造业	332	23	31578555
专用设备制造业	151	13	9460941
交通运输设备制造业	177	19	72303694
电气机械及器材制造业	205	27	23993001
通信设备、计算机及其他电子设备制造业	118	20	44296113
仪器仪表及文化、办公用机械制造业	69	5	5627479
工艺品及其他制造业	16	5	1298759
废弃资源和废旧材料回收加工业	9	0	762429
电力、燃气及水的生产和供应业	18	2	8019789
电力、热力的生产和供应业	6	0	4553845
燃气生产和供应业	7	0	3287680
水的生产和供应业	5	2	178264

表 7—5　续表 2

指　　标	资产总计	流动资产	固定资产原价	累计折旧	负债	流动负债
总　　计	382569685	207470461	179219441	65460690	232630835	199101985
一、按经济类型分组：						
国有独资公司	39771176	15882196	20646600	8833118	23146295	19579104
私营有限责任公司	68820887	42386548	27326478	7613717	41969249	37774498
与港澳台商合资经营	25171656	14208632	9621531	3041599	14295318	11628795
中外合资经营	103719183	53883184	60570166	23785620	59194509	51338849
其他有限责任公司	145086783	81109901	61054666	22186636	94025464	78780739
二、按轻重工业分组：						
轻工业	45599673	25708366	22258003	7275896	23380685	20162382
重工业	336970012	181762095	156961438	58184794	209250150	178939603
三、按企业规模分组：						
大型企业	159837186	82227437	77961526	30650863	111524694	95712606
中型企业	113571883	59906407	55367067	20109555	60564554	48961986
小型企业	109160616	65336617	45890848	14700272	60541587	54427393
四、按行业分组：						
采矿业	1937142	1116915	961471	400774	944630	887666
煤炭开采和洗选业						
石油和天然气开采业						
黑色金属矿采选业	624435	415474	198941	120246	222904	222904
有色金属矿采选业	600117	361767	352891	167208	338071	314029
非金属矿采选业	712590	339674	409639	113320	383655	350733
其他采矿业						
制造业	363171425	202900728	167383441	61781557	223488343	193011678
农副食品加工业	2641764	1481388	913393	245067	1808668	1584582
食品制造业	5145402	3515149	1908945	553192	1959378	1733023
饮料制造业	2013880	877407	1599213	552430	1068198	1058197
烟草制品业						
纺织业	3771951	2153091	1912894	561194	1977593	1673825
纺织服装、鞋、帽制造业	4820786	2691896	2356968	721241	2326552	2082795
皮革、毛皮、羽毛(绒)及其制品业	203639	139504	63919	19845	143714	140202

表 7—5 续表 3

指 标	资产总计	流动资产	固定资产原价	累计折旧	负债	流动负债
木材加工及木、竹、藤、棕、草制品业	366017	207382	142783	37616	242036	240339
家具制造业	538350	332859	182870	38443	320672	313558
造纸及纸制品业	1652217	870708	950965	308124	912752	834256
印刷业和记录媒介复制业	1746529	872292	1221812	531965	858166	717157
文教体育用品制造业	1098457	569199	463159	129387	605569	564743
石油加工、炼焦及核燃料加工业	1251535	868319	356183	165559	322007	318388
化学原料及化学制品制造业	61912178	22918515	38973876	15051680	34008060	26907152
医药制造业	5451211	3436393	1955554	691198	2161757	1916695
化学纤维制造业	5219077	2433563	3818025	1449993	3005610	2214993
橡胶制品业	4912430	1731981	3993332	1176579	3205018	2946578
塑料制品业	3493291	2015468	1888528	625468	1820789	1757676
非金属矿物制品业	16753482	9040458	9453620	3725434	9828758	8247838
黑色金属冶炼及压延加工业	39426049	19890598	25836349	9075832	28010813	23054106
有色金属冶炼及压延加工业	6062492	5113971	1116303	403989	3940037	3821811
金属制品业	8942521	6051854	2921586	809377	6082024	5610813
通用设备制造业	32330681	20694374	11864254	3401312	18307640	15242185
专用设备制造业	7366906	4769466	2768022	961387	4267550	3738488
交通运输设备制造业	64430033	33451053	27359659	9991219	46172049	40462678
电气机械及器材制造业	24175892	20315210	4160155	1142559	11643406	11068607
通信设备、计算机及其他电子设备制造业	49900915	32053075	16368583	8418803	35256998	31894585
仪器仪表及文化、办公用机械制造业	5649603	3410546	2075053	664632	2237218	2106216
工艺品及其他制造业	1708399	834443	681660	266983	885584	655465
废弃资源和废旧材料回收加工业	185738	160566	75778	61049	109727	104727
电力、燃气及水的生产和供应业	17461118	3452818	10874529	3278359	8197862	5202641
电力、热力的生产和供应业	13562340	2742059	7838088	2667541	6357868	3983548
燃气生产和供应业	2951334	550508	2306447	469850	1366365	972497
水的生产和供应业	947444	160251	729994	140968	473629	246596

表 7—5　续表 4

指　　标	主营业务收　　入	主营业务税金及附加	利　税总　额	盈亏相抵后利润总额	从业人员平均人数（人）
总　　计	439088109	3339367	45813275	26992280	477703
一、按经济类型分组：					
国有独资公司	20833348	83044	1020349	483053	34446
私营有限责任公司	113133202	484560	11103446	6530667	210780
与港澳台商合资经营	23028649	29014	3092741	2162476	33311
中外合资经营	133555313	1590345	16864424	9539736	72311
其他有限责任公司	148537597	1152404	13732315	8276348	126855
二、按轻重工业分组：					
轻工业	69401438	342787	8777222	5350951	149007
重工业	369686671	2996580	37036053	21641329	328696
三、按企业规模分组：					
大型企业	151547353	1919157	11889723	6375256	109688
中型企业	113881725	780326	15758691	9833120	126917
小型企业	173659031	639884	18164861	10783904	241098
四、按行业分组：					
采矿业	3226924	22144	572906	371151	6100
煤炭开采和洗选业					
石油和天然气开采业					
黑色金属矿采选业	682568	5992	168421	103517	1435
有色金属矿采选业	568063	5225	220499	171661	1434
非金属矿采选业	1976293	10927	183986	95973	3231
其他采矿业					
制造业	427481168	3296172	44332176	25903919	464826
农副食品加工业	4869542	14711	627776	419391	6239
食品制造业	5598662	14290	992990	697775	10700
饮料制造业	3634323	4897	480629	269548	3756
烟草制品业					
纺织业	6741994	28830	496406	272483	17842
纺织服装、鞋、帽制造业	13852420	61548	1422818	734395	52965
皮革、毛皮、羽毛(绒)及其制品业	434192	1572	39092	19369	1727

表 7—5　续表 5

指　　标	主营业务收　　入	主营业务税金及附加	利　税总　额	盈亏相抵后利润总额	从业人员平均人数（人）
木材加工及木、竹、藤、棕、草制品业	616584	3420	38063	21792	1032
家具制造业	569530	1366	37114	25978	1834
造纸及纸制品业	2684943	10443	329183	212912	5177
印刷业和记录媒介复制业	1878429	5633	334064	252496	4096
文教体育用品制造业	2374587	11547	223517	116583	6989
石油加工、炼焦及核燃料加工业	2595412	47987	268649	164075	1155
化学原料及化学制品制造业	60948218	150131	7718028	5525721	41119
医药制造业	5527585	18337	1425560	788337	7346
化学纤维制造业	5665238	894	1021396	827146	3795
橡胶制品业	3852263	6710	295302	115156	5167
塑料制品业	5977557	24914	648791	417114	9466
非金属矿物制品业	14643096	71263	1789691	1109322	22874
黑色金属冶炼及压延加工业	54129101	111761	2320979	1311344	16376
有色金属冶炼及压延加工业	22255428	21458	1696303	656096	6087
金属制品业	15474191	42767	1269857	789353	23563
通用设备制造业	30503249	120375	4787140	3276481	45820
专用设备制造业	9343733	65289	1202735	728394	18234
交通运输设备制造业	75853456	1868559	7594992	3171615	70677
电气机械及器材制造业	23099709	481639	3158491	1831823	23192
通信设备、计算机及其他电子设备制造业	46823276	86425	3200042	1458594	42994
仪器仪表及文化、办公用机械制造业	5634798	12785	808369	652296	9404
工艺品及其他制造业	1160431	4404	62810	21973	4389
废弃资源和废旧材料回收加工业	739221	2217	41389	16357	811
电力、燃气及水的生产和供应业	8380017	21051	908193	717210	6777
电力、热力的生产和供应业	4950205	12213	552510	429388	3373
燃气生产和供应业	3274255	8436	332121	274982	3002
水的生产和供应业	155557	402	23562	12840	402

表7—6　规模以上股份有限公司工业企业主要经济指标(2010年)

计量单位:千元

指　　标	企业单位数(个)	#亏损企业	工业总产值
总　　计	205	28	115807842
一、按经济类型分组:			
股份有限公司	97	15	96223422
私营股份有限公司	91	11	12545765
港澳台商投资股份有限公司	8	1	3783665
外商投资股份有限公司	9	1	3254990
二、按轻重工业分组:			
轻工业	49	7	6206978
重工业	156	21	109600864
三、按企业规模分组:			
大型企业	4	0	76726094
中型企业	31	3	20872558
小型企业	170	25	18209190
四、按行业分组:			
采矿业	1	0	79071
煤炭开采和洗选业			
石油和天然气开采业			
黑色金属矿采选业			
有色金属矿采选业			
非金属矿采选业	1	0	79071
其他采矿业			
制造业	201	27	112510525
农副食品加工业	2	1	104069
食品制造业	1	0	87422
饮料制造业	1	0	52964
烟草制品业			
纺织业	2	1	186088
纺织服装、鞋、帽制造业	9	0	569223
皮革、毛皮、羽毛(绒)及其制品业	1	0	390051

表7—6 续表1

指标	企业单位数（个）	#亏损企业	工业总产值
木材加工及木、竹、藤、棕、草制品业	1	0	7282
家具制造业	2	0	507545
造纸及纸制品业	2	1	56350
印刷业和记录媒介复制业	2	0	166625
文教体育用品制造业	3	0	20297
石油加工、炼焦及核燃料加工业	3	0	70381571
化学原料及化学制品制造业	20	2	7283476
医药制造业	7	3	862881
化学纤维制造业	2	0	1841700
橡胶制品业	4	1	1133634
塑料制品业	3	0	134502
非金属矿物制品业	10	0	2174138
黑色金属冶炼及压延加工业	1	0	267432
有色金属冶炼及压延加工业	3	0	3271565
金属制品业	16	1	5128540
通用设备制造业	24	3	2333547
专用设备制造业	25	5	1860321
交通运输设备制造业	6	0	665458
电气机械及器材制造业	26	6	5808167
通信设备、计算机及其他电子设备制造业	13	2	3862000
仪器仪表及文化、办公用机械制造业	11	1	3247907
工艺品及其他制造业	1	0	105770
废弃资源和废旧材料回收加工业			
电力、燃气及水的生产和供应业	3	1	3218246
电力、热力的生产和供应业	2	1	3172748
燃气生产和供应业			
水的生产和供应业	1	0	45498

表 7—6　续表 2

指　　标	资产总计	流动资产	固定资产原价	累计折旧	负债	流动负债
总　　计	76792155	46549299	36478524	13471939	45724673	41302993
一、按经济类型分组：						
股份有限公司	60149152	36719356	29640761	11864077	34968665	32275477
私营股份有限公司	9819421	6528264	2999915	836718	6857109	5804067
港澳台商投资股份有限公司	3359553	1121469	2490386	485052	1943364	1333653
外商投资股份有限公司	3464029	2180210	1347462	286092	1955535	1889796
二、按轻重工业分组：						
轻工业	9394083	4851805	4011364	1000066	5448011	4423957
重工业	67398072	41697494	32467160	12471873	40276662	36879036
三、按企业规模分组：						
大型企业	28894802	15509899	18013889	7554598	20421828	19725343
中型企业	23916684	14507177	11444796	4172790	14105064	11713230
小型企业	23980669	16532223	7019839	1744551	11197781	9864420
四、按行业分组：						
采矿业	48021	32163	30341	17483	40987	40987
煤炭开采和洗选业						
石油和天然气开采业						
黑色金属矿采选业						
有色金属矿采选业						
非金属矿采选业	48021	32163	30341	17483	40987	40987
其他采矿业						
制造业	71768087	45626855	29830541	10705336	42818511	39077390
农副食品加工业	20291	8917	12006	1542	7868	7868
食品制造业	160530	78407	70504	15039	6490	5919
饮料制造业	22783	4651	24242	6110	1976	500
烟草制品业						
纺织业	170274	125210	36080	13671	157077	139753
纺织服装、鞋、帽制造业	309648	204078	114555	12821	109264	102480
皮革、毛皮、羽毛(绒)及其制品业	386607	172194	85227	46761	339016	192848

表7—6 续表3

指 标	资产总计	流动资产	固定资产原价	累计折旧	负债	流动负债
木材加工及木、竹、藤、棕、草制品业	6239	5194	2027	982	3709	3709
家具制造业	393795	114602	340795	74617	51995	51995
造纸及纸制品业	109875	68496	23351	9955	107222	63643
印刷业和记录媒介复制业	527041	232283	296856	90676	208035	74433
文教体育用品制造业	13894	7815	9912	3878	4162	3990
石油加工、炼焦及核燃料加工业	16669972	7408846	15046771	6962241	12284526	12205914
化学原料及化学制品制造业	5857806	2498293	3236510	664633	3169578	2398528
医药制造业	712082	396804	423046	167995	318791	313337
化学纤维制造业	4932967	2564156	1682166	335276	3389112	3015373
橡胶制品业	153504	74965	103578	35673	70705	69685
塑料制品业	72870	43444	37874	10745	47847	42847
非金属矿物制品业	2511196	1324356	1304526	438496	1490873	1055104
黑色金属冶炼及压延加工业	120719	89287	38983	14102	106173	106173
有色金属冶炼及压延加工业	3284547	2044217	1234884	267646	1987539	1877524
金属制品业	4604885	3338727	1286902	216594	3554927	2943694
通用设备制造业	1737803	885182	864778	381464	1006081	711516
专用设备制造业	2328022	1688447	687369	153336	1470893	1393431
交通运输设备制造业	308329	224068	82766	27949	185082	185082
电气机械及器材制造业	8288308	6589214	1146910	355553	4695955	4324577
通信设备、计算机及其他电子设备制造业	12053690	10504411	757247	279263	5677179	5427712
仪器仪表及文化、办公用机械制造业	5953460	4913033	837086	104119	2335186	2328505
工艺品及其他制造业	56950	17558	43590	14199	31250	31250
废弃资源和废旧材料回收加工业						
电力、燃气及水的生产和供应业	4976047	890281	6617642	2749120	2865175	2184616
电力、热力的生产和供应业	4476934	610718	6334399	2675342	2655123	1974564
燃气生产和供应业						
水的生产和供应业	499113	279563	283243	73778	210052	210052

表7—6　续表4

指　　标	主营业务收　　入	主营业务税金及附加	利　税总　额	盈亏相抵后利润总额	从业人员平均人数（人）
总　　计	111536144	8753894	21021639	4811621	60074
一、按经济类型分组：					
股份有限公司	92974141	8638486	18741201	3246045	37887
私营股份有限公司	11558738	51003	1446749	961098	16771
港澳台商投资股份有限公司	3679297	1315	463191	353547	1761
外商投资股份有限公司	3323968	63090	370498	250931	3655
二、按轻重工业分组：					
轻工业	5596250	32947	516413	276218	14419
重工业	105939894	8720947	20505226	4535403	45655
三、按企业规模分组：					
大型企业	74243627	8556808	16349138	1737233	13072
中型企业	19927150	99785	2198384	1388093	25155
小型企业	17365367	97301	2474117	1686295	21847
四、按行业分组：					
采矿业	65000	867	22868	19849	185
煤炭开采和洗选业					
石油和天然气开采业					
黑色金属矿采选业					
有色金属矿采选业					
非金属矿采选业	65000	867	22868	19849	185
其他采矿业					
制造业	108486002	8742284	20969283	4838833	58734
农副食品加工业	31254	22	－69	－171	120
食品制造业	85816	0	40335	28178	130
饮料制造业	52867	1317	7756	4850	113
烟草制品业					
纺织业	188043	27	－1864	－2809	272
纺织服装、鞋、帽制造业	515447	8418	94124	78876	2307
皮革、毛皮、羽毛(绒)及其制品业	225693	1149	22152	9299	534

表7—6 续表5

指　　标	主营业务收　　入	主营业务税金及附加	利　税总　额	盈亏相抵后利润总额	从业人员平均人数（人）
木材加工及木、竹、藤、棕、草制品业	7282	27	791	545	26
家具制造业	496145	3096	32550	10284	841
造纸及纸制品业	57328	23	－4591	－4754	123
印刷业和记录媒介复制业	168433	331	16903	13360	383
文教体育用品制造业	19764	280	2639	1172	518
石油加工、炼焦及核燃料加工业	67925943	8480898	15592053	1312478	4173
化学原料及化学制品制造业	7370644	27057	809433	606238	4295
医药制造业	794187	9980	77445	23095	1738
化学纤维制造业	1927978	5155	151091	84776	4083
橡胶制品业	1108132	5216	172954	115424	1499
塑料制品业	124904	174	4754	1856	142
非金属矿物制品业	1813450	8976	191376	101899	4140
黑色金属冶炼及压延加工业	262188	575	20776	14473	83
有色金属冶炼及压延加工业	3331497	50916	315803	238941	2535
金属制品业	4805850	20737	598023	386723	5509
通用设备制造业	2228438	12118	283677	179865	4731
专用设备制造业	1874555	15354	183662	105066	3412
交通运输设备制造业	645051	2312	71836	46732	1485
电气机械及器材制造业	5314594	37856	943609	584331	7534
通信设备、计算机及其他电子设备制造业	3786258	23868	445764	266905	4047
仪器仪表及文化、办公用机械制造业	3220606	26297	881556	621226	3786
工艺品及其他制造业	103655	105	14745	9975	175
废弃资源和废旧材料回收加工业					
电力、燃气及水的生产和供应业	2985142	10743	29488	－47061	1155
电力、热力的生产和供应业	2923903	9644	18076	－55376	990
燃气生产和供应业					
水的生产和供应业	61239	1099	11412	8315	165

表7—7 规模以上“三资”工业企业主要经济指标（2010年）

计量单位：千元

指　　标	企业单位数（个）	#亏损企业	工业总产值
总　　计	867	163	326144518
一、按轻重工业分组：			
轻工业	311	58	77396627
重工业	556	105	248747891
二、按企业规模分组：			
大型企业	22	4	112856621
中型企业	146	23	108878827
小型企业	699	136	104409070
三、按行业分组：			
采矿业			
煤炭开采和洗选业			
石油和天然气开采业			
黑色金属矿采选业			
有色金属矿采选业			
非金属矿采选业			
其他采矿业			
制造业	854	163	320280423
农副食品加工业	10	1	6210747
食品制造业	19	4	3865089
饮料制造业	11	3	4683911
烟草制品业			
纺织业	25	7	2786847
纺织服装、鞋、帽制造业	77	9	7568252
皮革、毛皮、羽毛(绒)及其制品业	11	3	2800571
木材加工及木、竹、藤、棕、草制品业	1	0	74978
家具制造业	9	4	584443
造纸及纸制品业	11	1	1285554

表7—7 续表1

指标	企业单位数（个）	#亏损企业	工业总产值
印刷业和记录媒介复制业	6	0	881368
文教体育用品制造业	26	8	1878676
石油加工、炼焦及核燃料加工业			
化学原料及化学制品制造业	81	13	59094998
医药制造业	20	3	5939343
化学纤维制造业	3	0	5236589
橡胶制品业	4	0	2776953
塑料制品业	33	5	2924425
非金属矿物制品业	33	10	3175396
黑色金属冶炼及压延加工业	6	0	1214553
有色金属冶炼及压延加工业	15	4	20356005
金属制品业	40	5	2539267
通用设备制造业	90	13	15137207
专用设备制造业	52	3	4774734
交通运输设备制造业	62	16	33778002
电气机械及器材制造业	73	10	19190813
通信设备、计算机及其他电子设备制造业	104	33	106904020
仪器仪表及文化、办公用机械制造业	20	2	4349303
工艺品及其他制造业	10	4	211035
废弃资源和废旧材料回收加工业	2	2	57344
电力、燃气及水的生产和供应业	13	0	5864095
电力、热力的生产和供应业	4	0	2252523
燃气生产和供应业	6	0	3441557
水的生产和供应业	3	0	170015

表 7—7 续表 2

指标	资产总计	流动资产	固定资产原价	累计折旧	负债	流动负债
总计	230985395	120664693	124921331	46043499	131518726	111439431
一、按轻重工业分组：						
轻工业	58452288	32090900	24879841	8468334	32323580	28808024
重工业	172533107	88573793	100041490	37575165	99195146	82631407
二、按企业规模分组：						
大型企业	66198002	38582523	35207953	14935783	43137029	40878643
中型企业	90259191	40906247	53613080	19834936	47998520	37439662
小型企业	74528202	41175923	36100298	11272780	40383177	33121126
三、按行业分组：						
采矿业						
煤炭开采和洗选业						
石油和天然气开采业						
黑色金属矿采选业						
有色金属矿采选业						
非金属矿采选业						
其他采矿业						
制造业	219474412	118688673	118783722	45292108	124426737	107259120
农副食品加工业	9558533	4216488	526699	174832	7058486	6578015
食品制造业	4706054	3186211	2059702	661647	1117528	1042262
饮料制造业	3299631	1335702	2555298	811668	2109486	2005666
烟草制品业						
纺织业	4409657	1811646	2295025	830872	2421524	1191250
纺织服装、鞋、帽制造业	2820372	1513382	1461525	465787	1339129	1266855
皮革、毛皮、羽毛(绒)及其制品业	1024783	517621	613235	140997	508743	492398
木材加工及木、竹、藤、棕、草制品业	26230	8210	25900	13770	1160	1160
家具制造业	534764	292601	240311	55211	173902	173892
造纸及纸制品业	1054574	627628	534925	177769	525045	517701

表7—7　续表3

指　　标	资产总计	流动资产	固定资产原价	累计折旧	负债	流动负债
印刷业和记录媒介复制业	773108	450296	510652	232062	337186	321131
文教体育用品制造业	889461	548684	401234	113259	360707	315581
石油加工、炼焦及核燃料加工业						
化学原料及化学制品制造业	51951152	16673018	37439847	12450958	25497561	16432188
医药制造业	4420897	2411278	2402896	779074	1110874	1061866
化学纤维制造业	4524741	1916752	3641670	1412059	2860151	2071848
橡胶制品业	4257709	1465250	3640862	1086846	2806727	2705652
塑料制品业	1959636	1073037	1126496	419474	649632	633029
非金属矿物制品业	5058713	2292300	3875878	1763816	2546339	2144014
黑色金属冶炼及压延加工业	1251711	686771	705088	211531	507136	505285
有色金属冶炼及压延加工业	8258817	6334649	2092537	565779	5330468	4937062
金属制品业	2264870	1614050	1013946	475818	933689	883822
通用设备制造业	15900530	11557758	4888540	1821615	7953092	7318683
专用设备制造业	4346954	3037553	1430934	427317	2291621	2101834
交通运输设备制造业	19276251	10487869	11454862	3415342	14002981	12716404
电气机械及器材制造业	14701206	9682828	6149194	2093613	8676694	7781378
通信设备、计算机及其他电子设备制造业	48139916	32525905	25787540	14080143	31146245	30185459
仪器仪表及文化、办公用机械制造业	3789276	2260822	1753344	538447	2053461	1790748
工艺品及其他制造业	223299	127827	117483	52663	97208	74223
废弃资源和废旧材料回收加工业	51567	32537	38099	19739	9962	9714
电力、燃气及水的生产和供应业	11510983	1976020	6137609	751391	7091989	4180311
电力、热力的生产和供应业	7198723	1162689	3169802	223705	5286534	2993343
燃气生产和供应业	3326343	723312	2560788	479750	1496848	1113380
水的生产和供应业	985917	90019	407019	47936	308607	73588

表7—7　续表4

指　标	主营业务收　入	主营业务税金及附加	利　税总　额	盈亏相抵后利润总额	从业人员平均人数（人）
总　计	324499697	1866111	35319974	20761733	261645
一、按轻重工业分组：					
轻工业	77305931	252780	10526232	6255404	97581
重工业	247193766	1613331	24793742	14506329	164064
二、按企业规模分组：					
大型企业	111532285	1414860	9741974	4898552	74677
中型企业	108437342	265628	14779812	8916122	95925
小型企业	104530070	185623	10798188	6947059	91043
三、按行业分组：					
采矿业					
煤炭开采和洗选业					
石油和天然气开采业					
黑色金属矿采选业					
有色金属矿采选业					
非金属矿采选业					
其他采矿业					
制造业	318598832	1855922	34665251	20240150	257232
农副食品加工业	6491515	3305	886289	645308	3234
食品制造业	3947172	4339	946813	708062	6751
饮料制造业	4431598	64420	547296	252998	4637
烟草制品业					
纺织业	2749745	4142	198069	157582	6405
纺织服装、鞋、帽制造业	7355008	14959	706010	373779	25177
皮革、毛皮、羽毛(绒)及其制品业	2686418	4508	289348	161006	5654
木材加工及木、竹、藤、棕、草制品业	74578	130	3850	475	178
家具制造业	588960	809	44233	33024	2226
造纸及纸制品业	1309379	796	81599	52768	2150

表 7—7 续表 5

指 标	主营业务收入	主营业务税金及附加	利税总额	盈亏相抵后利润总额	从业人员平均人数（人）
印刷业和记录媒介复制业	849287	344	236551	197726	1148
文教体育用品制造业	1736020	5833	229412	142437	5610
石油加工、炼焦及核燃料加工业					
化学原料及化学制品制造业	59344311	36679	8445500	6374981	15400
医药制造业	5340110	12227	1228274	817985	5111
化学纤维制造业	5323002	340	887966	703769	3417
橡胶制品业	2871222	2042	178936	46409	2815
塑料制品业	2871210	5663	318945	204633	5037
非金属矿物制品业	3121434	2604	230312	106854	4883
黑色金属冶炼及压延加工业	1196682	331	101684	62960	839
有色金属冶炼及压延加工业	20666456	51024	1474185	498104	4143
金属制品业	2406854	1849	177600	125393	5165
通用设备制造业	15099161	35544	2375103	1661996	21090
专用设备制造业	4505577	22243	566548	393131	7478
交通运输设备制造业	32345289	1399553	4380743	1859347	21258
电气机械及器材制造业	19098132	116327	2297920	1796683	22786
通信设备、计算机及其他电子设备制造业	107336805	58701	7140154	2260778	65171
仪器仪表及文化、办公用机械制造业	4550620	2880	682424	607787	8245
工艺品及其他制造业	247199	4326	10785	1117	1076
废弃资源和废旧材料回收加工业	55088	4	－1298	－6942	148
电力、燃气及水的生产和供应业	5900865	10189	654723	521583	4413
电力、热力的生产和供应业	2314226	114	251424	195500	1096
燃气生产和供应业	3416625	9899	357493	288757	3169
水的生产和供应业	170014	176	45806	37326	148

表7—8　规模以上大中型工业企业主要经济指标(2010年)

计量单位:千元

指　　标	企业单位数（个）	#亏损企业	工业总产值
总　　计	380	53	587983159
一、按登记注册类型分组			
内资企业	212	26	366247711
国有企业	35	5	114408163
集体企业	5	1	1476841
股份合作企业	0	0	0
联营企业	3	0	836820
有限责任公司	71	11	126425430
股份有限公司	23	2	89172241
私营企业	71	7	30440720
其他企业	4	0	3487496
港、澳、台商投资企业	47	7	26205996
外商投资企业	121	20	195529452
二、按轻重工业分组:			
轻工业	114	13	90556063
重工业	266	40	497427096
三、按企业规模分组:			
大型企业	50	7	375702953
中型企业	330	46	212280206
四、按行业分祖:			
采矿业	4	0	1650358
煤炭开采和洗选业			
石油和天然气开采业			
黑色金属矿采选业	2	0	756513
有色金属矿采选业	1	0	568856
非金属矿采选业	1	0	324989
其他采矿业			
制造业	365	51	575085134
农副食品加工业	4	0	3295994
食品制造业	10	1	4710110
饮料制造业	4	2	2888250
烟草制品业	1	0	12965470
纺织业	12	1	5531323

表7—8 续表1

指 标	企业单位数（个）	#亏损企业	工业总产值
纺织服装、鞋、帽制造业	26	2	6253503
皮革、毛皮、羽毛(绒)及其制品业	3	0	873103
木材加工及木、竹、藤、棕、草制品业			
家具制造业	2	0	294547
造纸及纸制品业	3	0	907152
印刷业和记录媒介复制业	2	0	313282
文教体育用品制造业	6	1	979134
石油加工、炼焦及核燃料加工业	2	0	70446804
化学原料及化学制品制造业	20	4	104770566
医药制造业	10	2	7067003
化学纤维制造业	5	0	7078289
橡胶制品业	3	0	3178312
塑料制品业	4	0	1550296
非金属矿物制品业	11	2	5446987
黑色金属冶炼及压延加工业	4	1	64598528
有色金属冶炼及压延加工业	4	1	3629380
金属制品业	16	1	9286668
通用设备制造业	40	4	21539122
专用设备制造业	20	2	4957055
交通运输设备制造业	46	9	76015991
电气机械及器材制造业	28	3	30118228
通信设备、计算机及其他电子设备制造业	59	13	114284892
仪器仪表及文化、办公用机械制造业	15	2	9553590
工艺品及其他制造业	3	0	1912467
废弃资源和废旧材料回收加工业	2	0	639088
电力、燃气及水的生产和供应业	11	2	11247667
电力、热力的生产和供应业	7	2	8408574
燃气生产和供应业	2	0	1842325
水的生产和供应业	2	0	996768

表 7—8　续表 2

指　标	资产总计	流动资产	固定资产原价	累计折旧	负债	流动负债
总　计	503396163	260972913	273744047	113761449	295360226	251695226
一、按登记注册类型分组						
内资企业	346938970	181484143	184923014	78990730	204224677	173376921
国有企业	113695763	55443096	77752358	37850985	51964997	43309880
集体企业	660945	502186	190235	77857	374123	311317
股份合作企业	0	0	0	0	0	0
联营企业	286362	125980	214778	58321	131060	121060
有限责任公司	162188288	83649518	71827089	27688264	105056838	87109592
股份有限公司	43730454	23911590	26732621	11098564	27936809	25784175
私营企业	24452757	16548241	7705236	2046955	17390429	15404272
其他企业	1924401	1303532	500697	169784	1370421	1336625
港、澳、台商投资企业	33373925	18613432	11250725	3715715	19646237	16762968
外商投资企业	123083268	60875338	77570308	31055004	71489312	61555337
二、按轻重工业分组：						
轻工业	83065262	49059094	31823583	11006560	40212181	35243628
重工业	420330901	211913819	241920464	102754889	255148045	216451598
三、按企业规模分组：						
大型企业	295019649	144417757	175356514	78757057	182392815	162210616
中型企业	208376514	116555156	98387533	35004392	112967411	89484610
四、按行业分组：						
采矿业	2868939	1651824	1764855	1128400	1198077	719696
煤炭开采和洗选业						
石油和天然气开采业						
黑色金属矿采选业	2107373	1262319	1251210	945286	802969	354729
有色金属矿采选业	573955	349356	340383	157314	311040	286998
非金属矿采选业	187611	40149	173262	25800	84068	77969
其他采矿业						
制造业	468739206	252936758	244920014	104101741	276888064	242938060
农副食品加工业	8276968	3260932	351252	100273	5978878	5977725
食品制造业	4993106	3410110	2131523	635429	1711780	1526444
饮料制造业	1640641	764132	1311253	520619	1282798	1282797
烟草制品业	13187443	11006582	2967051	1432396	1923533	1897777
纺织业	5479548	2517154	2404745	581982	3038980	1667150

表7—8 续表3

指 标	资产总计	流动资产	固定资产原价	累计折旧	负债	流动负债
纺织服装、鞋、帽制造业	3521443	2191037	1308492	363059	1670712	1500839
皮革、毛皮、羽毛(绒)及其制品业	799973	461940	243481	81395	550128	403960
木材加工及木、竹、藤、棕、草制品业						
家具制造业	176172	127287	64622	18862	58773	58773
造纸及纸制品业	612777	390466	320071	130247	214432	213622
印刷业和记录媒介复制业	499164	166499	443766	219174	157522	152499
文教体育用品制造业	562689	403738	193611	91985	254275	237807
石油加工、炼焦及核燃料加工业	16790360	7508206	15075550	6973249	12339757	12260884
化学原料及化学制品制造业	81992712	32552317	66081110	34921372	37772365	30973502
医药制造业	6674205	3915231	3186077	1281420	2069516	1883528
化学纤维制造业	9457708	4480908	5323836	1747335	6249263	5087221
橡胶制品业	4887629	1764614	4037460	1239030	3287107	2976202
塑料制品业	891071	549813	412765	110995	383475	369918
非金属矿物制品业	8586302	3573114	5952963	2523318	4687413	3508737
黑色金属冶炼及压延加工业	63669800	24040892	46635415	16409095	40600688	34859261
有色金属冶炼及压延加工业	3988030	2370533	1499555	311119	2425446	2048546
金属制品业	8811298	6089566	3280797	1251770	5943262	5132189
通用设备制造业	27544437	18459512	9278350	2958643	16137165	13093033
专用设备制造业	4802229	3700353	1385164	529933	2921883	2808211
交通运输设备制造业	70533878	37421852	29275642	10517119	52418971	45649039
电气机械及器材制造业	32454704	25919116	6738991	1810967	16898406	16128189
通信设备、计算机及其他电子设备制造业	70632734	43695563	31007260	16169635	47093037	43011502
仪器仪表及文化、办公用机械制造业	14922725	10995178	3083615	813648	7595962	7203021
工艺品及其他制造业	1730138	922452	654322	256868	910203	723350
废弃资源和废旧材料回收加工业	619322	277661	271275	100804	312334	302334
电力、燃气及水的生产和供应业	31788018	6384331	27059178	8531308	17274085	8037470
电力、热力的生产和供应业	23778121	4191553	20934369	6754143	14598233	6339354
燃气生产和供应业	2497964	331986	2140722	410008	1243893	862956
水的生产和供应业	5511933	1860792	3984087	1367157	1431959	835160

表 7—8　续表 4

指　　标	主营业务收　　入	主营业务税金及附加	利　税总　额	盈亏相抵后利润总额	从业人员平均人数（人）
总　　计	593432085	22384707	79313524	31913282	447943
一、按登记注册类型分组					
内资企业	373462458	20704219	54791738	18098608	277341
国有企业	114521472	10893150	22875838	7288529	63095
集体企业	1670418	19517	97506	48026	2538
股份合作企业	0	0	0	0	0
联营企业	853750	8994	105311	51276	1523
有限责任公司	137682810	1054650	10907801	6449291	125145
股份有限公司	86134359	8587744	17676539	2530809	27893
私营企业	29183160	117366	2869012	1607736	54221
其他企业	3416489	22798	259731	122941	2926
港、澳、台商投资企业	25732641	23013	3740692	2746303	43501
外商投资企业	194236986	1657475	20781094	11068371	127101
二、按轻重工业分组：					
轻工业	92016920	7365208	21588220	8511137	114137
重工业	501415165	15019499	57725304	23402145	333806
三、按企业规模分组：					
大型企业	381156809	14229679	42333610	14002546	216058
中型企业	212275276	8155028	36979914	17910736	231885
四、按行业分组：					
采矿业	1468475	28369	442870	283350	6508
煤炭开采和洗选业					
石油和天然气开采业					
黑色金属矿采选业	608647	16193	197135	101052	4589
有色金属矿采选业	542185	5152	217605	169133	1214
非金属矿采选业	317643	7024	28130	13165	705
其他采矿业					
制造业	580306490	22316395	78058466	31176053	429790
农副食品加工业	3250700	3894	910011	733909	3421
食品制造业	4865871	9026	968615	701499	9558
饮料制造业	2777946	24669	263287	94027	3595
烟草制品业	12912650	7064531	11279637	2452542	1650
纺织业	5281722	12703	322011	213666	12809

表 7—8　续表 5

指　　标	主营业务收　　入	主营业务税金及附加	利　税总　额	盈亏相抵后利润总额	从业人员平均人数（人）
纺织服装、鞋、帽制造业	6872394	26742	702207	444048	23796
皮革、毛皮、羽毛(绒)及其制品业	704649	3449	96282	55187	3534
木材加工及木、竹、藤、棕、草制品业					
家具制造业	299477	66	23164	23098	1270
造纸及纸制品业	921164	810	70652	50186	1092
印刷业和记录媒介复制业	290392	1025	35823	27136	1009
文教体育用品制造业	836115	904	114899	75577	2518
石油加工、炼焦及核燃料加工业	67976618	8482910	15602911	1316046	4582
化学原料及化学制品制造业	104066002	3721801	13778270	6472427	43084
医药制造业	7799666	28823	1384038	906703	11190
化学纤维制造业	7250980	5495	1039057	788545	7500
橡胶制品业	3352240	4594	210507	54964	4045
塑料制品业	1496354	5584	267813	188816	2011
非金属矿物制品业	5185670	21453	726265	453843	9440
黑色金属冶炼及压延加工业	69651170	126057	2377160	1286226	18541
有色金属冶炼及压延加工业	3638832	53532	319494	231108	3253
金属制品业	9196582	31825	1356082	961628	11358
通用设备制造业	20787877	65384	3810665	2724804	31632
专用设备制造业	5140639	48170	668312	368568	10533
交通运输设备制造业	77568466	1885858	7535429	3310179	73556
电气机械及器材制造业	29234573	503521	3991272	2554192	26928
通信设备、计算机及其他电子设备制造业	116471373	88245	7646601	2696680	88304
仪器仪表及文化、办公用机械制造业	9932052	70536	2386241	1893418	14549
工艺品及其他制造业	1922498	16133	75508	37263	3742
废弃资源和废旧材料回收加工业	621758	8655	89653	59708	1290
电力、燃气及水的生产和供应业	11657120	39943	812188	453879	11645
电力、热力的生产和供应业	8846952	26311	470894	203655	6136
燃气生产和供应业	1833076	7378	249301	207129	2416
水的生产和供应业	977092	6254	91993	43095	3093

表7—9 规模以上工业企业能源购进、消费及库存（2010年）

项目	购进量		消费量合计	#工业生产消费	年末库存
	实物量	金额（万元）			
原煤（吨）	22620955	1579652.44	22136699	21999866	1275950
洗精煤（吨）	5644574	621364.50	5653986	5653986	273033
其他洗煤（吨）	138494	10682.72	138817	138817	15570
焦炭（吨）	836129	171875.99	4749452	4749452	51345
焦炉煤气（万立方米）	954	2037.59	91381	91381	0
高炉煤气（万立方米）	308700	23689.48	1477300	1477300	0
转炉煤气（万立方米）	20593	9531.59	64386	62946	0
发生煤气（万立方米）	2	2.00	2	2	0
天然气（气态）（万立方米）	162986	321659.60	162986	162862	0
原油（吨）	21527279	8276172.09	21138900	21138900	1345973
汽油（吨）	35600	22974.15	36028	26029	215
煤油（吨）	1078	716.38	1074	1074	25
柴油（吨）	114453	72462.70	116310	103390	1895
燃料油（吨）	89855	32160.89	233873	230371	6915
液化石油气（吨）	22438	11382.12	191708	191544	1240
炼厂干气（吨）	24306	5470.03	789286	789286	0
石脑油（吨）	58049	38074.46	66276	66276	0
润滑油（吨）	3141	2172.94	3141	3136	30
石蜡（吨）	1	0.28	0	0	1
溶剂油（吨）	10136	4749.87	9984	9984	335
其他石油制品（吨）	4632435	3284117.67	9788414	9787953	113565
热力（百万千焦）	35780868	197286.34	80350320	79309649	0
电力（万千瓦时）	1732941	1248333.49	2276126	2245367	0

注：本表口径为年主营业务收入在500万元以上的工业企业。

表7—10 主要能源按工业行业分组消费量(2010年)

行业分类	原煤(吨)	汽油(吨)	柴油(吨)	燃料油(吨)	电力(万千瓦时)
总计	22136699	36028	116310	233873	2276126
黑色金属矿采选业	7205	187	962	0	10578
有色金属矿采选业	385	17	294	0	5989
非金属矿采选业	12862	276	5720	0	6771
农副食品加工业	14560	199	2217	0	10645
食品制造业	19586	302	1964	0	11656
饮料制造业	20600	70	784	81	13183
烟草制品业	0	0	2524	0	2791
纺织业	15213	427	1153	3160	24942
纺织服装、鞋、帽制造业	18622	1184	1099	0	18596
皮革、毛皮、羽毛(绒)及其制品业	2081	60	31	0	2779
木材加工及木、竹、藤、棕、草制	296	108	139	0	1176
家具制造业	0	117	59	0	2001
造纸及纸制品业	22093	528	1671	702	8910
印刷业和记录媒介复制业	83	421	201	0	6122
文教体育用品制造业	549	247	291	0	3654
石油加工、炼焦及核燃料加工业	1903244	37	1013	6845	134700
化学原料及化学制品制造业	2228668	6150	8402	189720	638114
医药制造业	12555	1123	2306	672	11847
化学纤维制造业	315890	49	9756	0	45840
橡胶制品业	17660	78	118	2537	17502
塑料制品业	5037	491	1596	0	25470
非金属矿物制品业	1629704	2761	33097	23016	113447
黑色金属冶炼及压延加工业	1842019	860	6614	1	524441
有色金属冶炼及压延加工业	98960	309	1232	680	23509
金属制品业	27746	1887	1630	8	37844
通用设备制造业	52553	4529	4212	0	78274
专用设备制造业	15130	1178	1544	24	18764
交通运输设备制造业	61964	5796	15557	5092	104907
电气机械及器材制造业	6660	2115	1696	0	38536
通信设备、计算机及其他电子设备	2173	1765	1620	0	102758
仪器仪表及文化、办公用机械制造	250	1767	308	0	10292
工艺品及其他制造业	160	368	144	345	3698
废弃资源和废旧材料回收加工业	12249	66	1912	0	1598
电力、热力的生产和供应业	13769943	36	4028	992	187159
燃气生产和供应业	0	290	270	0	1329
水的生产和供应业	0	230	147	0	26304

注:本表口径为年主营业务收入在500万元以上的工业企业。

表7—11　规模以上工业企业能源购进、消费及库存按行业分类(2010年)

计量单位:吨标准煤

行业分类	购进量		消费量合计	＃工业生产消费	年末库存
	实物量	金额(万元)			
总计	64909624	15930262.34	80600725.18	80384177.60	3274823
黑色金属矿采选业	19875	8539.34	19824.14	18141.64	221
有色金属矿采选业	8111	4492.53	8111.13	8036.95	0
非金属矿采选业	27743	9558.99	27710.96	26841.84	1485
农副食品加工业	54494	16306.70	53998.72	51689.03	619
食品制造业	48074	15910.05	48078.75	47815.83	14
饮料制造业	40430	15985.92	39967.27	38895.97	911
烟草制品业	12983	5300.50	12982.64	11504.76	10
纺织业	66882	25375.91	66771.25	66272.75	541
纺织服装、鞋、帽制造业	43563	19490.47	43800.13	42362.97	598
皮革、毛皮、羽毛(绒)及其制品业	5166	2477.66	5239.05	5227.99	229
木材加工及木、竹、藤、棕、草制品业	2063	1191.88	2061.44	1957.57	1
家具制造业	2717	1727.92	2716.81	2623.42	1
造纸及纸制品业	39457	12428.15	39869.10	39140.81	1375
印刷业和记录媒介复制业	9384	5295.87	9378.03	8648.11	3
文教体育用品制造业	5670	3416.56	5670.34	5543.76	0
石油加工、炼焦及核燃料加工业	22041103	5841856.66	26560557.41	26556001.10	947615
化学原料及化学制品制造业	20861961	6646039.70	25615602.53	25605184.68	1284948
医药制造业	46560	16899.01	47644.72	46880.59	47
化学纤维制造业	569678	242672.83	686110.89	685863.32	18045
橡胶制品业	58506	20410.46	57748.49	57656.92	858
塑料制品业	40569	22220.00	40852.80	40626.35	84
非金属矿物制品业	1432956	259066.76	1431641.22	1426438.35	57327
黑色金属冶炼及压延加工业	7732919	1201910.91	14068015.70	14010742.51	363835
有色金属冶炼及压延加工业	145587	34658.64	140782.45	140710.08	8187
金属制品业	87859	37073.85	88577.42	87319.05	1088
通用设备制造业	299265	103614.52	295663.71	291807.23	6090
专用设备制造业	41089	18263.43	41211.95	40502.58	284
交通运输设备制造业	249512	115602.35	259035.20	243956.98	1566
电气机械及器材制造业	67787	37199.28	67889.86	66522.03	84
通信设备、计算机及其他电子设备制造业	154659	84191.46	168823.99	164348.20	260
仪器仪表及文化、办公用机械制造业	17430	11526.46	17431.05	15691.57	0
工艺品及其他制造业	5867	3200.80	5901.45	5647.39	36
废弃资源和废旧材料回收加工业	98416	13160.66	99827.82	99827.82	10049
电力、热力的生产和供应业	10535960	1053013.78	10485893.48	10389637.96	568396
燃气生产和供应业	2448	1362.89	2452.75	1767.93	16
水的生产和供应业	32881	18819.46	32880.53	32341.56	0

注:本表口径为年主营业务收入在500万元以上的工业企业。

表 7—12　规模以上工业企业取水总量按行业分类(2010 年)

计量单位:万立方米

行业分类	工业取水总量				重复用水总量
	合计	#自来水	地表水	地下水	
总计	142126.4	18381.8	104873.2	119.7	642610.4
黑色金属矿采选业	534.1	0.1	521.5	0.0	803.8
有色金属矿采选业	20.1	20.1	0.0	0.0	154.6
非金属矿采选业	159.7	143.7	11.3	4.7	6.0
农副食品加工业	366.5	323.6	42.9	0.0	0.0
食品制造业	343.2	343.1	0.0	0.2	0.0
饮料制造业	462.2	462.0	0.0	0.2	34.8
烟草制品业	42.1	42.1	0.0	0.0	968.7
纺织业	339.3	273.4	5.5	2.4	2.3
纺织服装、鞋、帽制造业	264.4	258.8	1.7	3.8	0.0
皮革、毛皮、羽毛(绒)及其制品业	70.6	64.7	0.0	5.9	0.0
木材加工及木、竹、藤、棕、草制品业	13.5	13.4	0.1	0.0	0.0
家具制造业	15.4	15.4	0.0	0.0	0.0
造纸及纸制品业	299.9	54.4	245.2	0.3	120.4
印刷业和记录媒介复制业	48.7	48.3	0.0	0.4	0.0
文教体育用品制造业	42.1	41.3	0.2	0.6	0.0
石油加工、炼焦及核燃料加工业	3240.3	434.1	2806.2	0.0	864.0
化学原料及化学制品制造业	20397.5	8066.1	12194.4	32.3	378806.6
医药制造业	438.9	438.9	0.0	0.0	171.2
化学纤维制造业	1494.9	408.9	1086.1	0.0	19126.8
橡胶制品业	118.0	118.0	0.0	0.0	664.2
塑料制品业	173.7	171.9	1.0	0.8	1.0
非金属矿物制品业	1591.6	735.3	836.9	19.4	1237.4
黑色金属冶炼及压延加工业	24987.1	187.5	6943.6	7.9	184364.4
有色金属冶炼及压延加工业	125.5	102.5	5.6	17.5	219.1
金属制品业	423.6	411.1	6.8	5.2	0.2
通用设备制造业	640.1	612.9	26.2	0.9	49.6
专用设备制造业	278.1	278.0	0.0	0.1	0.0
交通运输设备制造业	1725.3	1293.9	414.3	15.6	1515.1
电气机械及器材制造业	572.2	569.8	0.5	0.7	4.0
通信设备、计算机及其他电子设备制造业	1550.4	1550.3	0.1	0.0	293.4
仪器仪表及文化、办公用机械制造业	134.7	134.5	0.1	0.0	132.7
工艺品及其他制造业	36.9	35.8	0.0	1.1	0.0
废弃资源和废旧材料回收加工业	15.5	14.7	0.7	0.0	0.0
电力、热力的生产和供应业	12101.5	169.9	11515.6	0.0	53070.1
燃气生产和供应业	19.4	19.4	0.0	0.0	0.0
水的生产和供应业	69039.4	523.7	68206.5	0.0	0.0

注:本表口径为年主营业务收入在 500 万元以上的工业企业。

表 7—13　主要年份工业总产值

计量单位：万元

年　份	全部工业总产值（不变价）	#国有工业	全部工业总产值（现行价）	#国有工业
1949	4545	1407		
1952	28887	14678		
1957	84484	69886		
1962	120146	102393		
1965	221733	188043		
1970	420409	359978		
1975	604664	475537		
1978	845115	649434		
1979	942842	717360		
1980	1050111	747636		
1985	1773545	1187474		
1990	3089759	1990637		
1995	8798479	4137823	10381596	5307304
1997	12756605	4931719	13831951	5762074
1998	13147188	5996638	14112659	6437752
1999	13697772	5845505	15455462	6928660
2000	16869869	8317084	18430481	9036654
2004	—	—	34285905	12080749
2005	—	—	43828843	16767938
2006	—	—	51628106	18956614
2007	—	—	63016700	21337481
2008	—	—	69858400	22088550
2009	—	—	71824500	23046627
2010	—	—	90198900	30524263

注：1995 年以后的产值数按新规定计算；1998 年以后国有工业产值数为国有控股数。

表7—14 主要年份规模以上工业企业职工人数、主营业务收入和利税总额

年份	职工人数（万人）	主营业务收入（万元）	利税总额（万元）
1978	—	479852	124043
1979	55.26	567621	136507
1980	58.66	616995	93441
1981	62.90	610863	85509
1982	65.58	668852	87733
1983	70.87	752944	127087
1984	71.41	876503	165675
1985	78.50	1120919	260540
1986	81.32	1151405	241801
1987	85.18	1508476	254047
1988	86.52	1845851	284969
1989	85.66	2202471	324272
1990	86.26	2477840	310481
1992	89.50	4081394	451528
1993	87.95	5642341	495640
1994	90.74	6608363	681163
1995	92.17	8645998	723396
1996	86.92	9197414	693749
1997	81.97	10077056	851273
1998	75.04	11624513	975555
1999	68.13	12534665	1200216
2000	62.04	15402200	1423719
2004	55.24	30914407	3442973
2005	56.27	40273019	3650834
2006	55.86	47141295	4079848
2007	59.29	58189978	6172559
2008	70.96	66355400	4703237
2009	73.39	67309878	7388915
2010	80.59	86253519	10799554

主要统计指标解释

工业　指从事自然资源的开采，对采掘品和农产品进行加工和再加工的物质生产部门。具体包括：(1) 对自然资源的开采，如采矿、晒盐、森林采伐等（但不包括禽兽捕猎和水产捕捞）；(2) 对农副产品的加工、再加工，如粮油加工、食品加工、轧花、缫丝、纺织、制革等；(3) 对采掘品的加工、再加工，如炼铁、炼钢、化工生产、石油加工、机器制造、木材加工等，以及电力、自来水、煤气的生产和供应等；(4) 对工业品的修理、翻新，如机器设备的修理、交通运输工具（包括小卧车）的修理等。

1984 年以前农村的村及村以下办工业归属农业，1984 年以后划归工业。

国有及国有控股企业　指国有企业加上国有控股企业。国有企业是指企业全部资产归国家所有，并按《中华人民共和国企业法人登记管理条例》规定登记注册的非公司制的经济组织。1957 年以前的公私合营和私营工业，后均改造为国营工业，1992 年改为国有工业，这部分工业的资料不单独分列时，均包括在国有企业内。国有控股企业是对混合所有制经济的企业进行的“国有控股”分类。它是指这些企业的全部资产中国有资产（股份）相对其他所有者中的任何一个所有者占资（股）最多的企业。该分组反映了国有经济控股情况。

集体企业　指企业资产归集体所有，并按《中华人民共和国企业法人登记管理条例》规定登记注册的经济组织。是社会主义公有制经济的组成部分。包括城乡所有使用集体投资举办的企业，以及部分个人通过集资自愿放弃所有权并依法经工商行政管理机关认定为集体所有制的企业。

股份合作企业　指以合作制为基础，由企业职工共同出资入股，吸收一定比例的社会资产投资组建，实行自主经营，自负盈亏，共同劳动，民主管理，按劳分配与按股分红相结合的一种集体经济组织。

联营企业　指两个及两个以上相同或不同所有制性质的企业法人或事业单位法人，按自愿、平等、互利的原则，共同投资组成的经济组织。联营企业包括：国有联营企业指国有企业与国有企业间的联营；集体联营企业指集体企业与集体企业间的联营；国有与集体联营企业指国有企业与集体企业间的联营。

有限责任公司　指根据《中华人民共和国公司登记管理条例》规定登记注册，由两个以上，五十个以下的股东共同出资，每个股东以其所认缴的出资额对公司承担有限责任，公司以其全部资产对其债务承担责任的经济组织。

有限责任公司包括国有独资公司以及其他有限责任公司。

股份有限公司　指根据《中华人民共和国企业法人登记管理条例》规定登记注册，其全部注册资本由等额股份构成并通过发行股票筹集资本，股东以其认购的股份对公司承担有限责任，公司以其全部资产对其债务承担责任的经济组织。

私营企业 指由自然人投资设立或由自然人控股，以雇佣劳动为基础的营利性经济组织。包括按照《公司法》、《合伙企业法》、《私营企业暂行条例》规定登记注册的私营有限责任公司、私营股份有限公司、私营合伙企业和私营独资企业。

港、澳、台商投资企业 指企业注册登记类型中的港、澳、台资合资、合作、独资经营企业和股份有限公司之和。

外商投资企业 指企业注册登记类型中的中外合资、合作经营企业、外资企业和外商投资股份有限公司之和。

“三资”企业 系指港、澳、台商投资企业和外资企业的简称。

轻工业 指主要提供生活消费品和制作手工工具的工业。按其所使用的原料不同，可分为两大类：(1) 以农产品为原料的轻工业，是指直接或间接以农产品为基本原料的轻工业。主要包括食品制造、饮料制造、烟草加工、纺织、缝纫、皮革和毛皮制作、造纸以及印刷等工业；(2) 以非农产品为原料的轻工业，是指以工业品为原料的轻工业。主要包括文教体育用品、化学药品制造、合成纤维制造、日用化学制品、日用玻璃制品、日用金属制品、手工工具制造、医疗器械制造、文化和办公用机械制造等工业。

重工业 是指为国民经济各部门提供物质技术基础的主要生产资料的工业。按其生产性质和产品用途，可以分为下列三类：(1) 采掘（伐）工业，是指对自然资源的开采，包括石油开采、煤炭开采、金属矿开采、非金属矿开采和木材采伐等工业；(2) 原材料工业，指向国民经济各部门提供基本材料、动力和燃料的工业。包括金属冶炼及加工、炼焦及焦炭、化学、化工原料、水泥、人造板以及电力、石油和煤炭加工等工业；(3) 加工工业，是指对工业原材料进行再加工制造的工业。包括装备国民经济各部门的机械设备制造工业、金属结构、水泥制品等工业，以及为农业提供的生产资料如化肥、农药等工业。

根据上述划分原则，修理业中以重工业产品为修理作业对象的划为重工业，反之划为轻工业。

工业总产值 是以货币表现的工业企业在一定时期内生产的已出售或可供出售工业产品总量，它反映一定时间内工业生产的总规模和总水平。它包括：在本企业内不再进行加工，经检验、包装入库（规定不需包装的产品除外）的成品价值，对外加工费收入，自制半成品、在产品期末初差额价值。工业总产值采用“工厂法”计算，即以工业企业作为一个整体，按企业工业生产活动的最终成果来计算，企业内部不允许重复计算，不能把企业内部各个车间（分厂）生产的成果相加。但在企业之间、行业之间、地区之间存在着重复计算。

轻重工业总产值的划分是按“工厂法”计算的，即一个工业企业生产的主要产品性质属于轻工业，则该企业的全部总产值作为轻工业总产值；如它的主要产品性质属于重工业，则该企业的全部总产值作为重工业总产值。

实收资本 指企业实际收到的投资人投入的资本。按投资主体可分为国家资本、集体资本、法人资本、个人资本、港澳台资本和外商资本等。

资产合计 指企业拥有或控制的能以货币计量的经济资源。包括各种财产、债权和其他权利。资产按其流动性划分为流动资产、长期投资、固定资产、无形及递延资产和其他资产。

(1) 流动资产 指企业可以在一年内或者超过一年的一个生产周期内变现或耗用的资产合计。包括现金及各种存款、短期投资、应收及预付款项、存货等。

(2) 固定资产 指企业固定资产净值、固定资产清理、在建工程、待处理固定资产损失所占用的资金合计。

(3) 无形资产 指企业长期使用而没有实物形态的资产。包括专利权、非专利技术、商标权、著作权、土地使用权、商誉等。

负债合计 指企业承担的能以货币计量，将以资产或劳务偿付的债务。负债一般按偿还期长短分为流动负债和长期负债、递延税项等。

(1) 流动负债 指企业在一年内或者超过一年的一个营业周期内需要偿还的债务合计，其中包括短期借款、应付及预收款项、应付工资、应交税金和应交利润等。

(2) 长期负债 指企业在一年以上或者超过一年的一个营业周期以上需要偿还的债务合计，其中包括长期借款、应付债务、长期应付款项等。

所有者权益 指企业投资人对企业净资产的所有权。企业净资产等于企业全部资产减去全部负债后的余额，其中包括投资者对企业的最初投入，以及资本公积金、盈余公积金和未分配利润，对股份制企业即为股东权益。

固定资产原价 指企业在建造、购置、安装、改建、扩建、技术改造某项固定资产时所支出的全部货币总额。它一般包括买价、包装费、运杂费和安装费等。

固定资产净值 是指固定资产原价减去历年已提折旧额后的净额。

流动资产 是指可以在一年或者超过一年的一个营业周期内变现或者耗用的资产，包括现金及各种存款、短期投资、应收及预付货款、存货等。

主营业务收入 指企业销售产品和提供劳务等主要经营业务取得的收入总额。

主营业务成本 指企业销售产品和提供劳务等主要经营业务的实际成本。

主营业务税金及附加 指企业销售产品和提供工业性劳务等主要经营业务应负担的城市维护建设税、消费税、资源税和教育费附加。

主营业务利润 指企业销售产品和提供工业性劳务等主要经营业务收入扣除其成本、费用、税金后的利润。

利润总额 指企业实现的利润。

应交增值税 指企业在报告期内应交纳的增值税额。

能源购进量 根据企业生产、经营性质划分，购进量分两种情况，一种是能源经销企业（批发、零售企业）用于销售的能源购进数量，另一种是能源使用企业用于消费的能源购进数量，分别在不同表式中统计。能源经销企业能源购进量，指能源经销企业在报告期内购入的、用于销售的各种一次能源和二次能源。能源经销企业能源购进量由能源经销企业（批发、零售企业）填报。

能源使用企业能源购进量，指能源使用单位在报告期内外购的、用于企业消费的各种一次能源和二次能源。能源使用企业能源购进量由能源使用企业填报。

购进量金额 指本单位在报告期实际购进的、已办理验收入库手续的各种一次能源和二次能源的金额。其金额以购货发票上的总金额（含增值税）计算，统计原则、范围与购进量相同。

能源消费量 指能源使用单位在报告期内实际消费的一次能源或二次能源的数量。

能源消费量统计的原则是：

(1) 谁消费、谁统计。

(2) 何时投入使用，何时计算消费量。

(3) 消费量只能计算一次。

(4) 耗能工质（如水、氧气、压缩空气等），不论是外购的还是自产自用的，均不统计在能源消费量中（计算单位产品能耗时除外）。

(5) 企业自产的能源，凡作为企业生产另一种产品的原材料、燃料，又分别计算产量的，消费量要统计，

工业企业能源消费量 工业企业能源消费包括工业企业在生产过程中作为燃料、动力、原料、辅助材料使用的能源以及工艺用能、非生产用能；作为能源加工转换企业，还要包括能源加工转换的投入量。

工业生产能源消费 指工业企业为进行工业生产活动所使用的能源。

车辆用油 指在厂区内、外进行交通运输活动的车辆所消费的成品油。但是如果工业企业所属的车队是独立核算的企业，其消费的成品油既不能包括在“工业企业能源消费”中，亦不能包括在“车辆用油”中，它的消费应为交通运输业企业消费。

能源加工、转换消费 能源加工、转换是指为了特定的用途，将一种能源（一般为一次能源），经过一定的工艺，加工或转换成另外一种能源（二次能源）。

能源加工转换产出量 指各种能源经过加工转换后产出的各种二次能源产品（包括不作能源使用的其他副产品和联产品），比如火力发电产出的电力，热电联产同时产出的电力、蒸汽、热水，洗煤产出的洗精煤、洗中煤、煤泥等；炼焦产出的焦炭、焦炉煤气和其他焦化产品；炼油产出的汽油、煤油、柴油、燃料

油、液化石油气、炼厂干气和其他石油制品（石脑油、各种原料油、溶剂油、石蜡、润滑油、石油沥青等）；制气产出的是焦炉煤气、其他煤气、焦炭和其他焦化产品（煤焦油、粗苯等）。

能源加工转换损失量 指在能源加工、转换过程中产生的各种损失量，即能源加工、转换过程中投入的能源数量和产出的能源数量之差。

能源用作原材料 指能源产品不作能源使用，即不作燃料、动力使用，而作为生产另外一种产品（非能源产品）的原料或作为辅助材料使用，作原料使用时通常构成这种产品的实体。

综合能源消费量 指报告期内企业实际消费的各种能源的总和。计算综合能源消费量时，需要先将使用的各种能源折算成标准燃料后再进行计算。

能源库存量 本制度中所涉及的能源库存量是指企业能源库存量，它是企业在报告期的某时间点所拥有的各种能源数量。根据企业的生产经营活动性质，企业库存量分为生产企业产成品库存、经销企业（批发、零售企业）用于经营销售的库存、使用企业用于消费的库存。

库存量的核算原则：(1) 时点性原则；(2) 实际数量原则。

工业取水总量 指工业企业从各种水源提取的，并用于工业生产活动的水量总和，包括自来水、地下水、地表水、海水、苦咸水、经城市污水处理厂处理后回用于工业的水量，以及企业从市场购得的其他水或水的产品（如纯净水、矿泉水、蒸汽、热水、地热水等）。工业取水总量包括主要工业生产用水、辅助生产（包括机修、运输、空压站等）用水和附属生产（包括厂内绿化、职工食堂、非营业的浴室及保健站、厕所等）用水；不包括非工业生产单位的用水，如厂内居民家庭用水和企业附属幼儿园、学校、对外营业的浴室、游泳池等的用水量。

（八）交通运输和邮电通讯业

CHAPTER 8 TRANSPORTATION, POST AND TELECOMMUNICATION SERVICES

表 8—1 铁路运输基本情况（南京市辖范围）

指　　标	2010 年	2009 年
车站（个）	18	23
货物发送量（万吨）	1593.55	1450.00
旅客发送量（万人次）	2427.85	2092.00

表 8—2 航空运输情况

指　　标	2010 年	2009 年
民用航空里程（公里）	49676	52691
＃国际航线（公里）	3490	6387
民用机场数（个）	1	1
飞机架数（架）	24	22
旅客吞吐量（万人）	1253.05	1083.72
＃旅客发出量	668.71	583.93
货邮吞吐量（吨）	234359	200099.1
＃货邮发出量	131235.2	113414.5
年末职工人数（人）	5923	5414

注：货邮吞吐量中不含行李重量；民用航空里程按不重复距离计算。

表8—3　全社会客货运输(吞吐)量(2010年)

指　　标	客运量（万人）	旅客周转量（万人公里）	货运量（万吨）	货物周转量（万吨公里）	货物吞吐量（万吨）	集装箱（万标箱）
全社会	39104.06	3297808.06	34224.67	34671720.95	15848.97	145.32
公路运输	36004	1810054	17683	1323342		
#个体及联户	3	46	4950	198685		
水上运输	3.5	27	11292	32220780		
内河			2405	1120780		
沿海			4705	5911690		
远洋			4182	25188310		
港口					15825.54	145.32
铁路运输	2427.85	878250	1593.55	842150		
民航运输	668.71	609477.06	13.12	7758.95	23.43	
管道运输			3643	277690		

注:本表数据不含城市公共交通,管道运输包括天然气管道运输和输油管道运输。

表8—4　公路基本情况表

计量单位:公里

指　　标	2010年	2009年
公路总里程	10749	10509
按等级分		
高速	480	434
一级	775	771
二级	1404	1289
三级	762	766
四级	6216	6044
按行政等级分		
国道	536	496
省道	569	572
市道	1866	1849
乡道	4968	4968
村道	2807	2622
按路面标准分		
高级	9158	8791
次高级	117	127
其他	1474	1591

表 8—5 独立核算内河(沿海)港主要设备及吞吐量

指 标	2010 年	2009 年
码头长度(米)	33272	29467
泊位个数(个)	343	306
#万吨级	49	46
仓库总面积(平方米)	288823	2708797
容量(吨)	773622	804741
堆场总面积(平方米)	2599691	2434944
容量(吨)	11730692	8448962
货物吞吐量(千吨)	158255.4	129320
出口量	61575.6	53980
#外贸	4016.5	3090
进口量(千吨)	96679.8	75340
#外贸	4315.8	3620
箱数(标箱)	1453206	1212182
#40 英尺	474448	394402
重量(千吨)	14104	11310

表 8—6 全市民用车辆拥有量(2010 年)

计量单位:辆

指 标	总 计	#个人
一、汽车	830524	647562
1. 载客汽车	748490	610518
#大型	15181	321
轿车	547020	470386
2. 载货汽车	68770	30008
#重型	20877	5982
中型	15917	6674
#普通载货	32954	16653
3. 其他汽车	13264	7036
二、摩托车	402963	401152
1. 普通	323383	321755
2. 轻便	79580	79397
三、拖拉机	14710	14710
1. 大型	871	871
2. 小型	869	869
四、挂车	4702	223
五、其他类型车	5	2

表8—7 民用运输船舶拥有量(2010年)

指 标	总 计	#交通部门	#私 人
一、机动船(艘)	1640	1627	13
载客量(客位)	1787	1787	
净载重量(吨位)	9330513	9327928	2585
总功率(千瓦)	2137269	2136074	1195
(一)客船(艘)	32	32	
载客量(客位)	1787	1787	
(二)货船(艘)	1575	1562	13
净载重量(吨位)	9329031	9326446	2585
(三)拖船(艘)	33	33	
功率(千瓦)	57428	57428	
二、驳船(艘)	188	188	
净载重量(吨位)	449763	449763	

表 8—8　邮政电信基本情况(2010 年)

指　　标	全　市	市　区	县
一、局所及通信网络			
营业网点(所)	976	719	257
#邮政	188	152	36
信筒信箱(个)	818	680	138
邮运汽车(辆)	656	631	25
邮路总长度(公里)	63721	63275	446
#邮路	20091	19645	446
铁路邮路	5114	5114	0
农村投递线路总长度(公里)	8905	6317	2588
二、通信业务			
邮电业务总量(亿元)	139.07	132.02	7.05
#邮政业务总量	11.18	10.68	0.5
邮电业务收入(亿元)	98.70	93.05	5.65
#邮政业务收入	6.90	6.51	0.39
函件(万件)	13093	12097	996
#国际函件	36.75	36.6	0.15
汇票(万张)	200.95	185.4	15.55
#国际汇票	0.33	0.33	0
包裹(万件)	71.4	69.1	2.3
#国际包裹	1.73	1.71	0.02
快递(万份)	781	775.8	5.2
#国际快递	20.5	20.48	0.02
订销报纸累计份数(万份)	17597	16493.6	1103.4

表8—8 续表

指标	全市	市区	县
订销杂志累计份数(万份)	1236	1193.3	42.7
邮政储蓄平均余额(亿元)	183.8	169.97	13.85
集邮业务(万枚)	2075.2	2056.1	19.1
固定电话年末用户(万户)	290.14	269.09	21.04
#城市电话用户	240.02	229.84	10.18
住宅电话年末用户(万户)	163.59	147.30	16.29
#农村住宅电话用户	40.26	29.65	10.61
公用电话(万户)	31.10	30.00	1.1
政企电话(万户)	96.4	93.7	2.7
数字数据用户(万户)	0.1	0.1	
互联网接入用户(万户)	152.52	134.38	18.14
#宽带用户	147.75	140.03	7.72
移动电话用户(万户)	931.34	818.82	112.52
三、电信主要通信能力			
城乡电话交换机总容量(万门)	542.17	509.17	33.00
移动电话交换机容量(万户)	1145.20	695.20	450.00
四、电话普及率(含移动及农话)(部/千人)	1931	1984	1589

表8—9　城市公共交通情况

指　　标	2010年	2009年
一、公共汽电车		
1. 运营车数(辆)	6296	6081
#天然气燃料车CNG	1483	1762
2. 标准运营车数(标台)	7780	7491
3. 运营线路网长度(公里)	3467	3119.2
4. 公交专用车道长度(公里)	125.9	117
5. 客运总量(万人次)	105426.9	104178
二、出租汽车		
1. 运营车辆(辆)	10593	10364
2. 客运总量(万人次)	28280.8	26648
三、轨道交通		
1. 运营车数(辆)	366	120
#地铁	366	120
2. 标准运营车数(标台)	915	300
3. 运营线路网长度(公里)	81.6	22
4. 运营线路长度(公里)	85	22
(1) 地铁	85	22
(2) 轻轨		
(3) 有轨电车		
5. 客运总量(万人次)	21459.4	11353
四、客运轮渡		
1. 运营船数(艘)	19	15
2. 客运总量(万人次)	1201	1291

表 8—10　主要年份旅客和货物运输量、邮电业务总量

年　份	旅客运输量（万人）	#公路	货物运输量（万吨）	#公路	#水运	邮电业务总量（万元）
1985	4863	3467	9315	3853	3120	3394
1986	4919	3487	10359	4790	3203	4095
1987	5230	3693	10455	4718	3366	5021
1988	5360	3680	10475	4253	3761	6521
1989	4943	3618	9552	3472	3733	7410
1990	4595	3211	9304	3756	3337	9339/19628
1991	4512	3099	9043	3406	3538	26633
1992	4625	3100	9555	3773	3696	37882
1993	4343	2823	9142	3366	3749	57924
1994	7918	6427	10365	4103	4287	89371
1995	10068	8765	12168	5666	4600	117843
1996	11098	9926	13632	7094	4644	155441
1997	13051	11795	12612	7249	3531	206193
1998	13784	12523	11941	6368	3703	271030
1999	14218	12838	12389	6285	4037	355474
2000	15294	13869	14102	7590	4275	515111
2001	16197	14778	15749	9156	4123	682007/307959
2004	19394	17641	16942	9741	6206	523906
2005	20537	18660	18083	10530	6483	717821
2006	22123	19999	18402	11249	6042	935544
2007	24810	22212	19861	12686	6077	937675
2008	26641	23720	24118	13650	9485	1045995
2009	36071	32895	26014	14983	9561	1217155
2010	39104	36004	34225	17683	11292	1390704

注：邮电业务总量 1990 年以前为 1980 年不变价，1990 年以后为 1990 年不变价；1990 年当年有两个价格计算的数字。2000 年以前为 1990 年不变价，2001 年当年有 1990 年不变价和 2000 年不变价两个价格计算的数字，其中：682007 万元为按 1990 年不变价计算，307959 万元为 2000 年不变价计算。

主要统计指标解释

铁路运输　指有固定的运行轨道，以铁路机车、客、货车辆为运输工具，承担旅客、货物运送任务的一种运输方式。具有全天候、大批量、长距离、成本低、高效率的现代化运输特点，是我国综合运输体系中，起骨干力量的重要运输方式。我国铁路运输是由国家铁路、地方铁路、合资铁路和铁路专用线及专用铁道组成，主要承担大宗货物中长距离运输和中长途旅客运输。

铁路货物运量　指使用铁路货车实际运送的货物数量。

货物发送吨数　指在一定时期内全国铁路营业车站所承运的货物总量，包括本站承运的货物和由国外、新线、地方铁路、新线接运的货物和不同轨距倒装的货物，是根据铁路货物运输的原始单据（货票）所记载的重量计算的。

铁路旅客运量　指一定时期内使用铁路客车运送的旅客人数。铁路旅客运量的计算方法：不论票价多少或行程长短，均按单程计算为一人次；不足购票年龄免购客票的儿童，不计算运量；月、季票按每月往返各 21 人次计算。

旅客发送人数　指购买客票在铁路各营业站和乘降所乘车的旅客人数、在列车内补票（即车补）和到站补票（即站补）的旅客人数、由国外及新线接运的旅客人数之和并减去退票人数。

民用航空运输　指利用飞机和空中航线运送旅客和货邮的一种运输方式，具有速度快和不受地形限制的特点。航空运输成本高、运量小，适合对时间要求高的运输事务。

民用航空航线里程　指统计期间内全部民用航空航线的航线总长度。航线长度指民用航空航线的计费距离。计算航线里程可按重复和不重复两种方法，前者是指各航线长度相加的总和；后者则要扣除各航线之间相同航段重复计算的部分。

国际航线　指航线中任一航段的起讫点（技术经停点除外）在外国领土上的航线。

民用机场数　是指供民用航空飞机起飞、降落、滑行、停放以及进行其他活动使用的划定区域数。

民用航空客运量　指公共航空运输飞行所载运的旅客人数。成人和儿童各按一人计算，婴儿不计人数。每一特定航班的每一旅客只计算一次。唯一例外的是，乘坐定期航班既经过国内航段又经过国际航段的旅客，同时计算一个国内旅客和一个国际旅客。

民用航空旅客周转量　指一定时期内，公共航空运输单位实际运送的旅客人数与相应的旅客运送距离乘积之和。计算公式为：

$$\text{旅客周转量(人公里)} = \sum(\text{实际运送的每一旅客} \times \text{该旅客起程与到达港间距离})$$

$$= \text{实际运送的旅客人数} \times \text{旅客平均运距}$$

民用航空货邮运量 指公共航空运输飞行所载运的货物、邮件重量。每一特定航班的货邮只计算一次。唯一例外的是，定期航班既经过国内航段又经过国际航段运输的货邮，同时各计算一次国内货邮和一次国际货邮。

民用航空货邮周转量 指一定时期内，公共航空运输单位实际运送的货物、邮件的重量与相应的货邮运输距离乘积之和。计算公式为：

$$货邮周转量(吨公里)=\sum(每批货邮重量\times该批货邮运送距离)$$

公路运输 指以汽车为主在公路上运送旅客和货物的一种运输方式，具有线路网密度大、分布广、运输中转环节少等特点，适合承担短途旅客、货物运输及铁路、公路、航空港、站的集散、接运任务。

公路里程 指在一定时期内实际达到《公路工程技术标准 JTG B01—2003》规定的技术等级的公路，并经公路主管部门正式验收交付使用的公路里程数。包括大、中城市的郊区公路，以及公路通过小城镇（指县城、集镇）街道的公路里程和公路桥梁长度、隧道长度、渡口的宽度以及分期修建的公路已验收交付使用的里程，不包括大中城市的街道、厂矿、林区生产用道和农业生产用道的里程。两条或多条公路共同经由同一路段，只计算一次，不得重复计算里程长度。按公路技术等级分为等级公路和等外公路，其中等级公路分为高速公路、一级公路、二级公路、三级公路和四级公路。该指标可以反映公路建设的发展规模，也是计算运输网密度等指标的基础资料。

水路运输 指利用船舶、排筏和其他浮运工具，在江、河、湖泊、水库、人工水道和海上运送旅客和货物的一种运输方式。在水运运输中，远洋及江海水运干线具有成本低、运量大的特点，适合于大宗货物的运送；支流小河运输线星罗密布，深入小港小巷，沟通城乡货物运输和人员出入。

港口 指位于江河湖海或水库沿岸，具有一定的设施和条件（如装卸机械、仓库堆场、码头泊位、客运设备等），供船舶停靠、旅客上下、货物装卸、生活物料供应或其他专门业务的地方。包括港内水域及紧接水域的陆地。按港口所处的水域分为海港、河港、湖港等；按港口是否对外国船舶开放分为对外开放港口和不对外开放港口。

管道运输 指以管道输送的方式将原油、天然气、成品油、其他气体等输送到用户的一种运输形式。包括油气田企业直接通向炼油厂、化工厂、电站等用户及装车站、油码头的管道，炼油厂通向用户（包括商业石油公司油库）的成品油、气管道，管道运输企业通向用户及装车（站）栈桥、油码头的管道；不包括油气田、炼油厂内的集输管线和工艺管线，油气井口输送到集气站或经集气站到净化处理装置的管线。

货（客）运量 指在一定时期内，各种运输工具实际运送的货物（旅客）数量。它是反映运输业为国民经济和人民生活服务的数量指标，也是制定和检查运输生产计划、研究运输发展规模和速度的重要指标。货运按吨计算，客运按人计算。货物不论运输距离长短、货物类别，均按实际重量统计。旅客不论行程远近或票价多少，均按一人一次客运量统计；半价票、小孩票也按一人统计。

货物（旅客）周转量 指在一定时期内，由各种运输工具运送的货物（旅客）数量与其相应运输距离的乘积之总和。它是反映运输业生产总成果的重要指标，也是编制和检查运输生产计划，计算运输效率、劳动生产率以及核算运输单位成本的主要基础资料。计算货物周转量通常按发出站与到达站之间的最短距离，也就是计费距离计算。计算公式为：

$$货物(旅客)周转量 = \sum 货物(旅客)运输量 \times 运输距离$$

沿海主要港口货物吞吐量 指经水运进出沿海主要港区范围，并经过装卸的货物数量，包括邮件及办理托运手续的行李、包裹以及补给运输船舶的燃、物料和淡水。货物吞吐量按货物流向分为进口、出口吞吐量，按货物交流性质分为外贸货物吞吐量和国内贸易货物吞吐量。货物吞吐量的货类构成及其流向，是衡量港口生产能力大小的重要指标。

输油（气）量 指输油气管道实际输送的油气数量。计算一条管线的管输量指首站和各进油点的输出量之和。一个单位管几条输油气管线，在计算输油气量时，应分别列出每条管线的输油气量。天然气按一千立方米折一吨原油计算。

输油（气）周转量 指在一定时期内输油气管道输送油气数量与输送距离的乘积。计算公式为：

$$输油气周转量 = 输油气量 \times 输油气里程 - 自用量 \times 输油气里程$$

邮路 指各邮政局所、代办所之间及邮政局所、代办所与车站、码头、机场、转运站、报刊社之间，由自编或委代办人员按固定班期规定路线交换邮件、报刊的路线。包括农村地区运邮为主兼投递邮件、报刊的路线。不包括城市、农村地区纯投递（邮件报刊所走的）路线。邮路按级别分为：国际及港澳邮路、一级邮路、二级邮路、市内邮路、农村邮路；按运输工具分为：航空邮路、铁道邮路、汽车邮路、水运邮路、其他邮路。

农村投递线路 指农村邮政支局所自编或委办人员按固定班期、规定路线至农村乡（镇）、行政村等收件单位投递邮件、报刊所走的路线。

邮电业务总量（又称通信业务总量） 指以价值量形式表现的邮电通信企业为社会提供各类邮电通信服务的总数量。邮电业务量按专业分类包括函件、包件、汇票、报刊发行、邮政快件、特快专递、邮政储蓄、集邮、传真、长途电话、出租电路、移动电话、分组交换数据通信、出租代维等。计算方法为各类产品乘以相应的平均单价（不变价）之和，再加上出租电路和设备、代用户维护电话交换机和线路等的服务收入。该指标综合反映了一定时期邮电业务发展的总成果，是研究邮电业务量构成和发展趋势的重要指标。计算公式为：

$$\begin{aligned}邮电业务总量 &= \sum(各类邮电业务量 \times 不变单价) + 出租代维及其他业务收入 \\ &= 邮政业务总量 + 电信业务总量\end{aligned}$$

移动电话用户 指通过移动电话交换机进入移动电话网、占用移动电话号码的电话用户。用户数量以报告期末在移动电话营业部门实际办理登记手续进入移动电话网的户数进行计算，一部移动电话统计为一户。

固定电话用户 指在电信运营企业营业网点办理开户登记手续并已接入固定电话网上的全部电话用户。包括普通电话用户、公用电话用户、窄带综合业务数字网（N—ISDN）用户、智 能网专用接入终端用户等。按行政区划分为城市电话用户和农村电话用户。1997 年以前，“市内电话用户”是指接入县城及县以上城市的电话网上的电话用户；“农村电话用户”是指接入县邮电局农话台及县以下农村电话交换点，以县城为中心（除市话用户外）联通县、乡（镇）、行政村、村民小组的用户。从 1997 年起，电话用户数分组调整为以用户所在区域划分为“城市电话用户”和“乡村电话用户”，与过去的按市内电话和农村电话划分方法不同。而电话用户总数、电话机总部数统计范围不变。

城市电话用户 指直辖市、省辖市、地级市、县级市的市区、市郊区及县城（包括县人民政府所在地的县城关区或行政建制相当于县人民政府所在地的镇）范围内接入局用交换机的电话用户数，包括分布在农村地区的独立工矿区、林区、驻军等接入局用交换机的电话用户数。

农村电话用户 指县城关区以下的集镇和农村接入局用交换机的电话用户数。

住宅电话用户 指安装在居民住宅或农民家里并按照住宅电话用户登记注册和收费的电话用户。包括私人付费、单位付费和按规定免费安装的住宅电话用户。

移动电话交换机容量 指移动电话交换机根据一定话务模型和交换机处理能力计算出来的最大同时服务用户的数量。

电话普及率 指报告期行政区域总人口中，平均每百人拥有的话机数。计算公式：

$$电话普及率=\frac{电话机总数(部)}{行政区域总人口数(人)}\times 100$$

城市公共交通 指城市中供公众乘用的、经济方便的各种交通方式的总称。包括公共汽车、电车、轨道交通（地铁、轻轨、有轨电车、索道、缆车）、出租汽车、公共轮渡等客运交通设施。

运营线路网长度 指公共交通线路所通过的运营线路净长度。计算公式为：

$$运营线路网长度=运营线路总长度-\sum 重复的线路长度$$

运营线路总长度 指全部运营线路长度之和。计算公式为：

$$运营线路长度=\sum 各条运营线路长度$$

$$=\sum[1/2(上行起点至终点里程+下行起点至终点里程+上下行终点掉头里程)]$$

单向行驶的环行线路长度等于起点至终点里程与终点下客站至起点里程之和的一半，不包括折返、试车、联络线等非运营线路。

公交专用车道 指为了调整公共交通车辆与其他社会车辆的路权使用分配关系，提高公共交通车辆运营速度和道路资源利用率，而科学、合理设置的公共交通优先车道、专用车道（路）、路口专用线（道）、专用街道、单向优先专用线（道）等。

运营车数　指城市中用于公共交通运营业务的全部车辆数。地铁和轻轨在统计时一自然节为一辆。出租汽车指已经领取出租汽车专用牌照的运营车辆，包括技术完好的、在修的、长期行驶的以及拟报废尚未经上级机关批准的车辆。

轮渡运营船数　指用于城市客渡运营业务的全部船舶数。不含旅游客轮（长途旅游；市内供游人游览江、河、湖泊的船只）。

（九）
固定资产投资和建筑业

CHAPTER 9
INVESTMENT IN FIXED ASSETS AND CONSTRUCTION

表 9—1 全社会固定资产投资

计量单位:亿元

指 标	2010 年	2009 年	2010 年为上年%
全市投资总额	3306.05	2668.03	123.9
按产业分			
第一产业	21.21	12.24	173.0
第二产业	1613.09	1311.31	123.0
#工业	1601.31	1300.40	123.1
第三产业	1671.75	1344.48	124.3
#房地产开发投资	754.76	595.68	126.7
#保障房投资	65.51	—	—
按经济类型分			
国有经济	923.33	665.44	138.8
非国有经济	2382.72	2002.59	119.0
#外资	436.99	329.78	132.5
私营、个体经济	808.75	682.85	118.4
本年新增固定资产	2061.13	1937.86	106.4

表 9—2 全社会房屋建筑面积(2010 年)

计量单位:万平方米

指 标	施工面积		竣工面积	
		#住 宅		#住宅
全 市	9452.88	3391.04	3513.82	819.57
一、城镇投资	3418.27	86.38	1493.48	34.17
二、房地产开发投资	4570.49	3207.84	1039.57	737.43
#保障房	624.32	598.38	92.94	90.63
三、农村非农户投资	1464.12	96.82	980.77	47.97

表9—3 城镇固定资产投资(2010年)

计量单位:万元

指　　标	施工项目个数(个)	#本年新开工	本年投产项目个数(个)	计　划总投资	#本年新开工	累计完成投　　资
总　　计	2603	1877	1898	48223935	17252064	34397722
一、按登记注册类型						
内资	2387	1746	1742	42901640	15642785	29905974
国有	676	415	400	20304474	6351491	11944871
集体	141	120	120	1083773	568976	887848
股份合作	8	5	4	189076	22100	157634
国有联营	5	4	3	140318	92318	68475
集体联营						
国有与集体联营	0	0	0	4800	0	4800
其他联营						
国有独资公司	19	6	6	4477470	1373572	3549027
其他有限责任公司	644	514	508	7497411	3365038	6012417
股份有限公司	120	72	77	4174568	1058315	2884372
私营	748	591	610	4885430	2702015	4320776
其他	26	19	14	144320	108960	75754
港澳台商投资	60	37	43	1494477	256131	1140381
合资经营	19	9	13	900724	35779	624651
合作经营						
独资	40	27	30	582441	217040	507193
股份有限	1	1	0	11312	3312	8537
外商投资	155	93	112	3825771	1351101	3349320
合资经营	60	40	37	2212704	749674	1845589
合作经营	2	0	1	107672	0	123067
独资	92	52	73	1498595	594627	1373864
股份有限	1	1	1	6800	6800	6800
个体经营	1	1	1	2047	2047	2047
个体户						
个人合伙	1	1	1	2047	2047	2047
二、按国民经济行业						
农、林、牧、渔业	9	8	7	24340	21340	21483
采矿业	7	5	4	69999	11200	39714

表 9—3 续表 1

指 标	施工项目个数(个)	#本年新开工	本年投产项目个数(个)	计 划总投资	#本年新开工	累计完成投 资
制造业	1523	1155	1218	21500495	10068405	16095069
电力、燃气及水的生产和供应业	42	21	18	2643374	353191	1989659
建筑业	17	14	13	194318	158827	125111
交通运输、仓储和邮政业	108	58	64	8705827	1752339	5007825
信息传输、计算机服务和软件业	34	17	10	1646281	601281	1048808
批发和零售业	83	63	65	921220	413459	747781
住宿和餐饮业	25	20	20	191633	86586	183156
金融业	5	3	0	431322	329145	107365
房地产业	28	20	15	1140087	368987	900562
租赁和商务服务业	44	29	22	1200596	428091	861367
科学研究、技术服务和地质勘查业	26	15	16	293662	67325	185574
水利、环境和公共设施管理业	431	323	296	6019241	1572752	4768097
居民服务和其他服务业	19	13	10	438394	270394	242182
教育	57	23	34	893666	169203	704253
卫生、社会保障和社会福利业	32	16	14	658688	47265	508968
文化、体育和娱乐业	38	28	28	642729	292500	441513
公共管理和社会组织	75	46	44	608063	239774	419235
国际组织						
三、按隶属关系						
中央	73	32	39	6704341	2446852	3901582
省	53	15	17	3431001	657589	2031065
市	213	93	94	11191672	2140326	8010525
区、县	660	472	463	10837478	3966271	7952101
其他	1604	1265	1285	16059443	8041026	12502449
四、按建设性质						
新建	745	440	458	22583509	8622680	15990071
扩建	1134	848	885	15636458	4831288	12333026
改建	700	572	542	8568687	3388361	5120264

表9—3 续表2

指标	施工项目个数(个)	#本年新开工	本年投产项目个数(个)	计划总投资	#本年新开工	累计完成投资
单纯建造生活设施	4	4	2	126167	126167	26849
迁建	19	12	10	398978	281678	290191
恢复	1	1	1	1890	1890	1890
单纯购置	0	0	0	908246	0	635431
五、按建设阶段						
筹建	0	0	0	380009	0	9910
本年正式施工	2586	1877	1897	44117072	17252064	31691976
本年收尾	13	0	1	2710537	0	2041428
全部停缓建	4	0	0	108071	0	18977
单纯购置	0	0	0	908246	0	635431
六、按控股情况						
国有控股	845	497	481	31547586	9039144	20441991
集体控股	219	174	173	2058663	863118	1695698
私人控股	1350	1092	1108	10584970	5802273	8797222
港澳台商控股	51	34	36	1127261	251365	803930
外商控股	138	80	100	2905455	1296164	2658881
七、按期末项目建设状态						
在建	702	448	1	32779050	11816174	18311748
全部投产	1897	1429	1897	15336814	5435890	16066997
全部停缓建	4	0	0	108071	0	18977
八、按投资规模						
100万元以下						
100—500万元	134	133	132	65261	63761	64681
500—1000万元	241	219	225	201983	172665	201768
1000—3000万元	781	673	668	1832142	1562589	1770725
3000—5000万元	404	306	305	1907912	1295139	1856740
5000—1亿元	523	367	371	4161644	2873117	3970382
1亿元—5亿元	350	131	157	9027945	3181155	6842617
5亿元—10亿元	89	26	27	6442643	1891843	4626755
10亿以上	81	22	13	24584405	6211795	15064054

表 9—3　续表 3

指　　标	本　年 完成投资	#本年新开工	#住　宅	本年新增 固定资产
总　　计	20298668	10234927	151327	12862079
一、按登记注册类型				
内资	17424450	8909216	151327	11619247
国有	6135835	2196463	50693	4427466
集体	655265	466860	100634	555016
股份合作	63963	20074	0	18456
国有联营	40480	20485	0	21404
集体联营				
国有与集体联营	4800	0	0	0
其他联营				
国有独资公司	1744617	1080272	0	462428
其他有限责任公司	3914717	2423477	0	2677191
股份有限公司	1760019	489417	0	1024770
私营	3041392	2161454	0	2387363
其他	63362	50714	0	45153
港澳台商投资	525408	187473	0	285860
合资经营	275670	35346	0	38308
合作经营				
独资	241201	151197	0	247552
股份有限	8537	930	0	0
外商投资	2346763	1136191	0	955088
合资经营	1413116	618229	0	257204
合作经营	11010	0	0	1031
独资	915837	511162	0	690053
股份有限	6800	6800	0	6800
个体经营	2047	2047	0	1884
个体户				
个体合伙	2047	2047	0	1884
二、按国民经济行业				
农、林、牧、渔业	19483	18483	0	18701
采矿业	18162	10714	0	10724

表9—3　续表4

指　标	本　年 完成投资	＃本年新开工	＃住　宅	本年新增 固定资产
制造业	11304684	7105113	0	7392104
电力、燃气及水的生产和供应业	805331	186063	0	666457
建筑业	106458	89620	200	61132
交通运输、仓储和邮政业	2222271	323101	0	1091607
信息传输、计算机服务和软件业	542484	148493	0	320162
批发和零售业	411085	257563	0	211165
住宿和餐饮业	119709	80125	0	80589
金融业	95299	76775	0	0
房地产业	337057	155553	82603	110670
租赁和商务服务业	602646	317507	3200	157902
科学研究、技术服务和地质勘查业	97759	43076	0	51151
水利、环境和公共设施管理业	2552248	935651	0	2011121
居民服务和其他服务业	128629	82333	63964	65610
教育	302702	90110	1360	214682
卫生、社会保障和社会福利业	177875	33895	0	88516
文化、体育和娱乐业	173797	113902	0	168910
公共管理和社会组织	280989	166850	0	140876
国际组织				
三、按隶属关系				
中央	2519682	1295749	1560	1506306
省	814253	203647	0	417846
市	3350837	673440	0	2262321
区、县	5003358	2189486	49133	2899797
其他	8610538	5872605	100634	5775809
四、按建设性质				
新建	8306002	4461915	0	4617070
扩建	7076255	3622961	151327	6099991
改建	4033803	1932478	0	1977537

表 9—3　续表 5

指　　标	本　年 完成投资	#本年新开工	#住　宅	本年新增 固定资产
单纯建造生活设施	26849	26849	0	11120
迁建	226068	188834	0	84837
恢复	1890	1890	0	1890
单纯购置	627801	0	0	69634
五、按建设阶段				
筹建	9910	0	0	0
本年正式施工	19203071	10234927	151327	12785360
本年收尾	455270	0	0	7085
全部停缓建	2616	0	0	0
单纯购置	627801	0	0	69634
六、按控股情况				
国有控股	10634933	3830998	50693	6030143
集体控股	1135617	717999	100634	812775
私人控股	6414245	4415720	0	4856622
港澳台商控股	450373	185546	0	262976
外商控股	1663500	1084664	0	899563
七、按期末项目建设状态				
在建	10450842	4501053	142659	938141
全部投产	9845210	5733874	8668	11923938
全部停缓建	2616	0	0	0
八、按投资规模				
100 万元以下				
100—500 万元	64214	63331	0	63731
500—1000 万元	193286	172068	0	188196
1000—3000 万元	1644786	1514448	3103	1548954
3000—5000 万元	1651460	1248707	4205	1252765
5000—1 亿元	3212614	2688572	3200	2729196
1 亿元—5 亿元	3792959	1713283	47249	2575049
5 亿元—10 亿元	2514914	913344	53937	1267179
10 亿以上	7224435	1921174	39633	3237009

表9—3 续表6

指标	资金来源						
	合计	上年末结余资金	本年资金来源				
			小计	国家预算内资金	国内贷款	利用外资	#外商直接投资
总计	22164991	1235491	20929500	443193	4851831	598834	342010
一、按登记注册类型							
内资	19004563	1191260	17813303	443193	4079964	0	0
国有	6367908	488066	5879842	305574	1679882	0	0
集体	715943	1901	714042	6500	36496	0	0
股份合作	73856	0	73856	0	2300	0	0
国有联营	146538	0	146538	0	40000	0	0
集体联营							
国有与集体联营	4800	0	4800	0	0	0	0
其他联营							
国有独资公司	2388214	487286	1900928	125670	1055829	0	0
其他有限责任公司	4002254	155514	3846740	5449	483275	0	0
股份有限公司	2059407	40642	2018765	0	408981	0	0
私营	3151097	17851	3133246	0	370801	0	0
其他	94546	0	94546	0	2400	0	0
港澳台商投资	687483	27471	660012	0	248247	81568	34761
合资经营	380362	2075	378287	0	194377	21452	10652
合作经营							
独资	293809	25396	268413	0	48870	60116	24109
股份有限	13312	0	13312	0	5000	0	0
外商投资	2470898	16760	2454138	0	521620	517266	307249
合资经营	1479461	4100	1475361	0	341200	25282	15282
合作经营	21944	0	21944	0	0	2000	0
独资	962693	12660	950033	0	180420	489984	291967
股份有限	6800	0	6800	0	0	0	0
个体经营	2047	0	2047	0	2000	0	0
个体户							
个人合伙	2047	0	2047	0	2000	0	0
二、按国民经济行业							
农、林、牧、渔业	22811	0	22811	0	456	0	0
采矿业	22954	0	22954	0	0	0	0

表 9—3　续表 7

指　标	资金来源						
			本年资金来源				
	合计	上年末结余资金	小计	国家预算内资金	国内贷款	利用外资	#外商直接投资
制造业	11995002	478098	11516904	2940	2091325	584362	331539
电力、燃气及水的生产和供应业	772638	4695	767943	0	441710	0	0
建筑业	112158	2947	109211	0	4100	0	0
交通运输、仓储和邮政业	2717801	262152	2455649	154370	1049295	7000	3000
信息传输、计算机服务和软件业	689895	57524	632371	0	73340	0	0
批发和零售业	438293	13882	424411	0	135123	4872	4871
住宿和餐饮业	122279	0	122279	0	37093	0	0
金融业	126843	43850	82993	0	1700	0	0
房地产业	383314	2450	380864	0	0	0	0
租赁和商务服务业	699303	15912	683391	29667	133160	2600	2600
科学研究、技术服务和地质勘查业	117700	12279	105421	5100	0	0	0
水利、环境和公共设施管理业	2712162	161487	2550675	204008	709182	0	0
居民服务和其他服务业	131996	0	131996	0	61527	0	0
教育	393697	73068	320629	32382	65700	0	0
卫生、社会保障和社会福利业	234514	80121	154393	6636	6820	0	0
文化、体育和娱乐业	152539	2503	150036	0	22950	0	0
公共管理和社会组织	319092	24523	294569	8090	18350	0	0
国际组织							
三、按隶属关系							
中央	2942221	374477	2567744	28497	831944	0	0
省	972807	191529	781278	9242	120620	0	0
市	3335510	432190	2903320	196509	1172216	103813	103812
区、县	5586774	139690	5447084	205525	1700340	149795	28567
其他	9327679	97605	9230074	3420	1026711	345226	209631
四、按建设性质							
新建	9559187	900505	8658682	153956	1865302	190680	95355
扩建	7315207	283323	7031884	77354	1295315	273672	176496
改建	4112826	46833	4065993	209583	1394331	40869	4466

表 9—3 续表 8

指 标	资金来源						
	合 计	上年末结余资金	本年资金来源				
			小 计	国家预算内资金	国内贷款	利用外资	#外商直接投资
单纯建造生活设施	31849	0	31849	0	0	0	0
迁建	250036	4830	245206	2300	8100	8000	8000
恢复	1890	0	1890	0	0	0	0
单纯购置	893996	0	893996	0	288783	85613	57693
五、按建设阶段							
筹建	9910	0	9910	0	0	0	0
本年正式施工	20366942	1107032	19259910	317053	3979561	513221	284317
本年收尾	876791	128459	748332	126140	583487	0	0
全部停缓建	17352	0	17352	0	0	0	0
单纯购置	893996	0	893996	0	288783	85613	57693
六、按控股情况							
国有控股	12003915	1119828	10884087	433753	3585891	5224	3224
集体控股	1287237	24179	1263058	6500	106396	0	0
私人控股	6488040	47381	6440659	2940	724842	9800	0
港澳台商控股	600219	25396	574823	0	234247	71540	34533
外商控股	1785580	18707	1766873	0	200455	512270	304253
七、按期末项目建设状态							
在建	12438091	1059895	11378196	370367	3450311	176964	113468
全部投产	9709548	175596	9533952	72826	1401520	421870	228542
全部停缓建	17352	0	17352	0	0	0	0
八、按投资规模							
100 万元以下							
100－500 万元	64581	150	64431	80	1000	0	0
500－1000 万元	191003	2080	188923	2420	17173	0	0
1000－3000 万元	1680757	17203	1663554	21577	251717	17626	11320
3000－5000 万元	1686699	16735	1669964	18795	159305	48552	20631
5000－1 亿元	3305191	35679	3269512	59496	474448	135768	95441
1 亿元－5 亿元	4213787	116903	4096884	96440	649136	219396	108210
5 亿元－10 亿元	2724489	196125	2528364	105515	667319	177492	106408
10 亿以上	8298484	850616	7447868	138870	2631733	0	0

表 9—3　续表 9

指　　标	本年资金来源		
	自筹资金		其他资金来源
	小　计	#企事业单位自　筹	
总　计	14885844	7888520	149798
一、按登记注册类型			
内资	13156580	6838187	133566
国有	3776988	1498196	117398
集体	669091	470948	1955
股份合作	71556	10356	0
国有联营	106538	47218	0
集体联营			
国有与集体联营	4800	0	0
其他联营			
国有独资公司	719429	81429	0
其他有限责任公司	3352778	1580643	5238
股份有限公司	1607749	807347	2035
私营	2755635	2256898	6810
其他	92016	85152	130
港澳台商投资	330197	215657	0
合资经营	162458	143807	0
合作经营			
独资	159427	63538	0
股份有限	8312	8312	0
外商投资	1399020	834629	16232
合资经营	1108879	665110	0
合作经营	3712	0	16232
独资	279629	162719	0
股份有限	6800	6800	0
个体经营	47	47	0
个体户			
个人合伙	47	47	0
二、按国民经济行业			
农、林、牧、渔业	22355	14255	0
采矿业	22954	21314	0

表9—3 续表10

指　标	本年资金来源		
	自筹资金		其他资金来源
	小计	#企事业单位自筹	
制造业	8829547	4903697	8730
电力、燃气及水的生产和供应业	321115	232559	5118
建筑业	104666	89518	445
交通运输、仓储和邮政业	1241684	659260	3300
信息传输、计算机服务和软件业	548916	265157	10115
批发和零售业	284216	140139	200
住宿和餐饮业	85186	57707	0
金融业	81293	20570	0
房地产业	380864	309497	0
租赁和商务服务业	507964	76621	10000
科学研究、技术服务和地质勘查业	100321	73246	0
水利、环境和公共设施管理业	1555284	550902	82201
居民服务和其他服务业	69664	53576	805
教育	222547	125722	0
卫生、社会保障和社会福利业	114709	79561	26228
文化、体育和娱乐业	127086	49881	0
公共管理和社会组织	265473	165338	2656
国际组织			
三、按隶属关系			
中央	1705068	927166	2235
省	651416	345989	0
市	1376370	369966	54412
区、县	3336815	1448497	54609
其他	7816175	4796902	38542
四、按建设性质			
新建	6397260	2826536	51484
扩建	5340094	3173474	45449
改建	2371825	1441474	49385

表 9—3 续表 11

指 标	本年资金来源		
	自筹资金		其他资金来源
	小计	#企事业单位自筹	
单纯建造生活设施	31849	1320	0
迁建	226806	85461	0
恢复	1890	1890	0
单纯购置	516120	358365	3480
五、按建设阶段			
筹建	9910	0	0
本年正式施工	14303757	7494072	146318
本年收尾	38705	18731	0
全部停缓建	17352	17352	0
单纯购置	516120	358365	3480
六、按控股情况			
国有控股	6734668	2750940	124551
集体控股	1148087	765618	2075
私人控股	5696137	3405248	6940
港澳台商控股	269036	143992	0
外商控股	1037916	822722	16232
七、按期末项目建设状态			
在建	7288395	3395036	92159
全部投产	7580097	4476132	57639
全部停缓建	17352	17352	0
八、按投资规模			
100 万元以下			
100－500 万元	25808	9470	37543
500－1000 万元	166900	121357	2430
1000－3000 万元	1361178	1003459	11456
3000－5000 万元	1431081	826022	12231
5000－1 亿元	2588942	1374926	10858
1 亿元－5 亿元	3106631	1989671	25281
5 亿元－10 亿元	1538575	757914	39463
10 亿以上	4666729	1805701	10536

表9—4 全社会工业投资(2010年)

计量单位:万元

指 标	施工项目个数(个)	#本年新开工	本年投产项目个数(个)	计 划总投资	#本年新开工	累计完成投 资
总 计	3188	2544	2584	29683027	14123609	23134776
一、按登记注册类型						
内资	2927	2372	2382	24381562	12443585	18660820
国有	109	63	62	7015817	2110304	3791136
集体	51	42	48	317214	97758	321288
股份合作	8	6	4	196276	37100	162804
国有联营	2	2	2	7100	7100	7100
集体联营						
国有与集体联营	0	0	0	4800	0	4800
其他联营						
国有独资公司	9	3	5	1413506	1331400	1140078
其他有限责任公司	749	608	599	4997643	2969379	4221842
股份有限公司	128	86	84	2642261	915513	1845883
私营	1821	1521	1544	7566695	4793641	7021629
其他	50	41	34	220250	181390	144260
港澳台商投资	68	49	54	1437221	276917	1130534
合资经营	22	13	17	731340	56395	470702
合作经营						
独资	44	35	36	434569	217210	389873
股份有限	2	1	1	271312	3312	269959
外商投资	176	107	133	3846317	1386660	3325957
合资经营	70	47	45	2293085	783918	1891009
合作经营	1	0	1	17672	0	17672
独资	102	58	84	1507410	594992	1385814
股份有限	3	2	3	28150	7750	31462
个体经营	17	16	15	17927	16447	17465
个体户	13	13	11	12520	12520	11780
个人合伙	4	3	4	5407	3927	5685

表 9—4 续表 1

指　　标	施工项目个数(个)	＃本年新开工	本年投产项目个数(个)	计　划总投资	＃本年新开工	累计完成投　资
二、按国民经济行业						
采矿业	27	24	21	115989	50610	85937
煤炭开采和洗选业						
石油和天然气开采业	1	1	1	4200	4200	4200
黑色金属矿采选业	5	4	3	64139	10140	36324
有色金属矿采选业	2	1	1	7940	1360	7860
非金属矿采选业	19	18	16	39710	34910	37553
其他采矿业						
制造业	3099	2483	2526	26850868	13682012	20986052
农副食品加工业	47	44	37	493068	435768	154459
食品制造业	64	50	56	327218	163415	336859
饮料制造业	12	11	11	103432	18432	100486
烟草制品业						
纺织业	50	46	42	263317	201317	210962
纺织服装、鞋、帽制造业	187	171	177	432484	383425	424120
皮革、毛皮、羽毛(绒)及其制品业	25	22	20	73281	55781	68722
木材加工及木、竹、藤、棕、草制	26	22	19	106175	61275	82593
家具制造业	33	24	26	166266	88663	142333
造纸及纸制品业	38	32	30	170307	114127	162084
印刷业和记录媒介的复制	36	23	30	216760	66123	195764
文教体育用品制造业	29	26	27	77045	48045	78342
石油加工、炼焦及核燃料加工业	4	3	4	21858	5858	21934
化学原料及化学制品制造业	202	166	158	4073398	2182221	2687138
医药制造业	57	43	37	474554	249978	317827
化学纤维制造业	3	3	1	61000	61000	38585
橡胶制品业	35	34	32	102709	98109	95202

表9—4 续表2

指 标	施工项目个数(个)	#本年新开工	本年投产项目个数(个)	计 划总投资	#本年新开工	累计完成投 资
塑料制品业	112	94	93	417481	292653	403856
非金属矿物制品业	259	217	223	1476442	693465	1393561
黑色金属冶炼及压延加工业	18	10	12	1769311	90107	765923
有色金属冶炼及压延加工业	28	26	23	114454	101354	113139
金属制品业	356	283	285	1871397	1052470	1624008
通用设备制造业	396	322	328	2405952	1318150	2166461
专用设备制造业	251	194	213	1731543	733903	1407588
交通运输设备制造业	295	222	230	2594579	1553402	2391030
电气机械及器材制造业	257	193	208	2495078	976288	1934036
通信设备、计算机及其他电子设备	145	106	98	3345825	2176617	2515818
仪器仪表及文化、办公用机械制造	64	43	50	815092	220378	657267
工艺品及其他制造业	64	48	50	639132	229178	484236
废弃资源和废旧材料回收加工业	6	5	6	11710	10510	11719
电力、燃气及水的生产和供应业	62	37	37	2716170	390987	2062787
电力、热力的生产和供应业	14	8	6	1973374	140855	1530252
燃气生产和供应业	6	3	4	52300	16000	42564
水的生产和供应业	42	26	27	690496	234132	489971
三、按隶属关系						
中央	57	29	35	5850581	2404852	3412508
省	7	3	2	767826	97915	655833
市	101	46	54	1920783	462063	1562948
区、县	173	131	134	4155591	1604116	3249578
其他	2850	2335	2359	16988246	9554663	14253909
四、按建设性质						
新建	1006	654	696	12703277	6487673	9836056
扩建	1145	974	954	8996798	4194469	7938159
改建	1022	906	923	7522323	3340048	4922726

表 9—4　续表 3

指　　标	施工项目个数(个)	#本年新开工	本年投产项目个数(个)	计　划总投资	#本年新开工	累计完成投　　资
单纯建造生活设施	2	1	2	16300	9800	16300
迁建	13	9	9	140219	91619	130019
恢复						
单纯购置	0	0	0	304110	0	291516
五、按建设阶段						
筹建						
本年正式施工	3180	2544	2583	29228459	14123609	22786411
本年收尾	4	0	1	72387	0	47772
全部停缓建	4	0	0	78071	0	9077
单纯购置	0	0	0	304110	0	291516
六、按控股情况						
国有控股	220	119	122	11785254	4239368	7315467
集体控股	87	67	73	837993	305545	756953
私人控股	2670	2220	2225	13433334	7990622	11968023
港澳台商控股	57	44	44	1000355	268501	707576
外商控股	154	94	120	2626091	1319573	2386757
七、按期末项目建设状态						
在建	603	464	3	16396778	7442722	9370598
全部投产	2581	2080	2581	13208178	6680887	13755101
全部停缓建	4	0	0	78071	0	9077
八、按投资规模						
100 万元以下						
100—500 万元	19	19	19	10500	9500	9952
500—1000 万元	533	517	526	464702	442651	472747
1000—3000 万元	1252	1113	1121	3067147	2705043	2992431
3000—5000 万元	597	453	422	2704238	1899293	2550128
5000—1 亿元	497	336	346	3852416	2580776	3699942
1 亿元—5 亿元	218	85	126	5443487	2046484	4363285
5 亿元—10 亿元	35	10	18	2396319	696175	1895754
10 亿以上	37	11	6	11744218	3743687	7150537

表 9—4 续表 4

指　　标	本年完成投　　资	#本年新开工	#住　宅	本年新增固定资产
总　　计	16013123	10569201	0	11774700
一、按登记注册类型				
内资	13050158	9154308	0	10152565
国有	1819498	745951	0	1661499
集体	205764	95788	0	272643
股份合作	71063	30374	0	18456
国有联营	7100	7100	0	7100
集体联营				
国有与集体联营	4800	0	0	0
其他联营				
国有独资公司	1084973	1061222	0	52428
其他有限责任公司	3343359	2402743	0	2673013
股份有限公司	1072487	445873	0	740965
私营	5307616	4249467	0	4626668
其他	133498	115790	0	99793
港澳台商投资	539616	224451	0	560379
合资经营	256421	55962	0	62924
合作经营				
独资	221386	167559	0	236033
股份有限	61809	930	0	261422
外商投资	2406078	1174524	0	1045554
合资经营	1454687	652387	0	306237
合作经营	5703	0	0	1031
独资	919852	514362	0	706824
股份有限	25836	7775	0	31462
个体经营	17271	15918	0	16202
个体户	11780	11780	0	10680
个人合伙	5491	4138	0	5522

表 9—4　续表 5

指　　标	本年完成投　　资	#本年新开工	#住　宅	本年新增固定资产
二、按国民经济行业				
采矿业	58485	50437	0	49347
煤炭开采和洗选业				
石油和天然气开采业	4200	4200	0	4200
黑色金属矿采选业	15992	9704	0	8554
有色金属矿采选业	1960	1360	0	1360
非金属矿采选业	36333	35173	0	35233
其他采矿业				
制造业	15091548	10294873	0	10995788
农副食品加工业	121248	116426	0	89252
食品制造业	205479	158824	0	236905
饮料制造业	18986	15486	0	16856
烟草制品业				
纺织业	169366	145622	0	129963
纺织服装、鞋、帽制造业	391556	374582	0	368878
皮革、毛皮、羽毛(绒)及其制品业	56630	50672	0	48202
木材加工及木、竹、藤、棕、草制	63493	52253	0	41007
家具制造业	89010	62330	0	106548
造纸及纸制品业	132672	111855	0	126725
印刷业和记录媒介的复制	107339	51619	0	106756
文教体育用品制造业	65400	47392	0	71460
石油加工、炼焦及核燃料加工业	10634	5934	0	10634
化学原料及化学制品制造业	2202113	1141404	0	1327798
医药制造业	270832	183040	0	153536
化学纤维制造业	38585	38585	0	1200
橡胶制品业	93702	90602	0	85750

表9—4 续表6

指标	本年完成投资	#本年新开工	#住宅	本年新增固定资产
塑料制品业	316092	267624	0	277210
非金属矿物制品业	903753	622395	0	1014921
黑色金属冶炼及压延加工业	529890	50850	0	144284
有色金属冶炼及压延加工业	103894	102139	0	91683
金属制品业	1190033	835520	0	1073629
通用设备制造业	1481854	1111421	0	1217407
专用设备制造业	991975	696911	0	850943
交通运输设备制造业	1757738	1382896	0	1084614
电气机械及器材制造业	1182126	720614	0	965203
通信设备、计算机及其他电子设备	1902942	1531156	0	889199
仪器仪表及文化、办公用机械制造	328222	127155	0	155360
工艺品及其他制造业	355265	189047	0	299146
废弃资源和废旧材料回收加工业	10719	10519	0	10719
电力、燃气及水的生产和供应业	863090	223891	0	729565
电力、热力的生产和供应业	632475	107976	0	575778
燃气生产和供应业	32481	16947	0	26159
水的生产和供应业	198134	98968	0	127628
三、按隶属关系				
中央	2183728	1285083	0	1454328
省	165827	70310	0	5101
市	867035	323572	0	480653
区、县	2378706	1086062	0	1435844
其他	10417827	7804174	0	8398774
四、按建设性质				
新建	6633995	4589269	0	4203182
扩建	5042402	3605009	0	4905456
改建	3932264	2283704	0	2531220

表 9—4　续表 7

指　　标	本年完成投　　资	#本年新开工	#住　宅	本年新增固定资产
单纯建造生活设施	16180	9800	0	16180
迁建	104396	81419	0	79329
恢复				
单纯购置	283886	0	0	39333
五、按建设阶段				
筹建				
本年正式施工	15717963	10569201	0	11727932
本年收尾	8622	0	0	7085
全部停缓建	2652	0	0	350
单纯购置	283886	0	0	39333
六、按控股情况				
国有控股	4437987	2146333	0	2366510
集体控股	468158	270077	0	443715
私人控股	9008604	6820520	0	7743541
港澳台商控股	451524	218874	0	272423
外商控股	1646850	1113397	0	948511
七、按期末项目建设状态				
在建	6336826	3573243	0	777420
全部投产	9673645	6995958	0	10996930
全部停缓建	2652	0	0	350
八、按投资规模				
100 万元以下				
100—500 万元	9952	9252	0	9452
500—1000 万元	465317	450533	0	463605
1000—3000 万元	2783184	2633850	0	2693326
3000—5000 万元	2170770	1733838	0	1658358
5000—1 亿元	2884002	2405221	0	2469510
1 亿元—5 亿元	2435470	1195938	0	2052273
5 亿元—10 亿元	1138776	481956	0	825359
10 亿以上	4125652	1658613	0	1602817

表 9—4　续表 8

指标名称	资金来源合计	上年末结余资金	本年资金来源合计				
			小计	国家预算内资金	国内贷款	利用外资	#外商直接投资
总计	16801161	485263	16315898	3140	2747755	611440	353917
一、按登记注册类型							
内资	13595103	463356	13131747	3140	2000098	0	0
国有	1867724	12154	1855570	0	784052	0	0
集体	203968	1200	202768	200	19321	0	0
股份合作	76356	0	76356	0	2300	0	0
国有联营	7100	0	7100	0	0	0	0
集体联营							
国有与集体联营	4800	0	4800	0	0	0	0
其他联营							
国有独资公司	1355653	360000	995653	0	305000	0	0
其他有限责任公司	3313478	42876	3270602	2940	344924	0	0
股份有限公司	1096974	31795	1065179	0	131909	0	0
私营	5493928	15331	5478597	0	409592	0	0
其他	175122	0	175122	0	3000	0	0
港澳台商投资	681930	6147	675783	0	234847	95754	52947
合资经营	361113	2075	359038	0	189377	30318	19518
合作经营							
独资	254233	4072	250161	0	40470	65436	33429
股份有限	66584	0	66584	0	5000	0	0
外商投资	2506857	15760	2491097	0	510670	515686	300970
合资经营	1512746	3100	1509646	0	344000	30782	18882
合作经营	5712	0	5712	0	0	2000	0
独资	964063	12660	951403	0	163670	482904	282088
股份有限	24336	0	24336	0	3000	0	0
个体经营	17271	0	17271	0	2140	0	0
个体户	11780	0	11780	0	140	0	0
个人合伙	5491	0	5491	0	2000	0	0

表 9—4　续表 9

指标名称	资金来源合计	上年末结余资金	本年资金来源合计 小计	国家预算内资金	国内贷款	利用外资	#外商直接投资
二、按国民经济行业							
采矿业	63227	0	63227	0	1150	2800	2800
煤炭开采和洗选业							
石油和天然气开采业	4200	0	4200	0	0	0	0
黑色金属矿采选业	20734	0	20734	0	0	2500	2500
有色金属矿采选业	1960	0	1960	0	0	0	0
非金属矿采选业	36333	0	36333	0	1150	300	300
其他采矿业							
制造业	15907037	479968	15427069	3140	2303550	608640	351117
农副食品加工业	127641	0	127641	0	14500	1909	1909
食品制造业	244170	0	244170	0	15510	0	0
饮料制造业	21666	0	21666	0	0	3510	0
烟草制品业							
纺织业	173584	0	173584	0	5775	52815	52815
纺织服装、鞋、帽制造业	390350	2456	387894	0	37593	2800	2500
皮革、毛皮、羽毛(绒)及其制品业	60422	0	60422	0	3810	0	0
木材加工及木、竹、藤、棕、草制	81814	0	81814	0	1500	0	0
家具制造业	91250	0	91250	0	7389	0	0
造纸及纸制品业	133655	0	133655	0	4400	0	0
印刷业和记录媒介的复制	110087	0	110087	0	5410	8450	8450
文教体育用品制造业	65400	0	65400	0	4280	1710	1710
石油加工、炼焦及核燃料加工业	10934	0	10934	0	800	0	0
化学原料及化学制品制造业	2349879	42725	2307154	2940	863687	150322	46074
医药制造业	309912	27183	282729	0	50550	36548	31248
化学纤维制造业	38000	0	38000	0	5000	0	0
橡胶制品业	93602	0	93602	0	9860	0	0

表 9—4 续表 10

指 标 名 称	资金来源合计	上年末结余资金	本年资金来源合计				
			小计	国家预算内资金	国内贷款	利用外资	#外商直接投资
塑料制品业	324038	1060	322978	0	23494	2850	0
非金属矿物制品业	913072	2400	910672	0	55731	21048	2492
黑色金属冶炼及压延加工业	282684	0	282684	0	189146	0	0
有色金属冶炼及压延加工业	106161	0	106161	0	6580	3400	3400
金属制品业	1247346	1700	1245646	0	71511	21500	18000
通用设备制造业	1565101	3775	1561326	200	92684	45734	35584
专用设备制造业	1020608	4335	1016273	0	76050	9200	9200
交通运输设备制造业	1836084	10092	1825992	0	94977	90029	36994
电气机械及器材制造业	1258963	5423	1253540	0	87216	55735	14161
通信设备、计算机及其他电子设备	2253231	368749	1884482	0	360140	95826	81326
仪器仪表及文化、办公用机械制造	356745	70	356675	0	15845	2800	2800
工艺品及其他制造业	429919	10000	419919	0	199962	2454	2454
废弃资源和废旧材料回收加工业	10719	0	10719	0	150	0	0
电力、燃气及水的生产和供应业	830897	5295	825602	0	443055	0	0
电力、热力的生产和供应业	604119	2000	602119	0	400606	0	0
燃气生产和供应业	33081	0	33081	0	500	0	0
水的生产和供应业	193697	3295	190402	0	41949	0	0
三、按隶属关系							
中央	2326150	360143	1966007	0	621049	0	0
省	151790	300	151490	0	77280	0	0
市	694641	5502	689139	0	165804	98941	98941
区、县	2634150	62704	2571446	0	993463	145795	28567
其他	10994430	56614	10937816	3140	890159	366704	226409
四、按建设性质							
新建	7301064	424557	6876507	0	743640	193080	96855
扩建	5201200	26350	5174850	200	859750	269792	172817
改建	3871979	34026	3837953	2940	1080177	54955	18552

表 9—4 续表 11

指标名称	资金来源合计	上年末结余资金	本年资金来源				
			小计	国家预算内资金	国内贷款	利用外资	#外商直接投资
单纯建造生活设施	16180	0	16180	0	0	0	0
迁建	108771	330	108441	0	8300	8000	8000
恢复							
单纯购置	301967	0	301967	0	55888	85613	57693
五、按建设阶段							
筹建							
本年正式施工	16487707	483563	16004144	3140	2691867	525827	296224
本年收尾	9035	1700	7335	0	0	0	0
全部停缓建	2452	0	2452	0	0	0	0
单纯购置	301967	0	301967	0	55888	85613	57693
六、按控股情况							
国有控股	4810010	420350	4389660	0	1529460	5224	3224
集体控股	507378	1200	506178	200	90021	0	0
私人控股	9156190	43881	9112309	2940	718422	11600	800
港澳台商控股	581609	4072	577537	0	230847	85726	52719
外商控股	1745974	15760	1730214	0	179005	508890	297174
七、按期末项目建设状态							
在建	7099207	413429	6685778	2940	1706196	169092	108597
全部投产	9699502	71834	9627668	200	1041559	442348	245320
全部停缓建	2452	0	2452	0	0	0	0
八、按投资规模							
100 万元以下							
100—500 万元	10252	0	10252	0	450	0	0
500—1000 万元	465529	410	465119	0	14127	592	592
1000—3000 万元	2836296	14442	2821854	200	284850	23146	16540
3000—5000 万元	2267702	9731	2257971	0	138715	50580	22660
5000—1 亿元	2968147	11533	2956614	0	309889	135368	90641
1 亿元—5 亿元	2674514	59469	2615045	2940	336846	224262	117076
5 亿元—10 亿元	1127398	29535	1097863	0	284896	177492	106408
10 亿以上	4451323	360143	4091180	0	1377982	0	0

表9—4 续表12

指标	本年资金来源		
	自筹资金		其他资金来源
	小计	#企事业单位自筹	
总计	12935843	8280371	17720
一、按登记注册类型			
内资	11110789	7105945	17720
国有	1069118	624425	2400
集体	182747	170367	500
股份合作	74056	20656	0
国有联营	7100	7100	0
集体联营			
国有与集体联营	4800	0	0
其他联营			
国有独资公司	690653	70653	0
其他有限责任公司	2917620	1336425	5118
股份有限公司	931235	441367	2035
私营	5061468	4267340	7537
其他	171992	167612	130
港澳台商投资	345182	262385	0
合资经营	139343	120692	0
合作经营			
独资	144255	80109	0
股份有限	61584	61584	0
外商投资	1464741	896910	0
合资经营	1134864	689255	0
合作经营	3712	0	0
独资	304829	186319	0
股份有限	21336	21336	0
个体经营	15131	15131	0
个体户	11640	11640	0
个人合伙	3491	3491	0

表 9—4　续表 13

指　　标	本年资金来源		
	自筹资金		其他资金来源
	小　计	#企事业单位自筹	
二、按国民经济行业			
采矿业	59277	55637	0
煤炭开采和洗选业			
石油和天然气开采业	4200	4200	0
黑色金属矿采选业	18234	14594	0
有色金属矿采选业	1960	1960	0
非金属矿采选业	34883	34883	0
其他采矿业			
制造业	12501537	7959441	10202
农副食品加工业	111232	80256	0
食品制造业	228160	123694	500
饮料制造业	18156	12734	0
烟草制品业			
纺织业	114134	100834	860
纺织服装、鞋、帽制造业	347096	328666	405
皮革、毛皮、羽毛(绒)及其制品业	56612	42782	0
木材加工及木、竹、藤、棕、草制	80314	70414	0
家具制造业	83861	72461	0
造纸及纸制品业	129155	86955	100
印刷业和记录媒介的复制	96177	90847	50
文教体育用品制造业	59410	46910	0
石油加工、炼焦及核燃料加工业	10134	10134	0
化学原料及化学制品制造业	1288170	563375	2035
医药制造业	195431	120928	200
化学纤维制造业	33000	31800	0
橡胶制品业	83742	71692	0

表 9—4　续表 14

指　　标	本年资金来源		
	自筹资金		其　他 资金来源
	小　计	#企事业单位 自　筹	
塑料制品业	294694	231014	1940
非金属矿物制品业	833693	617450	200
黑色金属冶炼及压延加工业	93538	92738	0
有色金属冶炼及压延加工业	96181	71311	0
金属制品业	1150955	912088	1680
通用设备制造业	1422278	924548	430
专用设备制造业	930923	528308	100
交通运输设备制造业	1639584	1209949	1402
电气机械及器材制造业	1110289	654293	300
通信设备、计算机及其他电子设备	1428516	499112	0
仪器仪表及文化、办公用机械制造	338030	184776	0
工艺品及其他制造业	217503	170503	0
废弃资源和废旧材料回收加工业	10569	8869	0
电力、燃气及水的生产和供应业	375029	265293	7518
电力、热力的生产和供应业	201513	178613	0
燃气生产和供应业	32581	22912	0
水的生产和供应业	140935	63768	7518
三、按隶属关系			
中央	1342923	619977	2035
省	74210	21210	0
市	419276	248681	5118
区、县	1432188	582424	0
其他	9667246	6808079	10567
四、按建设性质			
新建	5931850	3109226	7937
扩建	4044508	3038393	600
改建	2690878	2001531	9003

表9—4　续表15

指　　标	本年资金来源		
	自筹资金		其他资金来源
	小计	#企事业单位自筹	
单纯建造生活设施	16180	0	0
迁建	92141	90664	0
恢复			
单纯购置	160286	40557	180
五、按建设阶段			
筹建			
本年正式施工	12765770	8231631	17540
本年收尾	7335	5731	0
全部停缓建	2452	2452	0
单纯购置	160286	40557	180
六、按控股情况			
国有控股	2845423	1132145	9553
集体控股	415457	286527	500
私人控股	8371680	5849698	7667
港澳台商控股	260964	167663	0
外商控股	1042319	844338	0
七、按期末项目建设状态			
在建	4802332	2450671	5218
全部投产	8131059	5827248	12502
全部停缓建	2452	2452	0
八、按投资规模			
100万元以下			
100—500万元	9752	9602	50
500—1000万元	450090	410328	310
1000—3000万元	2510773	2061790	2885
3000—5000万元	2064956	1397796	3720
5000—1亿元	2507547	1500068	3810
1亿元—5亿元	2048416	1514773	2581
5亿元—10亿元	631111	333339	4364
10亿以上	2713198	1052675	0

表 9—5 城乡投资新增主要生产能力或效益(2010 年)

能 力 名 称	本年新增生产能力
铜冶炼(吨/年)	12000
其中:电解铜	6000
火力发电(万千瓦)	8
输电线路长度(11 万伏及以上)	351.8
平板玻璃(万重量箱/年)	10.5
氮肥(吨/年)	400
化学农药原药(吨/年)	101400
合成橡胶(吨/年)	260
客车制造(辆/年)	500
啤酒(万吨/年)	12
新建公路(公里)	109.86
其中:高速公路	41.33
一级公路	13.6
改建公路(公里)	438
一级公路	27.1
二级公路	72.9
新建独立公路桥梁(延长米)	520
新建独立公路桥梁(座)	1
新建独立公路隧道(延长米)	5853
新建独立公路隧道(座)	1
新(扩)建港口码头年吞吐量:标准集装箱	1260
新(扩)建港口码头泊位:个	2
新(扩)建公路客、货运站个	1
新(扩)建公路客、货运站(平方米)	6000
城市自来水供水能力(万吨/日)	45
城市公共交通车辆购置(辆)	357
城市污水处理能力(万吨/日)	8

表 9—6　农村非农户投资(2010 年)

计量单位:万元

指　标	施工项目个数(个)	＃本年新开工	本年投产项目个数(个)	计　划总投资	＃本年新开工	累计完成投　资
总　计	2152	1847	1794	7388204	4865947	6694250
一、按登记注册类型						
内资	2079	1791	1733	6771389	4726682	6117386
国有	27	21	16	327268	206172	213711
集体	340	314	305	879371	555710	829935
股份合作	6	5	5	34390	24790	29790
国有联营						
集体联营	4	4	3	5600	5600	3233
国有与集体联营						
其他联营	1	1	1	5500	5500	5500
国有独资公司						
其他有限责任公司	299	239	222	1155626	743064	1015538
股份有限公司	46	36	28	208750	141250	161803
私营	1307	1128	1114	4001484	2925116	3718690
其他	49	43	39	153400	119480	139186
港澳台商投资	18	14	14	343826	44286	338269
合资经营	5	4	4	32316	20616	32216
合作经营						
独资	12	10	9	51510	23670	44631
股份有限	1	0	1	260000	0	261422
外商投资	32	20	26	202769	74859	169366
合资经营	15	9	11	130704	40244	97731
合作经营						
独资	14	9	13	41815	24765	40023
股份有限	3	2	2	30250	9850	31612
个体经营	23	22	21	70220	20120	69229
个体户	20	20	18	66860	18240	65591
个人合伙	3	2	3	3360	1880	3638
二、按国民经济行业						
农、林、牧、渔业	114	107	99	267045	222945	216465
采矿业	20	19	17	45990	39410	46223

表9—6 续表1

指 标	施工项目个数(个)	#本年新开工	本年投产项目个数(个)	计 划总投资	#本年新开工	累计完成投 资
制造业	1576	1328	1308	5350373	3613607	4890983
电力、燃气及水的生产和供应业	20	16	19	72796	37796	73128
建筑业	24	23	21	70092	42478	68930
交通运输、仓储和邮政业	58	54	52	245941	147121	188459
信息传输、计算机服务和软件业	4	3	2	18330	15430	14396
批发和零售业	37	34	34	97419	79499	94521
住宿和餐饮业	17	15	12	50034	32834	47788
金融业						
房地产业	61	52	48	380858	128507	340563
租赁和商务服务业	20	19	17	51632	47632	44164
科学研究、技术服务和地质勘查业	8	7	4	27050	22050	21010
水利、环境和公共设施管理业	123	112	110	461277	268607	454473
居民服务和其他服务业	7	6	7	7695	4095	7765
教育	14	12	10	87222	60926	67416
卫生、社会保障和社会福利业	14	13	12	51345	49145	24723
文化、体育和娱乐业	9	4	4	34430	13730	33309
公共管理和社会组织	26	23	18	68675	40135	59934
三、按隶属关系						
中央						
省	1	1	0	59000	59000	10080
市	1	1	1	600	600	600
区、县	37	32	27	216590	174754	142890
其他	2113	1813	1766	7112014	4631593	6540680
四、按建设性质						
新建	638	425	453	3436428	1782920	3024978
扩建	658	613	535	2184426	1675800	1961445
改建	847	801	799	1625249	1375507	1570662

表 9—6 续表 2

指 标	施工项目个数(个)	#本年新开工	本年投产项目个数(个)	计 划总投资	#本年新开工	累计完成投 资
单纯建造生活设施	1	0	1	6500	0	6500
迁建	6	6	4	27050	27050	25114
恢复	2	2	2	4670	4670	4670
单纯购置	0	0	0	103881	0	100881
五、按建设阶段						
筹建						
本年正式施工	2151	1847	1794	7278323	4865947	6592069
本年收尾						
全部停缓建	1	0	0	6000	0	1300
单纯购置	0	0	0	103881	0	100881
六、按控股情况						
国有控股	41	33	29	380968	236952	267349
集体控股	371	339	325	1108561	693686	994344
私人控股	1697	1444	1404	5705340	3832964	5243890
港澳台商控股	15	12	11	80176	40636	73197
外商控股	28	19	25	113159	61709	115470
七、按期末项目建设状态						
在建	359	294	2	2453988	1566308	1622636
全部投产	1792	1553	1792	4928216	3299639	5070314
全部停缓建	1	0	0	6000	0	1300
八、按投资规模						
100 万元以下	1	1	1	85	85	85
100—500 万元	34	34	33	15372	15372	15484
500—1000 万元	635	628	623	537946	526466	546850
1000—3000 万元	841	750	749	2097888	1805095	2052673
3000—5000 万元	391	296	255	1664119	1232879	1502832
5000—1 亿元	196	120	111	1422928	858844	1225871
1 亿元—5 亿元	48	16	21	1035660	315000	893821
5 亿元—10 亿元	4	2	0	249206	112206	122482
10 亿以上	2	0	1	365000	0	334152

表9—6 续表3

指 标	本年完成投 资	#本年新开工	#住 宅	本年新增固定资产
总 计	5214246	4217986	147618	4685749
一、按登记注册类型				
内资	4919352	4086969	147618	4226184
国有	177896	100243	23300	37929
集体	661525	513446	111751	599418
股份合作	23740	20090	0	13440
国有联营				
集体联营	3233	3233	0	2100
国有与集体联营				
其他联营	2700	2700	0	5500
国有独资公司				
其他有限责任公司	787578	600329	0	618440
股份有限公司	131178	89973	0	92943
私营	3013926	2654055	10767	2760114
其他	117576	102900	1800	96300
港澳台商投资	111364	41492	0	306314
合资经营	28716	20616	0	24616
合作经营				
独资	29376	20876	0	20276
股份有限	53272	0	0	261422
外商投资	114495	69863	0	106622
合资经营	62044	39265	0	53853
合作经营				
独资	26465	22673	0	28107
股份有限	25986	7925	0	24662
个体经营	69035	19662	0	46629
个体户	65591	17571	0	42991
个人合伙	3444	2091	0	3638
二、按国民经济行业				
农、林、牧、渔业	192576	171851	480	151445
采矿业	40323	39723	0	38623

表9—6 续表4

指标	本年完成投资	#本年新开工	#住宅	本年新增固定资产
制造业	3786864	3189760	0	3603684
电力、燃气及水的生产和供应业	57759	37828	0	63108
建筑业	64545	41316	0	52055
交通运输、仓储和邮政业	169300	92649	0	132253
信息传输、计算机服务和软件业	12680	10825	0	4501
批发和零售业	75926	73801	0	68058
住宿和餐饮业	33089	30591	0	26174
金融业				
房地产业	218007	99293	146538	151107
租赁和商务服务业	41204	39494	0	33850
科学研究、技术服务和地质勘查业	16030	14830	0	7300
水利、环境和公共设施管理业	359818	259702	0	264877
居民服务和其他服务业	5665	4165	0	5665
教育	46512	43119	0	15872
卫生、社会保障和社会福利业	24431	22432	600	19223
文化、体育和娱乐业	18623	12293	0	12750
公共管理和社会组织	50894	34314	0	35204
三、按隶属关系				
中央				
省	10080	10080	0	0
市	600	600	0	600
区、县	129820	103974	22700	69520
其他	5073746	4103332	124918	4615629
四、按建设性质				
新建	1990284	1346495	111981	1741567
扩建	1690000	1524749	35637	1473572
改建	1396917	1316958	0	1367486

表9—6 续表5

指 标	本年完成投资	#本年新开工	#住 宅	本年新增固定资产
单纯建造生活设施	6380	0	0	6380
迁建	25114	25114	0	20793
恢复	4670	4670	0	4670
单纯购置	100881	0	0	71281
五、按建设阶段				
筹建				
本年正式施工	5113265	4217986	147618	4614118
本年收尾				
全部停缓建	100	0	0	350
单纯购置	100881	0	0	71281
六、按控股情况				
国有控股	229617	128273	23300	87777
集体控股	776699	590127	113551	651670
私人控股	4070022	3402481	10767	3821976
港澳台商控股	54442	37842	0	41242
外商控股	83466	59263	0	83084
七、按期末项目建设状态				
在建	1165234	839225	92872	129841
全部投产	4048912	3378761	54746	4555558
全部停缓建	100	0	0	350
八、按投资规模				
100万元以下	85	85	0	85
100—500万元	15484	15484	0	14899
500—1000万元	541852	535570	1400	534116
1000—3000万元	1899317	1751671	24890	1811551
3000—5000万元	1241047	1054321	5122	996091
5000—1亿元	867439	659281	10463	715426
1亿元—5亿元	514195	180899	62616	338891
5亿元—10亿元	81455	20675	43127	13268
10亿以上	53372	0	0	261422

表 9—6 续表 6

指标名称	资金来源合计	上年末结余资金	本年资金来源合计				
			小计	国家预算内资金	国内贷款	利用外资	#外商
总计	5359274	3290	5355984	25500	252990	40078	35378
一、按登记注册类型							
内资	5062179	3290	5058889	25500	241200	0	0
国有	186135	600	185535	12250	12250	0	0
集体	655097	500	654597	7700	17885	0	0
股份合作	22590	0	22590	0	0	0	0
国有联营							
集体联营	5600	0	5600	0	0	0	0
国有与集体联营							
其他联营	2700	0	2700	0	0	0	0
国有独资公司							
其他有限责任公司	798539	1740	796799	5550	56130	0	0
股份有限公司	135998	100	135898	0	4100	0	0
私营	3124204	350	3123854	0	150235	0	0
其他	131316	0	131316	0	600	0	0
港澳台商投资	111364	0	111364	0	5000	22286	22286
合资经营	28716	0	28716	0	5000	12966	12966
合作经营							
独资	29376	0	29376	0	0	9320	9320
股份有限	53272	0	53272	0	0	0	0
外商投资	116696	0	116696	0	6150	17792	13092
合资经营	61618	0	61618	0	3100	5500	3600
合作经营							
独资	28642	0	28642	0	50	3392	592
股份有限	26436	0	26436	0	3000	8900	8900
个体经营	69035	0	69035	0	640	0	0
个体户	65591	0	65591	0	640	0	0
个人合伙	3444	0	3444	0	0	0	0
二、按国民经济行业							
农、林、牧、渔业	200544	100	200444	6350	5400	0	0
采矿业	40273	0	40273	0	1150	2800	2800

表9—6 续表7

指标名称	资金来源合计	上年末结余资金	本年资金来源合计				
			小计	国家预算内资金	国内贷款	利用外资	#外商直接投资
制造业	3912035	1870	3910165	200	212225	24278	19578
电力、燃气及水的生产和供应业	58259	600	57659	0	1345	0	0
建筑业	69436	220	69216	0	4400	0	0
交通运输、仓储和邮政业	166344	0	166344	0	1740	0	0
信息传输、计算机服务和软件业	12680	0	12680	0	300	0	0
批发和零售业	78876	0	78876	0	700	8900	8900
住宿和餐饮业	33046	0	33046	0	700	0	0
金融业							
房地产业	229107	0	229107	0	5630	0	0
租赁和商务服务业	41854	0	41854	0	1670	0	0
科学研究、技术服务和地质勘查业	20900	0	20900	0	0	0	0
水利、环境和公共设施管理业	358438	500	357938	6200	4920	0	0
居民服务和其他服务业	5665	0	5665	0	0	0	0
教育	45059	0	45059	12250	12250	0	0
卫生、社会保障和社会福利业	24131	0	24131	0	400	0	0
文化、体育和娱乐业	18623	0	18623	0	160	4100	4100
公共管理和社会组织	44004	0	44004	500	0	0	0
三、按隶属关系							
中央							
省	10100	0	10100	0	0	0	0
市	600	0	600	0	0	0	0
区、县	134944	0	134944	12250	12750	0	0
其他	5213630	3290	5210340	13250	240240	40078	35378
四、按建设性质							
新建	2086695	3290	2083405	12250	90330	9500	8600
扩建	1731680	0	1731680	700	84860	16492	12692
改建	1403854	0	1403854	12550	71500	14086	14086

表 9—6 续表 8

指标名称	资金来源合计	上年末结余资金	本年资金来源				
			小计	国家预算内资金	国内贷款	利用外资	#外商直接投资
单纯建造生活设施	6380	0	6380	0	0	0	0
迁建	25114	0	25114	0	2300	0	0
恢复	4670	0	4670	0	0	0	0
单纯购置	100881	0	100881	0	4000	0	0
五、按建设阶段							
筹建							
本年正式施工	5258293	3290	5255003	25500	248990	40078	35378
本年收尾							
全部停缓建	100	0	100	0	0	0	0
单纯购置	100881	0	100881	0	4000	0	0
六、按控股情况							
国有控股	239706	600	239106	12250	15750	0	0
集体控股	775189	720	774469	13100	19885	0	0
私人控股	4203894	1970	4201924	150	207005	1800	800
港澳台商控股	54442	0	54442	0	5000	22286	22286
外商控股	86043	0	86043	0	5350	15992	12292
七、按期末项目建设状态							
在建	1287937	1400	1286537	17650	50530	14000	13000
全部投产	4071237	1890	4069347	7850	202460	26078	22378
全部停缓建	100	0	100	0	0	0	0
八、按投资规模							
100 万元以下	85	0	85	0	0	0	0
100—500 万元	15484	0	15484	0	150	0	0
500—1000 万元	543232	0	543232	500	7467	592	592
1000—3000 万元	1920558	570	1919988	1450	99002	5520	5220
3000—5000 万元	1317891	0	1317891	0	55760	6900	6900
5000—1 亿元	903165	1920	901245	5900	52841	18200	13800
1 亿元—5 亿元	524852	800	524052	12250	37770	8866	8866
5 亿元—10 亿元	80625	0	80625	5400	0	0	0
10 亿以上	53382	0	53382	0	0	0	0

表9—6 续表9

指标	本年资金来源		
	自筹资金		其他资金来源
	小计	#企事业单位自筹	
总计	5001374	4025474	36042
一、按登记注册类型			
内资	4756147	3811600	36042
国有	155835	87103	5200
集体	609202	516774	19810
股份合作	21790	18490	800
国有联营			
集体联营	5600	1500	0
国有与集体联营			
其他联营	2700	2700	0
国有独资公司			
其他有限责任公司	732619	516336	2500
股份有限公司	131798	116993	0
私营	2968987	2426018	4632
其他	127616	125686	3100
港澳台商投资	84078	84078	0
合资经营	10750	10750	0
合作经营			
独资	20056	20056	0
股份有限	53272	53272	0
外商投资	92754	67901	0
合资经营	53018	29765	0
合作经营			
独资	25200	23600	0
股份有限	14536	14536	0
个体经营	68395	61895	0
个体户	64951	58451	0
个人合伙	3444	3444	0
二、按国民经济行业			
农、林、牧、渔业	177894	129192	10800
采矿业	36323	34323	0

表 9—6　续表 10

指　　标	本年资金来源		
	自筹资金		其他资金来源
	小计	#企事业单位自筹	
制造业	3671990	3055744	1472
电力、燃气及水的生产和供应业	53914	32734	2400
建筑业	63816	41088	1000
交通运输、仓储和邮政业	164604	131186	0
信息传输、计算机服务和软件业	12380	5790	0
批发和零售业	65866	39321	3410
住宿和餐饮业	32136	27077	210
金融业			
房地产业	220977	169874	2500
租赁和商务服务业	39384	24084	800
科学研究、技术服务和地质勘查业	20900	8200	0
水利、环境和公共设施管理业	336368	269818	10450
居民服务和其他服务业	4665	4165	1000
教育	18559	6300	2000
卫生、社会保障和社会福利业	23731	17631	0
文化、体育和娱乐业	14363	5163	0
公共管理和社会组织	43504	23784	0
三、按隶属关系			
中央			
省	10100	0	0
市	600	600	0
区、县	107384	51932	2560
其他	4883290	3972942	33482
四、按建设性质			
新建	1957765	1368958	13560
扩建	1622348	1390559	7280
改建	1295186	1152872	10532

表9—6 续表11

指　标	本年资金来源		
	自筹资金		其他资金来源
	小计	#企事业单位自筹	
单纯建造生活设施	6380	0	0
迁建	22814	22704	0
恢复	0	0	4670
单纯购置	96881	90381	0
五、按建设阶段			
筹建			
本年正式施工	4904393	3934993	36042
本年收尾			
全部停缓建	100	100	0
单纯购置	96881	90381	0
六、按控股情况			
国有控股	205906	137174	5200
集体控股	716274	604016	25210
私人控股	3987337	3196027	5632
港澳台商控股	27156	27156	0
外商控股	64701	61101	0
七、按期末项目建设状态			
在建	1194497	826826	9860
全部投产	3806777	3198548	26182
全部停缓建	100	100	0
八、按投资规模			
100万元以下	85	85	0
100－500万元	15034	13594	300
500－1000万元	533843	511191	830
1000－3000万元	1807846	1507073	6170
3000－5000万元	1241801	912918	13430
5000－1亿元	809202	614422	15102
1亿元－5亿元	464956	365337	210
5亿元－10亿元	75225	47472	0
10亿以上	53382	53382	0

表 9—7 房地产开发投资、资金和土地情况(2010 年)

项目	计量单位	合计	内资				
			内资小计	国有	集体	股份合作	联营企业
计划总投资	万元	39660813	30843294	7173666	56600	50766	
累计完成投资	万元	22570729	18251102	2618987	48226	50662	
本年完成投资额	万元	7547570	6275676	1134470	34245	8492	
住宅	万元	5624644	4716254	918478	25700	8305	
其中:90 平方米以下		1564288	1381186	327611	16217	277	
140 平方米以上		991384	698452	124858	0	5542	
别墅、高档公寓		465262	463462	263447	21260	60	
经济适用房		400600	339954	26124	0	0	
办公楼		307956	257099	13514	616	0	
商业营业用房		838418	706966	67913	650	66	
其他		776552	595357	134565	7279	121	
本年新增固定资产	万元	3063542	2346019	160856	32208	7921	
本年购置土地面积	平方米	1923465	1433363	353189	0	0	
本年土地成交价款	万元	1608205	1134493	252405	0	0	
其中:拆迁补偿费		7325	7325	6500	0	0	
土地使用权出让金		1531387	1087313	213522	0	0	
契税	万元	37778	23923	1423	0	0	

表9—7 续表1

项目	计量单位	内资					
		国有与集体联营企业	其他联营企业	有限责任公司	国有独资公司	其他有限责任公司	股份有限公司
计划总投资	万元				390731	12097494	1624074
累计完成投资	万元				215389	8334662	1144218
本年完成投资额	万元				175859	2641670	303908
住宅	万元				171134	1812178	223483
其中:90平方米以下					11409	402183	84024
140平方米以上					430	282993	29269
别墅、高档公寓					8649	52436	21373
经济适用房					0	198048	6570
办公楼					0	176561	4537
商业营业用房					700	362404	62429
其他					4025	290527	13459
本年新增固定资产	万元				11660	1039926	149870
本年购置土地面积	平方米				0	430942	0
本年土地成交价款	万元				0	508305	0
其中:拆迁补偿费					0	550	0
土地使用权出让金					0	511595	6688
契税	万元				0	14140	11

表 9—7　续表 2

项　　目	计量单位	内资					
		私营企业小计	私营独资	私营合伙	私营有限责任公司	私营股份有限公司	其他企业
计划总投资	万元	9289963	678800		8433843	177320	160000
累计完成投资	万元	5752729	328356		5254662	169711	86229
本年完成投资额	万元	1961114	160249		1749350	51515	15918
住宅	万元	1548745	151156		1351289	46300	8231
其中:90 平方米以下		536465	12853		509424	14188	3000
140 平方米以上		253621	37816		214144	1661	1739
别墅、高档公寓		96237	0		96237	0	0
经济适用房		109212	24061		85131	20	0
办公楼		61318	0		61268	50	553
商业营业用房		209587	3377		202490	3720	3217
其他		141464	5716		134303	1445	3917
本年新增固定资产	万元	883579	729		881359	1491	59999
本年购置土地面积	平方米	649232	0		632388	16844	0
本年土地成交价款	万元	373783	0		371969	1814	0
其中:拆迁补偿费		275	0		275	0	0
土地使用权出让金		355508	0		353694	1814	0
契税	万元	8349	388		7899	62	0

表 9—7　续表 3

项　　目	计量单位	小计	港澳台商投资		
			与港澳台商合资经营	港澳台商独资	港澳台商股份
计划总投资	万元	4199682	2785374	1295246	119062
累计完成投资	万元	2234169	1270693	880064	83412
本年完成投资额	万元	846754	612302	199028	35424
住宅	万元	626915	485642	109282	31991
其中:90 平方米以下		125332	60347	52039	12946
140 平方米以上		131868	107672	22478	1718
别墅、高档公寓		1800	0	1800	0
经济适用房		38686	12810	16405	9471
办公楼		35120	24592	9573	955
商业营业用房		82705	41553	39774	1378
其他		102014	60515	40399	1100
本年新增固定资产	万元	502642	402881	48533	51228
本年购置土地面积	平方米	381343	298965	82378	0
本年土地成交价款	万元	236712	219038	17674	0
其中:拆迁补偿费		0	0	0	0
土地使用权出让金		207074	189400	17674	0
契税	万元	6875	6529	346	0

表 9—7　续表 4

项　　目	计量单位	外商投资				
		小　计	中外合资经营	中外合作经营	外资企业	外商投资股份有限公司
计划总投资	万元	4617837	1494458		3123379	
累计完成投资	万元	2085458	677290		1408168	
本年完成投资额	万元	425140	161394		263746	
住宅	万元	281475	108864		172611	
其中:90 平方米以下		57770	28354		29416	
140 平方米以上		161064	38896		122168	
别墅、高档公寓		0	0		0	
经济适用房		21960	2182		19778	
办公楼		15737	51		15686	
商业营业用房		48747	25575		23172	
其他		79181	26904		52277	
本年新增固定资产	万元	214881	170869		44012	
本年购置土地面积	平方米	108759	0		108759	
本年土地成交价款	万元	237000	0		237000	
其中:拆迁补偿费		0	0		0	
土地使用权出让金		237000	0		237000	
契税	万元	6980	0		6980	

表9—7　续表5

项　目	计量单位	合　计	内　资				
			内资小计	国　有	集　体	股份合作	联营企业
本年资金来源合计	万元	16918960	13421688	2321700	33390	11002	
1. 上年末结余资金	万元	3982194	3239372	586506	239	0	
2. 本年资金来源小计	万元	12936766	10182316	1735194	33151	11002	
(1) 国内贷款		3138128	2846741	544825	4000	7000	
其中:银行贷款		2744626	2503239	470506	4000	7000	
非银行金融机构贷款		393502	343502	74319	0	0	
(2) 利用外资		196204	0	0	0	0	
其中:外商直接投资		196204	0	0	0	0	
(3) 自筹资金		2887647	2490068	485963	26805	1492	
其中:自有资金		1767689	1402156	396268	24860	0	
(4) 其他资金来源		6714787	4845507	704406	2346	2510	
其中:定金及预收款		3660007	2889863	377794	948	383	
个人按揭贷款		2261458	1679507	186317	468	462	
本年各项应付款合计	万元	1058279	834086	223829	18810	0	
其中:工程款	万元	607052	504676	107382	13442	0	

表 9—7　续表 6

项　　目	计量单位	内			资		
		国有集体联营企业	其他联营企业	有限责任公司	国有独资公司	其他有限责任公司	股份有限公司
本年资金来源合计	万元				204906	5821775	615965
1. 上年末结余资金	万元				64959	1464314	159980
2. 本年资金来源小计	万元				139947	4357461	455985
（1）国内贷款					15500	1113879	147170
其中：银行贷款					12000	898774	147170
非银行金融机构贷款					3500	215105	0
（2）利用外资					0	0	0
其中：外商直接投资					0	0	0
（3）自筹资金					106058	1078680	106304
其中：自有资金					15510	451715	42472
（4）其他资金来源					18389	2164902	202511
其中：定金及预收款					18389	1305891	130996
个人按揭贷款					0	803544	59135
本年各项应付款合计	万元				4884	253469	65732
其中：工程款	万元				2593	158961	55409

表9—7 续表7

项　　目	计量单位	内资					
		私营企业小计	私营独资企业	私营合伙企业	私营有限责任公司	私营股份有限公司	其他企业
本年资金来源合计	万元	4330752	327916		3826615	176221	82198
1. 上年末结余资金	万元	938797	173445		721661	43691	24577
2. 本年资金来源小计	万元	3391955	154471		3104954	132530	57621
(1) 国内贷款		1014367	56800		918567	39000	0
其中:银行贷款		963789	56800		873289	33700	0
非银行金融机构贷款		50578	0		45278	5300	0
(2) 利用外资		0	0		0	0	0
其中:外商直接投资		0	0		0	0	0
(3) 自筹资金		684766	56900		613276	14590	0
其中:自有资金		471331	52900		410285	8146	0
(4) 其他资金来源		1692822	40771		1573111	78940	57621
其中:定金及预收款		1011940	12928		936957	62055	43522
个人按揭贷款		615482	11795		589023	14664	14099
本年各项应付款合计	万元	267362	23927		238590	4845	0
其中:工程款	万元	166889	16464		147065	3360	0

表9—7　续表8

项　　目	计量单位	小计	港澳台商投资		
			与港澳台商合资经营	港澳台商独资	港澳台商股份
本年资金来源合计	万元	1627187	1013414	513503	100270
1. 上年末结余资金	万元	288788	222853	65935	0
2. 本年资金来源小计	万元	1338399	790561	447568	100270
（1）国内贷款		126627	76427	31200	19000
其中:银行贷款		106627	76427	11200	19000
非银行金融机构贷款		20000	0	20000	0
（2）利用外资		32105	31097	1008	0
其中:外商直接投资		32105	31097	1008	0
（3）自筹资金		273198	204357	64218	4623
其中:自有资金		241152	172811	63718	4623
（4）其他资金来源		906469	478680	351142	76647
其中:定金及预收款		441297	249509	161632	30156
个人按揭贷款		308725	219232	89493	0
本年各项应付款合计	万元	181744	92970	48728	40046
其中:工程款	万元	76242	34282	23001	18959

表9—7　续表9

项　　目	计量单位	小计	外商投资			
			中外合资经营	中外合作经营	外资企业	外商投资股份有限公司
本年资金来源合计	万元	1870085	559188		1310897	
1. 上年末结余资金	万元	454034	235931		218103	
2. 本年资金来源小计	万元	1416051	323257		1092794	
(1) 国内贷款		164760	54000		110760	
其中:银行贷款		134760	54000		80760	
非银行金融机构贷款		30000	0		30000	
(2) 利用外资		164099	6000		158099	
其中:外商直接投资		164099	6000		158099	
(3) 自筹资金		124381	92322		32059	
其中:自有资金		124381	92322		32059	
(4) 其他资金来源		962811	170935		791876	
其中:定金及预收款		328847	123447		205400	
个人按揭贷款		273226	47488		225738	
本年各项应付款合计	万元	42449	18994		23455	
其中:工程款	万元	26134	4302		21832	

表 9—8 房地产开发施工、竣工和销售按用途分组(2010 年)

项　　目	计量单位	合计数	住宅	其中			
				90 平方米及以下	140 平方米以上	经济适用房	别墅、高档公寓
房屋施工面积	平方米	45704853	32078385	11731699	5272563	4402696	2255872
其中:新开工面积		17406781	12638503	4106825	1630463	2036224	521631
房屋竣工面积	平方米	10395666	7374315	2438599	1480593	903401	473573
其中:不可销售面积		482267	50525	13378	1617	0	0
商品住宅竣工套数	套	—	69864	33541	7581	12374	1674
竣工房屋价值	万元	2971653	2026124	612983	494412	168687	185962
出租房屋面积	平方米	96896	3858	0	0	0	0
商品房销售面积	平方米	8231696	7548150	2792714	1449454	1019053	615869
其中:现房销售面积		1311801	1107521	358964	257606	307708	131539
期房销售面积		6919895	6440629	2433750	1191848	711345	484330
商品房销售额	万元	7873760	6964459	2086239	1940196	270352	735153
其中:现房销售额		907619	723175	125928	333934	79386	184332
期房销售额		6966141	6241284	1960311	1606262	190966	550821
商品住宅销售套数	套	—	73377	36621	7553	13445	2760
其中:现房销售套数		—	10281	4813	1193	4097	472
期房销售套数		—	63096	31808	6360	9348	2288

表 9—8 续表

项 目	计量单位	办公楼	商业营业用房	其 他
房屋施工面积	平方米	1945644	5517984	6162840
其中:新开工面积		689445	1495131	2583702
房屋竣工面积	平方米	543631	1162014	1315706
其中:不可销售面积		4808	75801	351133
商品住宅竣工套数	套			
竣工房屋价值	万元	207584	378307	359638
出租房屋面积	平方米	302	85225	7511
商品房销售面积	平方米	147810	435313	100423
其中:现房销售面积		27714	126562	50004
期房销售面积		120096	308751	50419
商品房销售额	万元	190239	657336	61726
其中:现房销售额		46177	114752	23515
期房销售额		144062	542584	38211
商品住宅销售套数	套			
其中:现房销售套数				
期房销售套数				

表 9—9　房地产企业财务状况(2010 年)

项　目	计量单位	合 计	内资				
			内资小计	国有	集体	股份合作	联营企业
企业个数	个	746	630	69	11	3	
流动资产合计	千元	298825726	238637898	40827817	934767	936545	
其中:存货		167630142	136032074	23239359	267318	702419	
固定资产原价	千元	9578043	6679771	460034	36189	14080	
累计折旧	千元	2423170	1523460	154309	4704	5664	
其中:本年折旧		882123	349861	26163	963	—71	
资产总计	千元	366850069	293020001	52124222	970148	950309	
负债合计	千元	276528108	227686956	39360796	815215	913897	
所有者权益合计	千元	90321961	65333045	12763426	154933	36412	
主营业务收入	千元	90086394	72815471	13775204	52986	36142	
主营业务成本	千元	61655527	50615753	10310442	42492	25538	
主营业务税金及附加	千元	6993424	5523569	899919	4415	665	
主营业务利润	千元	19373807	15049881	2368903	5468	9937	
其他业务利润	千元	400967	323235	40874	40	1014	
投资收益	千元	754391	420201	1188	0	0	
利润总额	千元	16634793	12833860	1942226	—5746	2091	
应交所得税	千元	3399426	2453645	320990	355	45	
劳动、失业保险费	千元	144639	120032	23084	352	521	
本年应付工资总额	千元	1384667	1120416	173375	4171	1881	
本年应付福利费总额	千元	126351	99642	16669	336	268	
全部从业人员年平均人数	人	17931	14751	1569	96	45	

表9—9 续表1

项目	计量单位	内资					
		国有集体联营企业	其他联营企业	有限责任公司	国有独资公司	其他有限责任公司	股份有限公司
企业个数	个	1			6	226	36
流动资产合计	千元	6574			2437709	99876200	15642456
其中:存货		0			2045905	56616872	7004672
固定资产原价	千元	553			37510	2877372	932928
累计折旧	千元	336			5894	597917	165726
其中:本年折旧		0			3210	164367	35952
资产总计	千元	6791			2683819	127057289	21779217
负债合计	千元	5782			2171121	97942105	18268540
所有者权益合计	千元	1009			512698	29115184	3510677
主营业务收入	千元	911			409765	26625349	4841122
主营业务成本	千元	553			270131	17545570	3286350
主营业务税金及附加	千元	51			30643	2045527	462377
主营业务利润	千元	307			101352	6239774	975298
其他业务利润	千元	0			1450	79362	61896
投资收益	千元	0			6	198258	211377
利润总额	千元	−9			79187	5605805	884925
应交所得税	千元	0			15659	1147544	97784
劳动、失业保险费	千元	32			1603	44034	14838
本年应付工资总额	千元	201			13257	409508	152594
本年应付福利费总额	千元	28			1453	38329	11928
全部从业人员年平均人数	人	10			141	5654	1340

表9—9　续表2

项　　目	计量单位	内资					
		私营企业小计	私营独资企业	私营合伙企业	私营有限责任公司	私营股份有限公司	其他企业
企业个数	个	276	14	2	247	13	2
流动资产合计	千元	77552122	5015459	0	66550269	5986394	423708
其中:存货		45777648	3737022	0	37689489	4351137	377881
固定资产原价	千元	2319181	56226	0	2057011	205944	1924
累计折旧	千元	587810	21827	0	526016	39967	1100
其中:本年折旧		118962	2944	0	114168	1850	315
资产总计	千元	86745304	5290921	0	74939929	6514454	702902
负债合计	千元	68137733	4159727	0	59125664	4852342	71767
所有者权益合计	千元	18607571	1131194	0	15814265	1662112	631135
主营业务收入	千元	25804885	256485	0	22236304	3312096	1269107
主营业务成本	千元	18356412	217585	0	15743519	2395308	778265
主营业务税金及附加	千元	1995881	19500	0	1688694	287687	84091
主营业务利润	千元	4953014	13164	0	4348182	591668	395828
其他业务利润	千元	138599	－110	0	138644	65	0
投资收益	千元	9372	0	0	9372	0	0
利润总额	千元	3931045	－67306	0	3557023	441328	394336
应交所得税	千元	803056	3451	0	693865	105740	68212
劳动、失业保险费	千元	35176	783	0	29360	5033	392
本年应付工资总额	千元	362398	15318	0	313756	33324	3031
本年应付福利费总额	千元	30521	1236	0	27527	1758	110
全部从业人员年平均人数	人	5863	363	0	5164	336	33

表 9—9　续表 3

项　　目	计量单位	小 计	港澳台商投资		
			与港澳台商合资经营	港澳台商独资经营	港澳台商投资股份
企业个数	个	74	40	33	1
流动资产合计	千元	32516328	19675823	12040683	799822
其中:存货		16329518	10208281	5789094	332143
固定资产原价	千元	1176493	627200	546718	2575
累计折旧	千元	268083	120334	146517	1232
其中:本年折旧		64774	32222	32091	461
资产总计	千元	42161172	22349146	18982776	829250
负债合计	千元	29902152	15469234	13838204	594714
所有者权益合计	千元	12259020	6879912	5144572	234536
主营业务收入	千元	10284315	7090788	2312886	880641
主营业务成本	千元	6537924	4722805	1475705	339414
主营业务税金及附加	千元	922481	620325	205031	97125
主营业务利润	千元	2537939	1776412	563477	198050
其他业务利润	千元	47372	14200	33155	17
投资收益	千元	333966	21419	312547	0
利润总额	千元	2417041	1598943	620650	197448
应交所得税	千元	575104	406003	119325	49776
劳动、失业保险费	千元	11505	5558	5656	291
本年应付工资总额	千元	147789	80670	64310	2809
本年应付福利费总额	千元	17562	6473	10989	100
全部从业人员年平均人数	人	1750	933	787	30

表9—9　续表4

项　目	计量单位	小 计	外商投资			
			中外合资经营	中外合作经营	外资企业	外商投资股份有限公司
企业个数	个	42	22	1	19	
流动资产合计	千元	27671500	6827785	0	20843715	
其中:存货		15268550	3825754	0	11442796	
固定资产原价	千元	1721779	1037538	0	684241	
累计折旧	千元	631627	146525	0	485102	
其中:本年折旧		467488	20267	0	447221	
资产总计	千元	31668896	9924268	0	21744628	
负债合计	千元	18939000	6810951	0	12128049	
所有者权益合计	千元	12729896	3113317	0	9616579	
主营业务收入	千元	6986608	1809389	0	5177219	
主营业务成本	千元	4501850	1106057	0	3395793	
主营业务税金及附加	千元	547374	188446	0	358928	
主营业务利润	千元	1785987	463993	0	1321994	
其他业务利润	千元	30360	18282	0	12078	
投资收益	千元	224	117	0	107	
利润总额	千元	1383892	268406	0	1115486	
应交所得税	千元	370677	68862	0	301815	
劳动、失业保险费	千元	13102	4566	0	8536	
本年应付工资总额	千元	116462	33082	0	83380	
本年应付福利费总额	千元	9147	3713	0	5434	
全部从业人员年平均人数	人	1430	474	0	956	

表 9—10　全市建筑业企业单位数、从业人数(2010 年)

(总承包及专业承包)

指　　标	企业个数 (个)	年末从业人数 (人)
总　　计	1517	603524
按登记注册类型分组		
内资企业	1485	598694
国有企业	64	58389
集体企业	34	9009
股份合作企业	40	5569
联营企业	25	7930
国有联营企业	4	588
集体联营企业	1	385
国有与集体联营企业		
其他联营企业	20	6957
有限责任公司	396	269396
国有独资公司	4	445
其他有限责任公司	392	268951
股份有限公司	76	30342
私营企业	849	218034
其他企业	1	25
港、澳、台商投资企业	12	1332
外商投资企业	20	3498
按隶属关系分组		
中　央	13	42366
地　方	1504	561158
省	97	133835
地	222	57358
县及县以下	1185	369965

表9—11　全市建筑业企业生产情况
（总承包及专业承包）

指　标	2010年	2009年	2010年为上年%
建筑业总产值(千元)	164330623	134661722	122.0
建筑工程产值	150765656	122896538	122.7
安装工程产值	12455551	9966961	125.0
其他产值	1109416	1798223	61.7
竣工产值(千元)	122496059	89867152	136.3
房屋建筑施工面积(万平方米)	10639.05	8398	126.7
房屋建筑竣工面积(万平方米)	3964.31	3221.63	123.1
#住宅	2561.85	2126.28	120.5
年末自有施工机械设备净值(千元)	6673420	7022847	95.0
年末自有施工机械设备总功率(万千瓦)	305.90	221.09	138.4
年末自有施工机械设备总台数(台)	168632	148516	113.5
建筑业全员劳动生产率(元/人)	287110	237572	120.9

表 9—12　按行业分建筑业企业生产情况(2010 年)

(总承包及专业承包)

指　　标	房屋和土木工程建筑业	房屋工程建筑	土木工程建筑
企业个数(个)	619	323	296
建筑业总产值(千元)	131673998	94608668	37065330
建筑工程产值	128507399	92475963	36031436
安装工程产值	2104794	1206604	898190
其他产值	1061805	926101	135704
竣工产值(千元)	97614524	70462016	27152508
房屋建筑施工面积(万平方米)	10431.32	10294.21	137.11
房屋建筑竣工面积(万平方米)	3895.87	3847.73	48.14
#住宅	2535.38	2525.53	9.85
年末自有施工机械设备净值(千元)	5073816	2508741	2565075
年末自有施工机械设备总功率(万千瓦)	227.68	124.90	102.78
年末自有施工机械设备总台数(台)	110025	78949	31076
全员劳动生产率(元/人)	287961	253137	443800

表 9—12　续表

指　　标	建筑安装业	建筑装饰业	其他建筑业
企业个数(个)	419	336	143
建筑业总产值(千元)	21062836	9176197	2417592
建筑工程产值	10913885	9151175	2193197
安装工程产值	10112309	14968	223480
其他产值	36642	10054	915
竣工产值(千元)	13429809	9150420	2301306
房屋建筑施工面积(万平方米)	169.55	0	38.18
房屋建筑竣工面积(万平方米)	57.29	0	11.15
#住宅	17.81	0	8.66
年末自有施工机械设备净值(千元)	1148488	210129	240987
年末自有施工机械设备总功率(万千瓦)	52.47	13.17	12.58
年末自有施工机械设备总台数(台)	36706	15672	6229
全员劳动生产率(元/人)	309275	259816	207057

表 9—13　按经济类型分建筑业企业生产情况（2010 年）

（总承包及专业承包）

指　标	总　计	国有经济	集体经济	其他经济
企业个数（个）	1517	64	34	1419
建筑业总产值（千元）	164330623	25710566	1695632	136924425
建筑工程产值	150765656	22825440	1256319	126683897
安装工程产值	12455551	2836016	437610	9181925
其他产值	1109416	49110	1703	1058603
竣工产值（千元）	122496059	16356449	1560119	104579491
房屋建筑施工面积（万平方米）	10639.05	1058.45	79.63	9500.97
房屋建筑竣工面积（万平方米）	3964.31	269.69	38.48	3656.14
＃住宅	2561.85	139.89	29.92	2392.04
年末自有施工机械设备净值（千元）	6673420	1097377	99303	5476740
年末自有施工机械设备总功率（万千瓦）	305.90	36.34	6.07	263.49
年末自有施工机械设备总台数（台）	168632	22823	3023	142786
全员劳动生产率（元/人）	287110	532873	159649	266654

表9—14 全市建筑业企业财务情况(2010年)

(总承包及专业承包)

计量单位:千元

指 标	总 计	国有经济	集体经济	其他经济
资产总计	142480540	33263151	2240522	106976867
流动资产合计	118244407	29229610	1906413	87108384
#存货	28715794	8171920	478808	20065066
固定资产年末合计	15656399	2112338	185467	13358594
固定资产原价年末合计	20628182	3407226	290439	16930517
#生产经营用	17339936	2744136	231811	14363989
累计折旧	8016655	1501592	130129	6384934
#本年折旧	1558784	468728	14650	1075406
流动负债年末合计	86290328	26297556	1458419	58534353
长期负债年末合计	3537910	951556	50398	2535956
所有者权益年末合计	52652302	6014039	731705	45906558
工程结算收入	164227405	29705283	2413504	132108618
工程结算成本	143333848	27048688	2029189	114255971
工程结算税金及附加	5290875	801069	77498	4412308
工程结算利润	14354485	1796505	299153	12258827
管理费用	5814064	1131539	185928	4496597
利润总额	8822400	827018	155406	7839976
本年应付工资	14665917	1353990	218689	13093238
本年应付福利费	1157164	106236	22860	1028068

表9—15　主要年份全社会固定资产投资完成额

计量单位:亿元

年　份	全社会固定资产投资完成额	#城镇固定资产投资	#房地产开发投资
1949	0.02	0.02	
1952	0.26	0.26	
1957	1.18	1.18	
1962	0.76	0.76	
1965	1.44	1.44	
1970	1.53	1.53	
1975	2.96	2.96	
1978	6.63	6.35	
1979	7.01	6.86	
1980	7.82	7.56	
1985	27.65	24.28	
1990	42.65	36.80	
1991	49.71	40.91	2.58
1995	233.86	133.63	59.45
1997	351.66	223.79	72.89
1998	376.60	217.96	101.06
1999	373.01	211.94	97.91
2000	412.20	241.95	99.34
2004	1201.88	703.92	292.88
2005	1402.72	820.30	296.14
2006	1613.55	883.59	351.17
2007	1867.96	1041.95	445.97
2008	2154.17	1226.16	508.17
2009	2668.03	1572.08	595.68
2010	3306.05	2029.87	754.76

注:城镇固定资产投资包括以前年度基本建设、更新改造、城镇集体和其他投资,2005年起不再细分。

主要统计指标解释

全社会固定资产投资 固定资产投资是社会固定资产再生产的主要手段。固定资产投资额是以货币表现的建造和购置固定资产活动的工作量，它是反映固定资产投资规模、速度、比例关系和使用方向的综合性指标。全社会固定资产投资包括城镇固定资产投资、房地产开发投资、农村非农户投资。

城镇固定资产投资 指城镇各种登记注册类型的企业、事业、行政单位及个体户进行的计划总投资50万元及50万元以上的建设项目，包括原来的城镇基本建设项目、更新改选项目、其他投资项目、集体和私营个体等投资项目。

农村非农户投资 指发生在农村区域范围内的非农户固定资产投资项目完成的投资。不包括县及县以上各级政府及主管部门直接领导、管理的建设项目和企事业单位的投资。

房地产开发投资 指房地产开发公司、商品房建设公司及其他房地产开发法人单位和附属于其他法人单位实际从事房地产开发或经营的活动单位统一开发的包括统代建、拆迁还建的住宅、厂房、仓库、饭店、宾馆、度假村、写字楼、办公楼等房屋建筑物和配套的服务设施，土地开发工程（如道路、给水、排水、供电、供热、通讯、平整场地等基础设施工程）的投资；不包括单纯的土地交易活动。

固定资产投资按国民经济行业分 建设项目归哪个行业，按其建成投产后的主要产品或主要用途及社会经济活动性质来确定。基本建设按建设项目划分国民经济行业，更新改造、国有单位其他固定资产投资及城镇集体投资根据整个企业、事业单位所属的行业来划分。一般情况下，一个建设项目或一个企业、事业单位只能属于一种国民经济行业。

固定资产投资按建设性质分 建设项目的性质一般分为新建、扩建、改建、迁建、恢复。基本建设按建设项目划分建设性质，更新改造、国有单位其他固定资产投资、城镇集体投资及农村投资等按整个企业、事业单位的建设情况确定建设性质。

（1）新建：一般是指从无到有、“平地起家”新开始建设的单位。有的单位原有的基础很小，经过建设后其新增加的固定资产价值超过原有固定资产价值（原值）三倍以上的也算新建。

（2）扩建：一般是指为扩大原有产品的生产能力，在厂内或其他地点增建主要生产车间（或主要工程）、独立的生产线或分厂的企业；事业单位和行政单位在原单位增建业务用房（如学校增建教学用房、医院增建门诊部或病床用房、行政机关增建办公楼等）也作为扩建。

（3）改建：一般是指现有企业、事业单位为了技术进步，提高产品质量，增加花色品种，促进产品升级换代，降低消耗和成本，加强资源综合利用和三废治理、劳保安全等，采用新技术、新工艺、新设备、新材料等对现有设施、工艺条件进行技术改造或更新（包括相应配套的辅助性生产、生活福利设施）。有的企业为充分发挥现有生产能力，进行填平补齐而增建不增加本单位主要产品生产能力的车间等，也属于改建。

固定资产投资按构成分 固定资产投资活动按其工作内容和实现方式分为建筑安装工程，设备、工具、器具购置，其他费用三个部分。

（1）建筑安装工程（建筑安装工作量）：指各种房屋、建筑物的建造工程和各种设备、装置的安装工程。包括各种房屋建造工程，各种用途设备基础和各种工业窑炉的砌筑工程；为施工而进行的各种准备工作和临时工程以及完工后的清理工作等；铁路、道路的铺设，矿井的开凿及石油管道的架设等；水利工程；防空地下建筑等特殊工程；以及各种机械设备的安装工程；为测定安装工程质量，对设备进行的试运工作。在安装工程中，不包括被安装设备本身的价值。

（2）设备、工具、器具购置：指购置或自制达到固定资产标准的设备、工具、器具的价值，固定资产的标准按财务部门规定。新建单位、扩建单位的新建车间按照设计和计划要求购置或自制的全部设备、工具、器具，不论是否达到固定资产标准均计入“设备、工具、器具购置”中。

（3）其他费用：指在固定资产建造和购置过程中发生的，除建筑安装工程和设备、工具、器具购置以外的各种应摊入固定资产的费用。

固定资产投资的资金来源 根据固定资产投资的资金来源不同，分为国家预算内资金、国内贷款、利用外资、自筹资金和其他资金来源。

（1）国家预算内资金：指中央财政和地方财政中由国家统筹安排的基本建设拨款和更新改造拨款，以及中央财政安排的专项拨款中用于基本建设的资金和基本建设拨款改贷款的资金等。

（2）国内贷款：指报告期内企、事业单位向银行及非银行金融机构借入的用于固定资产投资的各种国内借款。包括银行利用自有资金及吸收的存款发放的贷款、上级主管部门拨入的国内贷款、国家专项贷款（包括煤代油贷款、劳改煤矿专项贷款等）、地方财政专项资金安排的贷款、国内储备贷款、周转贷款等。

（3）利用外资：指报告期内收到的用于固定资产投资的国外资金，包括统借统还、自借自还的国外贷款，中外合资项目中的外资，以及对外发行债券和股票等。国家统借统还的外资指由我国政府出面同外国政府、团体或金融组织签订贷款协议、并负责偿还本息的国外贷款。

（4）自筹资金：指建设单位报告期内收到的，用于进行固定资产投资的上级主管部门、地方和企、事业单位自筹资金。

（5）其他资金来源：指报告期内收到的除以上各种拨款、借款、自筹资金以外其他用于固定资产投资的资金。

施工项目 指报告期内曾进行建筑或安装工程施工活动的建设项目，包括报告期内新开工项目、报告期以前年度开工跨入报告期继续施工的项目以及报告期施过工并在报告期内全部建成投产或停缓建的项目。

全部建成投产项目 工业项目是指设计文件规定形成生产能力的主体工程及其相应配套的辅助设施全部建成，经负荷试运转，证明具备生产设计规定合格产品的条件，并经过验收鉴定合格或达到竣工验收标准，与生产性工程配套的生活福利设施可以满足近期正常生产的需要，正式移交生产的建设项目。非工业项目是指设计文件规定的主体工程和相应的配套工程全部建成，能够发挥设计规定的全部效益，经验收鉴定合格或达到竣工验收标准，正式移交使用的建设项目。

新增生产能力 指通过固定资产投资活动而增加的设计能力或工程效益，它是用实物形态表示的固定资产投资的成果。新增生产能力的计算，是以能独立发挥生产能力或工程效益的单项工程（或项目）为对象。当单项工程（或项目）建成，经有关部门鉴定合格，正式移交投入生产，即可计算新增生产能力。

新增生产能力或工程效益有以下几种表现形式：

（1）以建设项目或单项工程建成后的年产能力表示，如煤炭开采、石油开采等。

（2）以建设项目或单项工程建成后处理原料的能力表示，如选矿工程的年处理矿石能力、洗煤厂年洗原煤能力等。

（3）以新增的主要设备数量或容量表示，如棉纺锭锭数、发电机组容量等。

（4）以建筑物容积、容量、面积或长度表示，如水库容量、铁路公路里程等。

新增生产能力的数量一般按设计能力计算。设计能力是指设计文件中规定的在正常情况下能够达到的生产能力，而不论投产后的实际产量如何。以设备数量、建筑物容积、面积、长度等表示的新增生产能力或工程效益，则按建成的实际数量计算。

房屋建筑面积 指从房屋外墙线算起的各层平面面积的总和，包括可供使用的有效面积和房屋结构（如柱、墙）占用的面积。多层建筑按各层（包括地下室）面积总和计算。

住宅建筑面积 指施工和竣工房屋建筑面积中供居住用的施工和竣工房屋建筑面积。

施工面积 指报告期内施工的全部房屋建筑面积。包括本期新开工的面积、上期跨入本期继续施工的房屋面积、上期停缓建在本期恢复施工的房屋面积、本期竣工的房屋面积及本期施工后又停缓建的房屋面积。

竣工面积 指在报告期内房屋建筑按照设计要求已全部完工，达到住人和使用条件，经验收鉴定合格，正式移交使用单位的建筑面积。

房屋建筑面积竣工率 指一定时期内房屋竣工面积占同期房屋施工面积的比率。它是从房屋建筑施工速度的角度反映投资效果和建筑业经济效益的指标。

新增固定资产 指通过投资活动所形成的新的固定资产价值，包括已经建成投入生产或交付使用的工程价值和达到固定资产标准的设备、工具、器具的价值及有关应摊入的费用。它是以价值形式表示的固定资产投资成果的综合性指标，可以综合反映不同时期、不同部门、不同地区的固定资产投资成果。

建设项目投产率 指一定时期内全部建成投入生产项目个数与同期正式施工项目个数的比率。它是从项目建设速度的角度反映投资效果的指标。

建设周期 是指报告期（年）所有正式施工项目全部建成平均需要的时间。它是从宏观角度反映建设速度的指标。建设周期的计算方法有两种。

(1) 按建设项目计算：建设周期＝报告期正式施工项目个数/报告期全部建成投产项目个数。

(2) 按投资额计算：建设周期＝报告期正式施工项目计划总投资之和/报告期正式施工项目完成投资之和。

建筑业统计单位 指从事房屋、构筑物建造、装饰装修、设备安装活动和工程准备、提供施工设备服务等其他建筑活动的法人企业。建筑业法人企业应同时具备的条件是：① 依法成立，有自己的名称、组织机构和场所，能够承担民事责任；② 独立拥有和使用资产，承担负债，有权与其他单位签订合同；③ 独立核算盈亏，能够编制资产负债表。

建筑业总产值（即自行完成施工产值） 是以货币表现的建筑业企业在一定时期内生产的建筑业产品和服务的总和。建筑业总产值包括：

(1) 建筑工程产值：指列入建筑工程预算内的各种工程价值。

(2) 安装工程产值：指设备安装工程价值，不包括被安装设备本身价值。

(3) 其他产值：指建筑业总产值中除建筑工程、安装工程以外的产值。包括房屋、构筑物修理所完成的产值（不包括被修理的房屋、构筑物本身的价值）、非标准设备制造产值、总包企业向分包企业收取的管理费和不能明确划分的施工活动所完成的产值。

建筑业增加值 指建筑业企业在报告期内以货币表现的建筑业生产经营活动的最终成果。目前建筑业增加值采用分配法（收入法）计算，即从收入的角度出发，根据生产要素在生产过程中应得的收入份额计算。具体计算公式为：

建筑业增加值＝本年提取的固定资产折旧＋本年应付工资总额＋本年应付福利费总额＋管理费用中的劳动待业保险费、税金＋工程结算税金及附加＋营业利润

房屋建筑施工面积 指在报告期内施过工的全部房屋建筑面积，包括本期新开工的房屋面积、上期跨入本期继续施工的房屋面积、上期停缓建在本期恢复施工的房屋面积、本期竣工的房屋面积及本期施工后又停缓建的房屋面积。

房屋建筑竣工面积 指在报告期内房屋建筑按照设计要求全部完工，达到了住人和使用条件，经检查验收鉴定合格的房屋建筑面积。

自有机械设备年末总台数 指归本企业（或单位）所有，属于本企业（或单位）固定资产的生产性机

械设备年末总台数。包括施工机械、生产设备、运输设备以及其他设备。

自有机械设备年末总功率 指本企业（或单位）自有施工机械、生产设备、运输设备以及其他设备等列为固定资产的生产性机械设备年末总功率，按设定能力或查定能力计算。包括机械本身的动力和为该机械服务的单独动力设备，如电动机等。计算单位用千瓦，动力换算可按1马力＝0.735千瓦折合成千瓦数。电焊机、变压器、锅炉不计算动力。

工程结算收入 指企业承包工程实现的工程价款结算收入，以及向发包单位收取的除工程价款以外按规定列作营业收入的各种款项，如临时设施费、劳动保险费、施工机械调迁费等以及向发包单位收取的各种索赔款。

工程结算利润 指已结算工程实现的利润，如亏损以“－”号表示。

计算公式为：工程结算利润＝工程结算收入－工程结算成本－工程结算税金及附加

企业总收入 指与企业生产经营直接有关的各项收入，包括工程结算收入和其他业务收入。

计算公式为：企业总收入＝工程结算收入＋其他业务收入

计算建筑业劳动生产率的平均人数 指建筑业企业（或单位）报告期实际拥有的、与建筑施工活动有关的人员的平均人数，包括参加本企业（或单位）建筑施工活动的非本企业（或单位）人员，但不包括企业内部社会服务性机构的人员以及由本企业支付工资但所从事的工作与本企业生产基本无关的人员。

（十）批发和零售业、住宿和餐饮业

CHAPTER 10
WHOLESALE AND RETAIL TRADE, ACCOMMODATIONS AND CATERING

表 10—1 社会消费品零售总额(2010 年)

计量单位:亿元

指　　标	2010 年	2010 年为上年%
社会消费品零售总额	2288.74	118.3
1. 按销售单位所在地分		
城镇	2209.99	118.4
＃城区	2628.85	118.4
乡村	78.75	113.8
2. 按行业和规模分		
批发和零售业	2055.38	118.0
限额以上	1081.43	126.8
限额以下	974.15	111.0
住宿和餐饮业	212.39	122.9
限额以上	85.50	115.7
限额以下	126.89	111.0
其他行业	20.97	0.0

表10—2 限额以上批发和零售业、住宿和餐饮业基本情况(2010年)

指标	法人企业(个)	所属全部批零住餐活动单位(个)	其他行业所属批零住餐产业活动单位(个)	年末营业面积(平方米)	年末从业人员(个)
总计	2107	7009	117	10210453	224891
一、批发和零售业小计	1508	6039	63	9241987	148672
(一)批发业	969	3552	20	5482012	71665
#国有控股	122	2416	5	5315013	26420
1. 按登记注册类型分组					
内资企业	947	3494	8	5470101	63985
国有企业	51	95	2	6295	12932
集体企业	16	95		33462	876
股份合作企业	2	2			78
联营企业	1	1	1	2800	497
有限责任公司	183	357		214624	15364
股份有限公司	41	2195	3	5154608	15529
私营企业	639	735	1	52191	17518
其他企业	14	14	1	6121	1191
港、澳、台商投资企业	11	47	4	9211	2625
外商投资企业	11	11	8	2700	5055
2. 按国民经济行业分组					
农畜产品批发	24	93		8545	1321
食品、饮料及烟草制品批发	68	136	6	18784	7974
纺织、服装及日用品批发	86	134	3	32186	14074
文化、体育用品及器材批发	29	50		3398	2094
医药及医疗器材批发	39	52		10400	4825
矿产品、建材及化工产品批发	424	2716	7	5368124	17118
机械、五金及电子产品批发	256	296	4	38755	22707
贸易经纪与代理	13	13			579
其他批发	30	62		1820	973
再生物资回收与批发	19	50		1820	540
3. 按经营方式分组					
独立门店	501	693	8	119064	32688
连锁总店(总部)	10	2255		5166011	
连锁门店	4	12		2300	5598
其他	454	592	12	194637	33379

表10—2 续表1

指　　标	法人企业（个）	所属全部批零住餐活动单位（个）	其他行业所属批零住餐产业活动单位（个）	年末营业面积（平方米）	年末从业人员（个）
（二）零售业	539	2487	43	3759975	77007
其中:国有控股	52	182	6	288547	9038
1. 按经济注册类型分组					
内资企业	510	1829	25	2156637	51081
国有企业	30	59	4	74331	4568
集体企业	14	42	1	22484	1769
股份合作企业	1	1		1753	56
联营企业	3	3		856	69
有限责任公司	120	1007	6	573081	18239
股份有限公司	18	61	4	465351	6132
私营企业	315	601	9	979371	19445
其他	9	55	1	39410	803
港、澳、台商投资企业	13	18	5	163994	3668
外商投资企业	16	640	13	1439344	22258
2. 按国民经济行业分组					
综合零售	64	642	7	2044501	35690
百货零售	32	41	2	806479	8980
超级市场零售	31	600	4	1235816	26487
其他综合零售	1	1	1	2206	223
食品、饮料及烟草制品零售	46	728	7	63775	5016
纺织、服装及日用品零售	34	56	13	182056	3577
文化、体育用品及器材零售	50	118	4	89877	5019
医药及医疗器材零售	47	408	1	93760	5960
汽车、摩托车、燃料及零配件零售	183	209	4	585590	10245
家用电器及电子产品零售	78	262	1	512160	8102
五金、家具及室内装修材料零售	23	24	4	164213	1526
无店铺及其他零售	14	40	2	24043	1872

表10—2 续表2

指　　标	法人企业（个）	所属全部批零住餐活动单位（个）	其他行业所属批零住餐产业活动单位（个）	年末营业面积（平方米）	年末从业人员（个）
3. 按经营方式分组					
独立门店	398	626	27	2016989	30689
连锁总店(总部)	29	1646		1504748	
连锁门店	10	17	4	100672	34349
其他	102	198	12	137566	11969
4. 按零售业态分组					
食杂店	1	1	1	500	162
便利店	2	13	1	2355	3743
折扣店					
超市	17	555	2	841141	5505
大型超市	13	33	3	400371	12276
仓储会员店			1	6800	202
百货店	30	39	4	755967	8389
专业店	274	1386	14	923333	24683
专卖店	162	415	14	517465	12827
家居建材店	12	13	1	143350	627
购物中心	12	16	1	162880	6968
厂家直销中心	13	13	1	4817	1075
电话购物	1	1		170	10

表 10—2　续表 3

指　　标	法人企业（个）	所属全部批零住餐活动单位（个）	其他行业所属批零住餐产业活动单位（个）	年末营业面积（平方米）	年末从业人员（个）
二、住宿和餐饮业小计	599	970	54	968466	76219
（一）住宿业	183	194	18	227434	29707
其中：国有控股	77	85	7	91293	13176
1. 按登记注册类型分组					
内资企业	174	183	12	203480	25659
国有企业	61	62	5	71131	10326
集体企业	6	6		3400	442
股份合作企业					
联营企业	1	1		1659	110
有限责任公司	49	56	2	61443	6892
股份有限公司	5	5		8969	1915
私营企业	51	52	5	55878	5427
其他	1	1		1000	547
港、澳、台商投资企业	4	4	2	11455	2439
外商投资企业	5	7	4	12499	1609
2. 按国民经济行业分组					
旅游饭店	130	138	12	207506	25847
一般旅馆	43	46	6	15038	3161
3. 按星级等级分组					
五星	13	13	4	47348	7340
四星	20	20		43346	5257
三星	49	50	3	55748	5821
二星	14	20	1	8898	983
4. 按经营方式分组					
独立门店	163	174	13	217040	27714
连锁总店（总部）					
连锁门店	6	6	4	2525	573
其他	14	14	1	7869	1420

表10—2　续表4

指　　标	法人企业（个）	所属全部批零住餐活动单位（个）	其他行业所属批零住餐产业活动单位（个）	年末营业面积（平方米）	年末从业人员（个）
（二）餐饮业	416	776	36	741032	46512
其中:国有控股	26	26	6	49844	4691
1. 按登记注册类型分组					
内资企业	388	452	27	596950	34429
国有企业	22	22	3	34099	2607
集体企业	4	4		1800	142
股份合作企业	1	1	1	7434	711
联营企业	1	1	1	1200	176
有限责任公司	53	75	3	115376	7334
股份有限公司	2	2	4	11713	569
私营企业	299	341	12	409618	22160
其他	6	6	3	15710	730
港、澳、台商投资企业	22	58	2	27816	2979
外商投资企业	6	266	7	116266	9104
2. 按国民经济行业分组					
正餐服务	386	431	22	587796	33617
快餐服务	16	327	8	139470	11591
饮料及冷饮服务	7	7	4	5006	306
其他餐饮服务	7	11	2	8760	998
3. 按经营方式分组					
独立门店	372	398	27	558884	30619
连锁总店(总部)	11	334		125721	
连锁门店	5	6	4	8251	11363
其他	28	38	5	48176	4530

表 10—2 续表 5

指 标	法人企业（个）	所属全部批零住餐活动单位（个）	其他行业所属批零住餐产业活动单位（个）	年末营业面积（平方米）	年末从业人员（个）
补充资料：					
批发业：其他有限责任公司	178	321		214624	13658
其中：1. 国有控股	43	115		153150	3613
2. 集体控股	9	11		2000	577
股份有限公司	41	2195	3	5154608	15529
其中：1. 国有控股	22	2169	2	5152768	7672
2. 集体控股	1	8			354
零售业：其他有限责任公司	118	954	6	566441	17835
其中：1. 国有控股	14	56	1	102003	1638
2. 集体控股	14	185		22915	1214
股份有限公司	18	61	4	465351	6132
其中：1. 国有控股	5	13	1	105423	2371
2. 集体控股	1	1		100	9
住宿业：其他有限责任公司	47	54	2	59501	6640
其中：1. 国有控股	12	19	2	14292	1656
2. 集体控股	6	6		9735	1312
股份有限公司	5	5		8969	1915
其中：1. 国有控股	1	1		2269	832
餐饮业：其他有限责任公司	51	73	3	113776	7170
其中：1. 国有控股	2	2	1	5540	1064
2. 集体控股	2	10	1	11160	792
股份有限公司	2	2	4	11713	569
其中：1. 国有控股			1	4171	235

表10—3 限额以上批发和零售业商品购进、库存总额(2010年)

计量单位:万元

指 标	购进总额	#进口	年末库存总额
总 计	62534263.7	3356561.5	4699477.3
(一)批发业	52397043.7	3129285.7	3898959.3
#国有控股	27257912.2	2048978.8	1902595.9
1. 按登记注册类型分组			
内资企业	50883540.1	3105184.8	3681585.9
国有企业	6471079.6	883677.4	532259.5
集体企业	152456.9		16561.5
股份合作企业	30703.1		3273.7
联营企业	2305.7		649
有限责任公司	10251550.5	1249183.7	585541.3
股份有限公司	23705118.6	627731.9	1970565.4
私营企业	10040116.5	338149.3	553610
其他企业	230209.2	6442.5	19125.5
港、澳、台商投资企业	662216.7		58707.4
外商投资企业	851286.9	24100.9	158666
2. 按国民经济行业分组			
农畜产品批发	333163.5	28502.3	74000.7
食品、饮料及烟草制品批发	2357500.4	38145.9	212823.6
纺织、服装及日用品批发	4574534.6	1047411.3	397650.5
文化、体育用品及器材批发	663183.5	205.4	111061.3
医药及医疗器材批发	1272446	8394.2	81364.6
矿产品、建材及化工产品批发	26724427.8	405569.5	1378290.6
机械、五金交电及电子产品批发	15213308.4	1516024	1598079.1
贸易经纪与代理	762477.2	76599.7	26657.9
其他批发	496002.3	8433.4	19031
再生物资回收与批发	391384.2		9783.5
其他未列明的批发	104618.1	8433.4	9247.5
3. 按经营方式分组			
独立门店	22193817	702137.7	1617658
连锁总店(总部)	12121333.1		806728.3
连锁门店	158114.8	1426.9	5633.2
其他	17923778.8	2425721.1	1468939.8

表10—3 续表1

指　　标	购进总额	#进口	年末库存总额
(二)零售业	10137220	227275.8	800518
其中:国有控股	1463908.7	9840	115628.4
1. 按经济注册类型分组			
内资企业	6416169.8	162348.7	489751
国有企业	359139.9	9760	38123.5
集体企业	98074.9		4624.4
股份合作企业	714.7		16
联营企业	9068.7		274.4
有限责任公司	2399494.8	792.3	182935.8
股份有限公司	1275391.3	52611.6	38966.2
私营企业	2195974.3	99184.8	218126.7
其他	78311.2		6684
港、澳、台商投资企业	407222.8	483.1	20432
外商投资企业	3313827.4	64444	290335
2. 按国民经济行业分组			
综合零售	3156582.7	277.2	194267.6
百货零售	1042060.6		21178.8
超级市场零售	2110447.8	277.2	172642.7
其他综合零售	4074.3		446.1
食品、饮料及烟草制品零售	238740.7	2241.5	27140.3
纺织、服装及日用品零售	201939.8		27456
文化、体育用品及器材零售	195362		67185.6
医药及医疗器材零售	699778.2	4449.9	74288.3
汽车、摩托车、燃料及零配件零售	3126017	198890.8	207956.6
家用电器及电子产品零售	2222966.8		190154.5
五金、家具及室内装修材料零售	164686.9	21416.4	10524.7
无店铺及其他零售	131145.9		1544.4
3. 按经营方式分组			
独立门店	5441874.4	223019.4	400758.1
连锁总店(总部)	3991004.3		335338.4
连锁门店	148600.9	56.3	14132.2
其他	555740.4	4200.1	50289.3

表10—3 续表2

指 标	购进总额	#进口	年末库存总额
4. 按零售业态分组			
食杂店	2085.1		3.5
便利店	3335.6		511.3
折扣店			
超市	1720433.1	80	118139
大型超市	387647.9	197.2	54090.7
仓储会员店			
百货店	1025608.8		20884.4
专业店	4094827.9	56149.3	396936.1
专卖店	2585912.5	149432.9	194623.1
家居建材店	62338.1	21416.4	7031.9
购物中心	102557.7		4957.6
厂家直销中心	46708.5		2847.7
电话购物	1409.5		233.7
补充资料:			
批发业:其他有限责任公司	9518532.2	747413.3	455530.1
其中:1. 国有控股	3109964.6	44470.5	142416.8
2. 集体控股	271591.2	122203	29937
股份有限公司	23705118.6	627731.9	1970565.4
其中:1. 国有控股	16941544	619060.5	1097259.4
2. 集体控股	378992		61753
零售业:其他有限责任公司	2390775.4	712.3	181046
其中:1. 国有控股	639214.2		60893.8
2. 集体控股	91681.4		10163.1
股份有限公司	1275391.3	52611.6	38966.2
其中:1. 国有控股	449906.3		14500.6
2. 集体控股	6108		414.6

表 10—4　限额以上批发和零售业商品销售总额(2010 年)

计量单位:万元

指　　标	商品销售总额	批发额	♯出口	零售额
总　　计	68166998.5	52187595.8	6990878.5	15979402.7
(一) 批发业	56791010.9	51120477.9	6990837.9	5670533
♯国有控股	29311779.5	24312088.2	4855733.9	4999691.3
1. 按登记注册类型分组				
内资企业	54678838.8	49107107.7	6982597.2	5571731.1
国有企业	7365533.7	7315737.1	1834736.9	49796.6
集体企业	194892.5	168763.8		26128.7
股份合作企业	34772.7	34772.7		
联营企业	31055.8	31055.8		
有限责任公司	11539766.6	10994050.2	2455095.4	545716.4
股份有限公司	24352971.1	19678847.4	2176839.6	4674123.7
私营企业	10911618.6	10648125.4	515911.5	263493.2
其他企业	248227.8	235755.3	13.8	12472.5
港、澳、台商投资企业	715790.7	696421.7	3407.2	19369
外商投资企业	1396381.4	1316948.5	4833.5	79432.9
2. 按国民经济行业分组				
农畜产品批发	356037.1	346860.3		9176.8
食品、饮料及烟草制品批发	2709223.4	2591199.3	214905.1	118024.1
纺织、服装及日用品批发	4965603.3	4881204.3	2941249.3	84399
文化、体育用品及器材批发	927196.6	901567.3	104253.9	25629.3
医药及医疗器材批发	1492517.4	1319063.4	166502.6	173454
矿产品、建材及化工产品批发	27676707.4	22725653.3	951688.9	4951054.1
机械、五金及电子产品批发	17232783.3	16938700.2	2237202.7	294083.1
贸易经纪与代理	797024	797024	315422.2	
其他批发	633918.4	619205.8	59613.2	14712.6
再生物资回收与批发	418151.3	403438.7		14712.6
其他未列明的批发	215767.1	215767.1	59613.2	
3. 按经营方式分组				
独立门店	23931041.9	23566149.1	2532668	364892.8
连锁总店(总部)	11871947.8	7258678.6		4613269.2
连锁门店	168236.7	164408.9	129571.9	3827.8
其他	20819784.5	20131241.3	4328598	688543.2

表10—4 续表1

指标名称	商品销售总额	批发额	#出口	零售额
(二) 零售业	11375987.6	1067117.9	40.6	10308869.7
其中:国有控股	1605453.5	103401.4		1502052.1
1. 按经济注册类型分组				
内资企业	7417690.3	328051.5	40.6	7089638.8
国有企业	395904	26115.4		369788.6
集体企业	109904.3	9690.6		100213.7
股份合作企业	698.7			698.7
联营企业	10487	34.1		10452.9
有限责任公司	2676573.2	91546.1	40.6	2585027.1
股份有限公司	1574307.5	41488.6		1532818.9
私营企业	2555247	137117.4		2418129.6
其他	94568.6	22059.3		72509.3
港、澳、台商投资企业	457663.5	1705.9		455957.6
外商投资企业	3500633.8	737360.5		2763273.3
2. 按国民经济行业分组				
综合零售	3727636.6	743369	40.6	2984267.6
百货零售	1407546.3	9722		1397824.3
超级市场零售	2315569.9	733647	40.6	1581922.9
其他综合零售	4520.4			4520.4
食品、饮料及烟草制品零售	282116.4	11530		270586.4
纺织、服装及日用品零售	287459.2	3283.5		284175.7
文化、体育用品及器材零售	203954.7	16205.8		187748.9
医药及医疗器材零售	779769.3	94508.3		685261
汽车、摩托车、燃料及零配件零售	3432407.6	69908.7		3362498.9
家用电器及电子产品零售	2302230.8	100757.4		2201473.4
五金、家具及室内装修材料零售	210657.9	22181.3		188476.6
无店铺及其他零售	149755.1	5373.9		144381.2

表 10—4　续表 2

指标名称	商品销售总额	批发额	#出口	零售额
3. 按经营方式分组				
独立门店	6286557.5	186451	40.6	6100106.5
连锁总店(总部)	4237037.6	781694.3		3455343.3
连锁门店	182628.5	1528.5		181100
其他	669764	97444.1		572319.9
4. 按零售业态分组				
食杂店	2081.6			2081.6
便利店	3625.7	541.5		3084.2
折扣店				
超市	1836832	730779.3		1106052.7
大型超市	476228.9	2326.2	40.6	473902.7
仓储会员店				
百货店	1380897.3	9722		1371175.3
专业店	4381533.2	182985.6		4198547.6
专卖店	2858523.1	136961.4		2721561.7
家居建材店	89627	5		89622
购物中心	165973.4	2370.7		163602.7
厂家直销中心	59749.1	810.7		58938.4
电话购物	1257.4			1257.4
补充资料:				
批发业:其他有限责任公司	10049966.4	9504250	2023109	545716.4
其中:1. 国有控股	3297324.4	3015953.1	423474.7	281371.3
2. 集体控股	289970.3	288080.5	174705.5	1889.8
股份有限公司	24352971.1	19678847.4	2176839.6	4674123.7
其中:1. 国有控股	17128065.4	12459542	2165535.9	4668523.4
2. 集体控股	443838.3	443838.3		
零售业:其他有限责任公司	2662709.1	91313	40.6	2571396.1
其中:1. 国有控股	677839.8	36353.3		641486.5
2. 集体控股	110561.7	1047.5		109514.2
股份有限公司	1574307.5	41488.6		1532818.9
其中:1. 国有控股	509797.8	40665.5		469132.3
2. 集体控股	5942.3	823.1		5119.2

表 10—5 限额以上批发和零售业法人企业主要财务状况(2010 年)

计量单位:万元

指标	资产总计	负债合计	所有者权益	
				#实收资本
总计	29315154.9	20699867.6	8615287.3	4041819.4
一、批发业	22389339.7	15926643.7	6462696	2488336.2
其中:国有控股	12505861.4	7858770.3	4647091.1	1755045.6
1. 按登记注册类型分组				
内资企业	21657534.8	15282812.6	6374722.2	2433918.7
国有企业	4689810.4	3050454.3	1639356.1	379910.7
集体企业	126693.9	99059.5	27634.4	10925.6
股份合作企业	6423.2	4835.5	1587.7	1171.8
联营企业	9041.8	5426.7	3615.1	872.5
有限责任公司	5084924.4	3679635.3	1405289.1	447610.8
股份有限公司	8559769.9	5828734.5	2731035.4	1178771.7
私营企业	3107719.2	2558880.2	548839	403783.4
其他企业	73152	55786.6	17365.4	10872.2
港、澳、台商投资企业	206080.7	161092.2	44988.5	18915.6
外商投资企业	525724.2	482738.9	42985.3	35501.9
2. 按国民经济行业分组				
农畜产品批发	398292.7	306189.6	92103.1	65467.7
食品、饮料及烟草制品批发	1546372.5	822075.2	724297.3	94151.2
纺织、服装及日用品批发	3638035.6	2613082.7	1024952.9	279929.8
文化、体育用品及器材批发	878312.2	377846.3	500465.9	254358.2
医药及医疗器材批发	625696	439557.2	186138.8	95978.9
矿产品、建材及化工产品批发	7304809.6	4811242	2493567.6	1439134.9
机械、五金及电子产品批发	7637598.6	6280422.6	1357176	226153.1
贸易经纪与代理	199681	138833.4	60847.6	19808.9
其他批发	160541.5	137394.7	23146.8	13353.5
3. 按经营方式分组				
独立门店	10040847	7038134.1	3002712.9	708843.4
连锁总店(总部)	3110500.6	1420680.9	1689819.7	1115562.4
连锁门店	43388.1	34396.5	8991.6	3640
其他	9194604	7433432.2	1761171.8	660290.4

表 10—5 续表 1

指　　标	资产总计	负债合计	所有者权益	
				#实收资本
二、零售业	6925815.2	4773223.9	2152591.3	1553483.2
其中:国有控股	1045808.3	841482.7	204325.6	110050.7
1. 按登记注册类型分类				
内资企业	4820196	3315328	1504868	1173651.4
国有企业	226943.4	194612.6	32330.8	25131.5
集体企业	11171.5	8762.4	2409.1	1882.3
股份合作企业	169.4	172.9	—3.5	50
联营企业	1361.6	671.4	690.2	748
有限责任公司	1021475.9	715460.7	306015.2	183509.6
股份有限公司	2379730.8	1407706.8	972024	771205
私营企业	1118584	924703.9	193880.1	180993.1
其他企业	60759.4	63237.3	—2477.9	10131.9
港、澳、台商投资企业	161760.2	106420	55340.2	28874.2
外商投资企业	1943859	1351475.9	592383.1	350957.6
2. 按国民经济行业分组				
综合零售	2595218.1	1836220.1	758998	389204.1
百货零售	1732107	1078289.3	653817.7	264544.1
超级市场零售	860551	755941.6	104609.4	124160
其他综合零售	2560.1	1989.2	570.9	500
食品、饮料及烟草制品零售	102239.6	49182.7	53056.9	19560.5
纺织、服装及日用品零售	137097.7	96837.4	40260.3	29707.4
文化、体育用品及器材零售	129650.2	89268.8	40381.4	17745
医药及医疗器材零售	355718.4	284854.6	70863.8	53743.1
汽车、摩托车、燃料及零配件零售	1015171.5	814604.9	200566.6	163312.3
家用电器及电子产品零售	2359653.9	1433453.1	926200.8	824294.3
五金、家具及室内装修材料零售	195301.7	145002.6	50299.1	42681.7
无店铺及其他零售	35764.1	23799.7	11964.4	13234.8

表 10—5 续表 2

指 标	资产总计	负债合计	所有者权益	
				#实收资本
3. 按经营方式分组				
独立门店	3554096.2	2514095.3	1040000.9	596050.4
连锁总店(总部)	3065509.2	2054118.2	1011391	907526.7
连锁门店	52466.8	42939.6	9527.2	5074
其他	253743	162070.8	91672.2	44832.1
4. 按零售业态分组				
食杂店	570.8	459.8	111	100.2
便利店	3192	2736.7	455.3	300
折扣店				
超市	630225.5	524928.4	105297.1	69117.9
大型超市	228276.2	229174.6	-898.4	54842.1
百货店	1705673.8	1056219.6	649454.2	258044.1
专业店	3171845.5	2044408.1	1127437.4	974790.9
专卖店	904351.1	686765.6	217585.5	123592.9
家居建材商店	122817.5	107582.9	15234.6	39280.7
购物中心	109455.1	78368.5	31086.6	24420.4
厂家直销中心	29454.4	24811.1	4643.3	2485
电话购物	919.8	347.2	572.6	509
补充资料:				
批发业:其他有限责任公司	3525990.7	2855393.6	670597.1	339031.6
其中:1. 国有控股	1013327.1	778812	234515.1	130731.3
2. 集体控股	186449.7	164516.3	21933.4	15022
股份有限公司	8559769.9	5828734.5	2731035.4	1178771.7
其中:1. 国有控股	5234748.4	3199835.6	2034912.8	1134951.9
2. 集体控股	317792.4	293033.7	24758.7	21074.5
零售业:其他有限责任公司	1013293.9	710855.5	302438.4	175509.6
其中:1. 国有控股	296899.8	243850.2	53049.6	53779.6
2. 集体控股	38926.6	24820.1	14106.5	9806.1
股份有限公司	2379730.8	1407706.8	972024	771205
其中:1. 国有控股	512798.2	397815.3	114982.9	22621.6
2. 集体控股	2387.9	2011.2	376.7	100

表 10—5　续表 3

指　　标	主营业务收入	主营业务成本	营业费用	管理费用
总　　计	61790489.7	57376499.9	2047499.4	951916.6
一、批发业	51843833.7	48544674.4	1400637.4	619835.8
其中:国有控股	27560407	25882661.6	619013.1	345023.8
1. 按登记注册类型分组				
内资企业	50031019.4	47101373.1	1107202.3	597091.2
国有企业	7013661.1	6440863.1	129573.4	130933.9
集体企业	187205	158671.3	4492.8	8106.1
股份合作企业	29549.5	27853.3	480.1	305.9
联营企业	26543.4	24336.5	1182.1	626.4
有限责任公司	10599354.6	9973738.4	301379.9	151650.9
股份有限公司	22339093.2	21165753.7	443717	184292.1
私营企业	9623342.2	9114065.5	218156.1	117055.3
其他企业	212270.4	196091.3	8220.9	4120.6
港、澳、台商投资企业	619292.6	565136.8	26348.1	8467.9
外商投资企业	1193521.7	878164.5	267087	14276.7
2. 按国民经济行业分组				
农畜产品批发	341587.4	309617.5	12183.2	14412.7
食品、饮料及烟草制品批发	2419908.8	2085854.1	72321.1	67185.9
纺织、服装及日用品批发	4839697.8	4497669.4	158241.6	89444.4
文化、体育用品及器材批发	817206.6	718788.5	36859.2	29206.7
医药及医疗器材批发	1308111.5	1117893.3	115387.6	40536.4
矿产品、建材及化工产品批发	25200678.3	24010741.9	499196.4	187654.4
机械、五金及电子产品批发	15624542.4	14568955.8	478196.4	176753.2
贸易经纪与代理	726816.1	688410.9	19306.4	9295.2
其他批发	565284.8	546743	8945.5	5346.9
3. 按经营方式分组				
独立门店	21034116.6	19648332.6	434293.1	250315.9
连锁总店(总部)	11245886.1	10565873.2	332847.7	99918.5
连锁门店	163796.4	157437.7	4202.9	1924.7
其他	19400034.6	18173030.9	629293.7	267676.7

表10—5　续表4

指　标	主营业务收入	主营业务成本	营业费用	管理费用
二、零售业	9946656	8831825.5	646862	332080.8
其中:国有控股	1384493.4	1210191.1	56588.5	59540.4
1. 按登记注册类型分类				
内资企业	6537156.4	5816860.7	306796.4	241251.3
国有企业	352773.2	315473.2	21355.3	13678.7
集体企业	102084.5	90929.7	4029.2	3952.2
股份合作企业	754.6	696.8	13.7	8.8
联营企业	10165.1	9660.3	88.8	328.1
有限责任公司	2348065.3	2127107.3	100639.6	56079.8
股份有限公司	1380601.9	1187187.3	60966	84896.1
私营企业	2256415.4	2010654.9	114170	77720.6
其他企业	86296.4	75151.2	5533.8	4587
港、澳、台商投资企业	408153.2	357552.6	30866.6	14314.4
外商投资企业	3001346.4	2657412.2	309199	76515.1
2. 按国民经济行业分组				
综合零售	3226204.1	2817842.1	298666.1	138022.4
百货零售	1215847.2	984331	57927.8	93766.1
超级市场零售	2006409.2	1830194.8	240257.5	44185.9
其他综合零售	3947.7	3316.3	480.8	70.4
食品、饮料及烟草制品零售	247737.4	201731.2	18890.7	7229.5
纺织、服装及日用品零售	252759	205356.8	33988.1	7796.2
文化、体育用品及器材零售	182180.1	141464.6	18152.1	14450
医药及医疗器材专门零售	680148.3	611269	36598.5	18497.7
汽车、摩托车、燃料及零配件零售	3067397.1	2859670.4	87745.3	58473
家用电器及电子产品零售	1995283.5	1751875.1	118798	68545.3
五金、家具及室内装修材料零售	166048.5	129235.3	18526.2	15306.5
无店铺及其他零售	128898	113381	15497	3760.2

表 10—5　续表 5

指　　标	主营业务收入	主营业务成本	营业费用	管理费用
3. 按经营方式分组				
独立门店	5544599.3	4925542	259686.4	207260.6
连锁总店(总部)	3652197.7	3240141.5	341710.8	100813.9
连锁门店	156905.8	137146.3	16032.7	3789.7
其他	592953.2	528995.7	29432.1	20216.6
4. 按零售业态分组				
食杂店	1779.1	1355.6	139.3	273.6
便利店	3162.8	2705.6	240.9	237.2
折扣店				
超市	1581284.6	1453559	173055.8	31840.7
大型超市	422950.0	374816.9	66997.9	12177.8
百货店	1191257.8	963078.2	55075.6	92842.4
专业店	3827260.5	3373812	206610.8	123161.6
专卖店	2556786.1	2369051.8	90461.6	50121.9
家居建材商店	61881.9	37491.5	13341.2	10113.5
购物中心	144609.5	120449.7	24372.2	5373.7
厂家直销中心	52891	44848.8	3477.5	3464.6
电话购物	1074.7	970.1	51.6	72.1
补充资料：				
批发业:其他有限责任公司	9125214.7	8619220.4	255211.0	110048.0
其中:1. 国有控股	2980724.8	2830179.2	60818.4	34638.8
2. 集体控股	305005.1	280427.9	13578.5	5218.7
股份有限公司	22339093.2	21165753.7	443717	184292.1
其中:1. 国有控股	16065337.8	15232764.8	381270.3	137221.8
2. 集体控股	443838.3	431050.5	3234.5	5627.2
零售业:其他有限责任公司	2336171.7	2118050.6	97615.1	55147.8
其中:1. 国有控股	574864.7	518116.1	16032.4	13741.0
2. 集体控股	105938.7	93073.7	5165.3	3367.5
股份有限公司	1380601.9	1187187.3	60966	84896.1
其中:1. 国有控股	436881.5	359789.2	16176.3	30922.1
2. 集体控股	5078.8	4974.5	40.3	42.7

表 10—5 续表 6

指 标	财务费用	营业利润	利润总额	本年应交增值税
总 计	165323.1	1422981.9	1468992.8	593371.4
一、批发业	124513.9	1157754	1162816.5	416932
其中:国有控股	64826.3	635950.4	686667.9	196841
1. 按登记注册类型分组				
内资企业	110925.7	1114762.9	1118733.9	382974
国有企业	−558.4	292306	315846.2	39822.7
集体企业	1922.8	13487.3	6941.8	8399.7
股份合作企业	242.8	592	360	2007.8
联营企业	−54.5	451.1	1252.7	16
有限责任公司	40091.6	138681.7	151412.4	93445
股份有限公司	30295.5	526278.2	546612.1	159354.1
私营企业	37704.9	140880.9	93688.7	76579.6
其他企业	1281	2085.7	2620	3349.1
港、澳、台商投资企业	903.3	18722	18522.4	9966.9
外商投资企业	12684.9	24269.1	25560.2	23991.1
2. 按国民经济行业分组				
农畜产品批发	4233	4325.5	6624.9	1283.2
食品、饮料及烟草制品批发	5509.7	157360.4	174936	41164.4
纺织、服装及日用品批发	18577.3	84396.8	115075.4	27732.5
文化、体育用品及器材批发	2299.9	60096.5	61607.4	6722.8
医药及医疗器材批发	8167.9	30808.6	20497.6	32311.3
矿产品、建材及化工产品批发	85433.4	399863.1	357094.4	161975
机械、五金及电子产品批发	−3213.2	414649.4	416389.4	89989.8
贸易经纪与代理	1516.4	6735.4	8500.7	21144.6
其他批发	1989.5	−481.7	2090.7	34608.4
3. 按经营方式分组				
独立门店	37787.1	634517.1	593709.4	215002.4
连锁总店(总部)	16924.4	249110.5	259022.5	85611.3
连锁门店	233.4	1014.5	1038.6	3070.5
其他	69569	273111.9	309046	113247.8

表 10—5　续表 7

指　　标	财务费用	营业利润	利润总额	本年应交增值税
二、零售业	40809.2	265227.9	306176.3	176439.4
其中:国有控股	15067	30785.6	23582	22311.3
1. 按登记注册类型分类				
内资企业	39022.5	161130.1	124049.2	93353.2
国有企业	1609.5	−607	1392.4	5570.1
集体企业	133.7	3269.3	364.2	649.7
股份合作企业		35.2	49	12.4
联营企业	0.7	210.1	199.6	36
有限责任公司	13923.7	50854.3	48603.4	29388.7
股份有限公司	3610	62330	58051.1	28347.4
私营企业	18447.3	44845.7	14959.1	27598.8
其他企业	1297.6	192.5	430.4	1750.1
港、澳、台商投资企业	2320.7	19422.3	22859.1	7149.5
外商投资企业	−534	84675.5	159268	75936.7
2. 按国民经济行业分组				
综合零售	16989.9	100678.9	145642.4	86962.8
百货零售	16229.2	102249.4	145639.7	35508.7
超级市场零售	717.5	−1599.4	−29.1	51380.5
其他综合零售	43.2	28.9	31.8	73.6
食品、饮料及烟草制品零售	815.4	17403.4	18801.1	7839.4
纺织、服装及日用品零售	1029	18697.9	10931.5	6508.8
文化、体育用品及器材零售	531.1	5353.7	5092.9	3353.8
医药及医疗器材零售	5274.1	7265.7	8510.8	9683.7
汽车、摩托车、燃料及零配件零售	20329.8	35078.3	36211.2	25632.2
家用电器及电子产品零售	−7991.6	79613.5	79049.9	29180.2
五金、家具及室内装修材料零售	3653	4050.7	4487.8	3903.2
无店铺及其他零售	178.5	−2914.2	−2551.3	3375.3

表10—5 续表8

指 标	财务费用	营业利润	利润总额	本年应交增值税
3. 按经营方式分组				
独立门店	46917.2	161362.1	204100.6	86187.3
连锁总店(总部)	−8206.9	86051.2	87672.1	77819.6
连锁门店	241.3	2403.3	2443.2	3785.7
其他	1857.6	15411.3	11960.4	8646.8
4. 按零售业态分组				
食杂店		2.7	2.7	76.8
便利店	5.5	−4.9	1.5	61.4
折扣店				
超市	−2086.7	13502.9	14779.7	44524.4
大型超市	2798.7	−15104.1	−14811.8	6813.2
百货店	15995.2	100883	145230.5	34923.3
专业店	3810.6	121519.3	110566.9	53410.3
专卖店	15839.2	37084.8	43088.2	24954.8
家居建材商店	3072.6	−948.3	−583.9	2160
购物中心	1267.3	10127.8	9793.3	5066.3
厂家直销中心	118.4	1116.6	718.5	1487
电话购物	0.1	5.5	5.5	42.6
补充资料:				
批发业:其他有限责任公司	31035.3	116208.8	125171.8	83842.5
其中:1. 国有控股	9441.1	51350.5	55129.4	17794.1
2. 集体控股	649.2	7035.2	6631	5159.5
股份有限公司	30295.5	526278.2	546612.1	159354.1
其中:1. 国有控股	46941.8	269369.9	288199	129605.7
2. 集体控股	4725.8	−822.5	771.9	14.1
零售业:其他有限责任公司	13977.2	51918.2	48725.1	29008.7
其中:1. 国有控股	5582	11948.9	6855.9	4666.9
2. 集体控股	601.1	2533.9	2566.6	2156.1
股份有限公司	3610	62330	58051.1	28347.4
其中:1. 国有控股	7928.3	20323.9	15282.1	11692.1
2. 集体控股	0.1	20.9	−17.3	3

表 10—6　限额以上住宿和餐饮业经营情况（2010 年）

计量单位:万元

指　　标	营业额	＃客房收入	＃餐费收入	＃商品销售收入
总　　计	1336853.7	253017.7	969016.9	56833.1
一、住宿业	524891.6	224464.1	217568.1	40002.1
其中:国有控股	246730	89149.3	104241.5	32285.7
1. 按登记注册类型分组				
内资企业	440874.5	181576.4	186363.9	38264.8
国有企业	144548.5	56119.6	68285.5	6177.4
集体企业	6085.8	2304	1557.7	803.3
股份合作企业				
联营企业	1738.4	889.7	678.7	30.9
有限责任公司	130925.6	60306.3	56844.6	2823.4
股份有限公司	67283.6	17420.1	20280.1	25854.4
私营企业	80427.4	41752.3	34554	856.8
其他	9865.2	2784.4	4163.3	1718.6
港、澳、台商投资企业	41766.9	22152.4	16802.4	212
外商投资企业	42250.2	20735.3	14401.8	1525.3
2. 按国民经济行业分组				
旅游饭店	469234.3	189648.4	200797.8	38570.7
一般旅馆	46348.8	28726.2	14148.1	1383.9
其他住宿服务	9308.5	6089.5	2622.2	47.5
3. 按星级等级分组				
五星	188649.5	70817.1	73052.8	31299.6
四星	91670.7	37708	44564.3	715.9
三星	72656.1	30925	33407.7	3113.3
二星	15408.1	6397.5	3708.4	509.9
一星	60.1	17.5	42.6	
其他	156447.1	78599	62792.3	4363.4
4. 按经营方式分组				
独立门店	496685.9	207544.1	208844.3	38809.9
连锁总店(总部)				
连锁门店	8692.8	6781.9	1660.9	127.2
其他	19512.9	10138.1	7062.9	1065

表10—6　续表

指　　标	营业额	#客房收入	#餐费收入	#商品销售收入
二、餐饮业	811962.1	28553.6	751448.8	16831
其中:国有控股	55216.8	10322	40558.4	761.9
1. 按登记注册类型分组				
内资企业	519646.1	28553.6	461640.4	15772.1
国有企业	28594.7	4972.7	21820.7	761.9
集体企业	1920.3	630.8	1201.2	
股份合作企业	8078.4	2634.7	5331.8	
联营企业	1514.6	250	1264.6	
有限责任公司	122460.1	10542.8	101035.4	2051.7
股份有限公司	18525.5	384.7	16891.9	43.9
私营企业	327749.1	9091.2	304804.6	11533
其他	10803.4	46.7	9290.2	1381.6
港、澳、台商投资企业	50674.5		48167	1058.8
外商投资企业	241641.5		241641.4	0.1
2. 按国民经济行业分组				
正餐服务	507659.9	28357.1	451541.6	13809.8
快餐服务	289882.8	196.5	288538.4	0.1
饮料及冷饮服务	5024.2		3090.1	1913.6
其他餐饮服务	9395.2		8278.7	1107.5
3. 按经营方式分组				
独立门店	473384.3	24897.2	421977.8	15765.6
连锁总店(总部)	272052.6		271230.1	763.9
连锁门店	7547	162.3	7302.5	
其他	58978.2	3494.1	50938.4	301.5

表10—7 限额以上住宿和餐饮业法人企业主要财务状况(2010年)

计量单位:万元

指 标	资产总计	负债合计	所有者权益合计	
				#实收资本
总 计	1597231.1	1045688.2	551542.9	502182.4
一、住宿业	1128605.4	718947.9	409657.5	350701.2
其中:国有控股	626851.6	297068.8	329782.8	191335.5
1. 按登记注册类型分组				
内资企业	957284.1	546076.3	411207.8	261210
国有企业	291749.8	154353.5	137396.3	127074.5
集体企业	5795.5	3769.8	2025.7	2066
股份合作企业				
联营企业	1145.5	3346.7	—2201.2	300
有限责任公司	289679.2	232939.1	56740.1	66511.7
股份有限公司	223914.6	43705.2	180209.4	35450
私营企业	138935.4	102684.3	36251.1	29707.8
其他企业	6064.1	5277.7	786.4	100
港、澳、台商投资企业	111376.5	136004	—24627.5	52443.3
外商投资企业	59944.8	36867.6	23077.2	37047.9
2. 按国民经济行业分组				
旅游饭店	1076907.7	695792.3	381115.4	326089.7
一般饭店	44181.1	16151.3	28029.8	22437.1
其他住宿服务	7516.6	7004.3	512.3	2174.4
3. 按星级等级分组				
五星	458241.4	265556.6	192684.8	161108.1
四星	189602.7	107229.6	82373.1	72662.4
三星	137697.8	115200.9	22496.9	42337.7
二星	21376.9	13160	8216.9	4336.1
一星	29.8	82.2	—52.4	280
其他	321656.8	217718.6	103938.2	69976.9
4. 按经营方式分组				
独立门店	1100129.6	691965.6	408164	342525.9
连锁门店	6130.2	3227.2	2903	1900
其他	22345.6	23755.1	—1409.5	6275.3

表10—7 续表1

指标	资产总计	负债合计	所有者权益合计	#实收资本
二、餐饮业	468625.7	326740.3	141885.4	151481.2
其中:国有控股	35024.7	15543.1	19481.6	17928.5
1. 按登记注册类型分类				
内资企业	307556.3	229598.1	77958.2	91526.2
国有企业	20389.2	11497	8892.2	9346.7
集体企业	5050.6	2746.2	2304.4	2595.9
股份合作企业	2740.4	2048.3	692.1	693.4
联营企业	249.9	213.8	36.1	5
有限责任公司	93189.5	68173.9	25015.6	29063.1
股份有限公司	866.8	1596.7	—729.9	100
私营企业	180918.8	138691.3	42227.5	48686.1
其他企业	4151.1	4630.9	—479.8	1036
港、澳、台商投资企业	58968.5	23370.4	35598.1	38505.5
外商投资企业	102100.9	73771.8	28329.1	21449.5
2. 按国民经济行业分组				
正餐服务	345442.8	242780.3	102662.5	129613.5
快餐服务	119210.8	81453.4	37757.4	19888.2
饮料及冷饮服务	661.9	738.6	—76.7	220
其他餐饮服务	3310.2	1768	1542.2	1759.5
3. 按经营方式分组				
独立门店	284762.2	207254.9	77507.3	91712.1
连锁总店(总部)	118553.5	82273.8	36279.7	18940.7
连锁门店	5707.3	2505.5	3201.8	3710
其他	59602.7	34706.1	24896.6	37118.4

表 10—7　续表 2

指　　标	主营业务收入	主营业务成本	营业费用
总　　计	1202438.8	497121.4	368176.3
一、住宿业	466406.5	166456.7	125463.9
其中：国有控股	235155.8	88759.5	60916
1. 按登记注册类型分组			
内资企业	416653.8	153481.2	113130.8
国有企业	135621.4	50958.6	39440.3
集体企业	6085.8	3371.3	1059.6
股份合作企业			
联营企业	1738.4	398.9	695.2
有限责任公司	127400	36395.6	36923.7
股份有限公司	67105	33020.4	9424.6
私营企业	68838.1	24482.6	24243
其他企业	9865.1	4853.8	1344.4
港、澳、台商投资企业	26625.2	7896.2	7503.5
外商投资企业	23127.5	5079.3	4829.6
2. 按国民经济行业分组			
旅游饭店	420423.6	149902.4	109436.7
一般饭店	36733.7	12807.8	13712.6
其他住宿服务	9249.2	3746.5	2314.6
3. 按星级等级分组			
五星	154470.5	55687.9	33887
四星	90515.7	31074.3	22862.9
三星	68069.1	27787.9	18921.1
二星	14921.7	3441	5759.7
一星	55.8	39.7	30.5
其他	138373.7	48425.9	44002.7
4. 按经营方式分组			
独立门店	441562.7	160522.9	114976
连锁门店	6161.7	943.4	3145.9
其他	18682.1	4990.4	7342

表10—7 续表3

指 标	主营业务收入	主营业务成本	营业费用
二、餐饮业	736032.3	330664.7	242712.4
其中:国有控股	33138.7	13811.7	9703.9
1. 按登记注册类型分类			
内资企业	457410.4	235370.8	130240.3
国有企业	24662.8	11312.9	7731.3
集体企业	1895.3	908.8	351.2
股份合作企业	1161.5	582.6	383.1
联营企业	948.6	540	283.7
有限责任公司	110593.6	53059.4	30933.4
股份有限公司	1611	548.7	448.5
私营企业	307735.3	163552.6	87551.3
其他企业	8802.3	4865.8	2557.8
港、澳、台商投资企业	48505.8	19161.2	17314.8
外商投资企业	230116.1	76132.7	95157.3
2. 按国民经济行业分组			
正餐服务	455862.8	236126.2	127529.4
快餐服务	270382.1	90119.4	111544.4
饮料及冷饮服务	1961.2	778.9	758.7
其他餐饮服务	7826.2	3640.2	2879.9
3. 按经营方式分组			
独立门店	419140.1	215508.7	119596.3
连锁总店(总部)	271994	91655.2	111184.2
连锁门店	4259.3	2383	795.2
其他	40638.9	21117.8	11136.7

表 10—7　续表 4

指　　标	财务费用	营业利润	利润总额
总　　计	13200.6	51481.4	65967.9
一、住宿业	7694.6	15904.4	25148.2
其中:国有控股	3612.2	8323.8	15366.6
1. 按登记注册类型分组			
内资企业	8656.5	10669.4	20809.4
国有企业	2579.2	−2282.7	−468.5
集体企业	80.4	−34.3	193.5
股份合作企业			
联营企业	5.6	−293.5	−220.8
有限责任公司	3928.2	3156.8	3038.4
股份有限公司	11.2	10070.8	15711.5
私营企业	2015.5	−151	2359.6
其他企业	36.4	203.3	195.7
港、澳、台商投资企业	−2237.6	3360.5	3293
外商投资企业	1275.7	1874.5	1045.8
2. 按国民经济行业分组			
旅游饭店	7148.9	14728.3	23658.8
一般饭店	494.7	1348.3	1554.5
其他住宿服务	51	−172.2	−65.1
3. 按星级等级分组			
五星	414.6	15936	22246.1
四星	2691.5	100.6	201.1
三星	1511.7	−2591.6	−1829.7
二星	−0.6	3128.2	3573.1
一星	0.2	−27	−27
其他	3077.2	−641.8	984.6
4. 按经营方式分组			
独立门店	6822.3	15590	24429.1
连锁门店	117.8	608.3	691.1
其他	754.5	−293.9	28

表 10—7　续表 5

指　　标	财务费用	营业利润	利润总额
二、餐饮业	5506	35577	40819.7
其中:国有控股	105.1	439.1	633.6
1. 按登记注册类型分类			
内资企业	4379.3	4681.2	9124.8
国有企业	94.8	−92	111.7
集体企业	17.7	133.1	145.9
股份合作企业	12.5	17.6	48.1
联营企业	6	18.9	
有限责任公司	760	5547.5	5500.8
股份有限公司	14.4	−82.8	−132.8
私营企业	3386.8	−1169	3108.6
其他企业	87.1	307.9	342.5
港、澳、台商投资企业	213.6	3513.6	3494.6
外商投资企业	913.1	27382.2	28200.3
2. 按国民经济行业分组			
正餐服务	4602.2	1190.9	4574.8
快餐服务	873.4	34068.8	35901.8
饮料及冷饮服务	6.9	201.1	207.1
其他餐饮服务	23.5	116.2	136
3. 按经营方式分组			
独立门店	4005.9	2623.7	5937.3
连锁总店(总部)	908.8	33736.5	35235
连锁门店	93.1	−416.5	−405
其他	498.2	−366.7	52.4

表10—8　亿元以上商品交易市场基本情况（2010年）

指　　标	市场个数(个)	年末摊位总量（个）	年末出租摊位数	#出租给个体
合　　计	60	35985	34462	32690
一、按经营环境分				
（一）露天式	9	2875	2686	2686
（二）封闭式	47	31518	30314	28543
（三）其他	4	1592	1462	1461
二、按经营方式分				
（一）批发	20	13746	12859	11493
（二）零售	40	22239	21603	21197
三、按市场类别分				
（一）综合市场				
生产资料综合市场	1	795	749	749
工业消费品综合市场	5	2274	2256	2256
农产品综合市场	14	8607	8126	8024
其他综合市场	3	4494	4197	4197
（二）专业市场				
生产资料市场	7	4104	4001	2742
木材市场	1	864	785	785
建材市场	4	1955	1936	1936
金属材料市场	2	1285	1280	21
农产品市场	11	3603	3116	3083
粮油市场	2	168	168	168
肉禽蛋市场	2	412	412	382
水产品市场	3	2395	1932	1932
蔬菜市场	4	628	604	601
干鲜果品市场				
食品、饮料及烟酒市场				
纺织、服装、鞋帽市场	2	3700	3700	3663
服装市场	1	1617	1617	1617
其他纺织服装鞋帽市场	1	2083	2083	2046
日用品及文化用品市场	2	800	800	800
图书、报刊杂志市场	1	88	88	88
其他日用品及文化用品市场	1	712	712	712
电器、通讯器材、电子设备市场	1	248	248	174
家具、五金及装饰材料市场	9	7029	6964	6697
家具市场	3	923	898	772
装饰材料市场	2	834	834	834
五金材料市场	2	2268	2228	2228
其他装修市场	2	3004	3004	2863
汽车、摩托车及零配件市场	5	331	305	305
#汽车市场	5	331	305	305

表10—8 续表1

指　　标	本年商品成交额（亿元）	#商品零售额	营业面积（万平方米）
合　计	1130.62	327.11	282.79
一、按经营环境分			
（一）露天式	58.41	25.41	28.56
（二）封闭式	1032.51	288.01	247.58
（三）其他	39.71	13.69	6.65
二、按经营方式分			
（一）批发	850.74	103.63	160.92
（二）零售	279.88	223.48	121.86
三、按市场类别分			
（一）综合市场			
生产资料综合市场	9.38	0.00	6.60
工业消费品综合市场	31.01	23.56	8.27
农产品综合市场	153.16	34.03	47.71
其他综合市场	84.95	47.53	24.25
（二）专业市场			
生产资料市场	531.80	48.06	52.77
木材市场	8.87	0.36	0.88
建材市场	65.81	47.71	30.41
金属材料市场	457.12	0.00	21.48
农产品市场	137.51	28.96	34.98
粮油市场	30.32	7.07	2.80
肉禽蛋市场	36.37	0.31	1.34
水产品市场	60.77	21.51	27.40
蔬菜市场	10.04	0.07	3.44
干鲜果品市场			
食品、饮料及烟酒市场			
纺织、服装、鞋帽市场	49.15	48.87	8.05
服装市场	10.65	10.37	3.35
其他纺织服装鞋帽市场	38.50	38.50	4.70
日用品及文化用品市场	4.07	3.15	2.00
图书、报刊杂志市场	2.87	2.30	0.50
其他日用品及文化用品市场	1.20	0.85	1.50
电器、通讯器材、电子设备市场	5.45	4.62	0.47
家具、五金及装饰材料市场	98.20	66.25	86.50
家具市场	7.94	6.48	18.21
装饰材料市场	3.43	1.53	8.64
五金材料市场	23.31	21.31	8.01
其他装修市场	63.52	36.93	51.63
汽车、摩托车及零配件市场	25.94	22.08	11.18
#汽车市场	25.94	22.08	11.18

表 10—8　续表 2

指　　标	年末已出租摊位数(个)	成交额(亿元)
总　　计	34462	1130.62
1. 粮油、食品、饮料、烟酒类	10650	291.92
(1) 粮油、食品类	10101	257.68
其中：粮油类	616	62.67
肉禽蛋类	2535	77.12
水产品类	1549	55.33
蔬菜类	4576	38.41
干鲜果品类	453	18.71
(2) 饮料类	311	15.98
(3) 烟酒类	238	18.26
2. 服装、鞋帽、针纺织品类	6550	61.31
(1) 服装类	4324	39.00
(2) 鞋帽类	1146	9.90
(3) 针、纺织品类	1080	12.41
3. 化妆品类	51	1.80
4. 金银珠宝类	22	1.12
5. 日用品类	2384	35.35
其中：洗涤用品类	1617	26.60
童玩具类	63	1.25
6. 五金、电料类	2310	37.01
7. 体育、娱乐用品类	36	0.47
8. 书报杂志类	97	2.95
9. 电子出版物和音像制品类	14	0.49
10. 家用电器和音像器材类	150	3.12
11. 中西药品类	1	0.01
其中：西药类	1	0.01
12. 文化办公用品类	1107	8.56
13. 家具类	1441	31.49
14. 通讯器材类	2	0.01
15. 煤炭及制品类		
16. 木材及制品类	424	24.43
17. 石油及制品类		
18. 化工材料及制品类	56	0.64
其中：化肥类		
19. 金属材料类	1299	458.57
20. 建筑及装潢材料类	6516	130.55
21. 机电产品及设备类	134	1.01
其中：农机类		
22. 汽车类	305	25.94
23. 种子饲料类		
24. 棉麻类		
25. 其他类	913	13.86

表 10—9　批发和零售业、住宿和餐饮业连锁总店经营情况(2010 年)

计量单位:亿元

指　　标	连锁总店(个)	连锁门店(个)	#直营店	#加盟店
总　　计	50	11111	7758	3353
一、批发和零售业	39	10778	7426	3352
其中:外商及港澳台投资	8	2254	1106	1148
按零售业态分				
1. 便利店	1	12	12	
2. 折扣店				
3. 超市	3	2061	921	1140
4. 大型超市	3	20	20	
5. 仓储会员店				
6. 百货店	1	4	4	
7. 专业店	17	2390	2252	138
其中:加油站				
8. 专卖店	3	147	147	
9. 家居建材店	1	1	1	
10. 厂家直销中心				
11. 其他				
二、住宿业				
三、餐饮业	11	333	332	1
其中:外商及港澳台投资	3	288	288	
按行业分				
正餐	6	18	18	
快餐	5	315	314	1
茶馆				
其他餐饮				

表 10—9 续表 1

指　　标	商品购进总额	#接受统一配送商品金额	接受自有配送中心商品金额	接受非自有配送中心商品金额
总　　计	3474.19	2629.26	2533.28	33.34
一、批发和零售业	3464.76	2620.57	2527.49	32.99
其中:外商及港澳台投资	486.99	469.15	453.81	7.20
按零售业态分				
1. 便利店	0.24	0.24	0.09	0.14
2. 折扣店				
3. 超市	373.06	373.06	364.38	7.62
4. 大型超市	16.66	16.66	9.69	
5. 仓储会员店				
6. 百货店	2.60	0.15	0.15	
7. 专业店	1783.95	942.78	904.83	25.22
其中:加油站				
8. 专卖店	3.23	3.17	3.17	
9. 家居建材店	1.18	1.18		
10. 厂家直销中心				
11. 其他				
二、住宿业				
三、餐饮业	9.42	8.69	5.79	0.36
其中:外商及港澳台投资	8.14	7.60	5.27	0.06
按行业分				
正餐	0.82	0.82	0.52	0.30
快餐	8.60	7.87	5.27	0.06
茶馆				
其他餐饮				

表10—9 续表2

指标	商品销售总额	#商品零售额	零售营业面积（万平方米）	餐饮营业面积（万平方米）	年末从业人员数（人）
总计	3523.37	1894.44	1333.36	12.67	262352
一、批发和零售业	3523.37	1894.44	1333.36		241654
其中:外商及港澳台投资	491.32	415.93	302.22		82751
按零售业态分					
1. 便利店	0.25	0.20	0.22		61
2. 折扣店					
3. 超市	379.86	307.01	251.22		65755
4. 大型超市	20.83	20.83	22.50		4762
5. 仓储会员店					
6. 百货店	2.65	2.65	1.02		296
7. 专业店	1862.56	1047.65	489.92		130944
其中:加油站					
8. 专卖店	3.64	3.64	0.67		602
9. 家居建材店	1.05	1.05	0.55		130
10. 厂家直销中心					
11. 其他					
二、住宿业					
三、餐饮业				12.67	20698
其中:外商及港澳台投资				10.73	19169
按行业分					
正餐				1.32	634
快餐				11.35	20064
茶馆					
其他餐饮					

表 10—9 续表 3

指 标	营业额	#餐费和商品销售额	餐位数（个）	自有配送中心面积（万平方米）	自有配送中心拥有运输车辆（台）
总 计	27.22	27.21	45492	154.81	834
一、批发和零售业				153.98	818
其中:外商及港澳台投资				52.40	125
按零售业态分					
1. 便利店				0.03	1
2. 折扣店					
3. 超市				18.12	106
4. 大型超市				24.00	
5. 仓储会员店					
6. 百货店				0.25	2
7. 专业店				92.93	469
其中:加油站					
8. 专卖店				0.06	6
9. 家居建材店					
10. 厂家直销中心					
11. 其他					
二、住宿业					
三、餐饮业	27.22	27.21	45492	0.83	16
其中:外商及港澳台投资	24.72	24.72	39034	0.67	13
按行业分					
正餐	1.34	1.34	3680	0.15	3
快餐	25.88	25.87	41812	0.67	13
茶馆					
其他餐饮					

表 10—10　批发和零售业、住宿和餐饮业连锁分店经营情况(2010 年)

计量单位:亿元

指　标	连锁门店数(个)	#直营店	#加盟店	商品购进总额	#统一配送商品购进额
总　计	3	3		7.22	7.22
一、批发和零售业	3	3		7.22	7.22
其中:外商及港、澳台投资					
按零售业态分					
1. 便利店					
2. 折扣店					
3. 超市					
4. 大型超市	1	1		2.53	2.53
5. 仓储会员店	2	2		4.69	4.69
6. 百货店					
7. 专业店					
其中:加油店					
8. 专卖店					
9. 家居建材店					
10. 厂家直销中心					
11. 其他					
二、住宿业					
三、餐饮业					
其中:外商及港澳台投资					

表10—10　续表

指　　标	商品销售总额	#商品零售额	零售或住宿和餐饮营业面积（万平方米）	从业人员数（人）
总　　计	8.17	8.17	3.24	651
一、批发和零售业	8.17	8.17	3.24	651
其中:外商及港、澳台投资				
按零售业态分				
1. 便利店				
2. 折扣店				
3. 超市				
4. 大型超市	3.05	3.05	1.70	306
5. 仓储会员店	5.12	5.12	1.54	345
6. 百货店				
7. 专业店				
其中:加油店				
8. 专卖店				
9. 家居建材店				
10. 厂家直销中心				
11. 其他				
二、住宿业				
三、餐饮业				
其中:外商及港澳台投资				

表10—11 主要年份社会消费品零售总额

计量单位:亿元

年 份	社会消费品零售总额			
		批发和零售业	住宿和餐饮业	其他行业
1949	0.77			
1952	2.49			
1957	4.33			
1962	5.22			
1965	5.28			
1970	6.13			
1975	8.26			
1978	10.69			
1980	15.84			
1985	34.84			
1990	72.79			
1994	205.33			
1995	261.72			
1997	376.07			
1998	416.69	371.02		
1999	459.32	408.27		
2000	509.39	453.35		
2002	637.23	556.52		
2003	728.99	633.86		
2004	863.85	764.02	89.07	10.76
2005	1006.20	885.72	108.19	12.29
2006	1169.60	1029.39	126.28	13.93
2007	1385.30	1209.36	158.15	17.79
2008	1659.60	1442.56	195.08	21.96
2009	1935.49	1704.08	231.41	—
2010	2288.74	2055.38	212.39	20.97

主要统计指标解释

社会消费品零售总额 指批发和零售业、住宿和餐饮业以及其他行业直接售给城乡居民和社会集团的消费品零售额。其中，对居民的消费品零售额，是指售予城乡居民用于生活消费的商品金额；对社会集团的消费品零售额，是指售给机关、社会团体、部队、学校、企事业单位、居委会或村委会等，公款购买的用作非生产、非经营使用与公共消费的商品金额。

社会消费品零售总额包括：售给城乡居民作为生活消费用的商品和修建房屋用的建筑材料的金额，以及售给来华的外国人、华侨、港澳台同胞的消费品金额；售给社会集团用作非生产、非经营使用与公共消费的商品金额。

不包括：

(1) 农民之间相互买卖的商品；

(2) 城市居民间或居民委托信托商店卖出的商品；

(3) 售给农业、工业、建筑业等行业用于生产的商品；

(4) 售予从事批发和零售业务的单位或个体户用于转卖的商品；

(5) 售予从事餐饮业务的单位或个体户用于转卖或加工后转卖的商品；

(6) 售予从事住宿或其他居民服务业的单位或个体户用于经营或转卖的商品；

(7) 售予城乡居民已确知是用于生产、经营的商品；

(8) 售予各类农业生产者的生产资料类商品；

(9) 售予企业单位生产上专用的劳动保护用品；

(10) 售予城乡居民的商品房。

商品购进总额 指从本企业以外的单位和个人购进（包括从国外直接进口）作为转卖或加工后转卖的商品金额（含增值税）。本指标反映批发和零售业从国内外市场上购进商品的总价。

商品销售额 指对本单位以外的单位和个人出售的商品金额（包括售给本单位消费用的商品，含增值税），本指标反映批发和零售业在国内市场上销售商品以及出口商品的总量。

商品批发额 指商品零售额以外的一切商品销售额。包括售给生产经营单位用于生产或经营用的商品销售额；售给批发零售贸易业、餐饮业用于转卖或加工后转卖的商品销售额；直接向国（境）外出口和委托外贸部门代理出口的商品销售额。

商品零售额 指售给城乡居民用于生活消费、售给社会集团用公款购买用作非生产、非经营使用的商品销售额。

期末商品库存额 对于批发和零售业法人企业和个体经营户，是指取得所有权的全部商品金额（含增值税）；对于批发和零售业产业活动单位，是指期末实际在库且归属法人具有所有权的全部商品金额（含增值税）。这个指标反映批发和零售业的商品库存情况，以及对市场商品供应的保证程度。

亿元以上商品交易市场 指年成交额在亿元及以上的商品交易市场。商品交易市场是指经有关部门和组织批准设立，有固定场所、设施，有经营管理部门和监管人员，若干市场经营者入内，常年或实际开业三个月以上，集中、公开、独立地进行生活消费品、生产资料等现货商品交易以及提供相关服务的交易场所，包括各类消费品市场、生产资料市场等。

商品成交额 指市场所有摊位业主商品交易额之和。

消费品零售额 指市场所有摊位业主商品交易总额之和中直接售予城乡居民用于生活消费和社会集团用于公共消费的商品金额。

营业面积 指市场营业用场地、仓库等营业用建筑面积，不包括为市场经营服务的办公室和附设的旅馆、招待所、餐馆、停车场等的面积。

连锁总店（总部） 负责连锁企业资源（商号、商誉、经营模式、服务标准、管理模式等等）的开发、配置、控制或使用等功能的企业核心管理机构。

连锁经营分店 指连锁经营的核心企业或单位（总店）所属各分散经营的门店，也称为成员店。

门店数 指该连锁企业所拥有的全部连锁门店数量，包括总店（如果总公司有门店的话）和全部直营分店、加盟分店数。总店作为一个直营店处理。控股店按直营店统计。直营店和加盟店之和应等于门店总数。

直营连锁 也叫正规连锁。连锁门店均由总部全资或控股开设，在总部的直接领导下统一经营。

加盟连锁 加盟连锁包括特许连锁和自由连锁。

统一配送商品购进额 指企业统一购进商品后，配送到门店（包括加盟店）的商品金额（按购进价计算）。非自有配送中心配送比重指由第三方物流配送的商品购进额。直营店和加盟店的配送商品购进额，是指由总部统一配送或接受统一配送的商品购进额，而不是直营店和加盟店对外的配送商品购进额。

自有配送中心配送商品购进额 指连锁总部从自有配送中心购进商品的金额。

非自有配送中心配送商品购进额 指连锁总部从第三方物流配送中心购进商品的金额。

配送中心 是连锁企业的物流机构，承担着各门店所需商品的进货、库存、分货、加工、集配、运输、送货等任务。配送中心主要为本连锁企业服务，也可面向社会。如本企业没有配送中心而是利用本企业以外的物流中心配送，可不填自有配送中心数、配送中心面积和运输车辆，但应填统一配送商品购进额。

营业额 指住宿和餐饮业法人企业、产业活动单位在经营活动中因提供服务或销售商品等取得的收入。

包括：客房收入、餐费收入、商品销售额（含增值税）和其他收入。

客房收入 指住宿和餐饮业法人企业、产业活动单位在经营活动中因提供住宿服务取得的客房收入。

餐费收入 指住宿和餐饮业法人企业、产业活动单位因为顾客提供就餐服务取得的收入。包括：经烹饪、调制加工后出售的各种食品，如主食、炒菜、凉拌菜等的收入。

商品销售额 指住宿和餐饮业法人企业、产业活动单位伴随服务而出售商品所取得的销售总额（含增值税）。

年末餐饮营业面积 指住宿和餐饮业法人企业、产业活动单位对外提供就餐服务的门店建筑面积和从事食品加工、烹饪、调制的厨房面积，不包括办公用房和仓库等面积。该指标按年末实有面积统计。

批发和零售业、住宿和餐饮业统计限额标准

行业类别	统计指标名称	计量单位	限额以上企业
批发业	年主营业务收入	万元	2000及以上
零售业	年主营业务收入	万元	500及以上
住宿业	年主营业务收入	万元	200及以上
餐饮业	年主营业务收入	万元	200及以上

（十一）对外经济贸易和旅游业

CHAPTER 11 FOREIGN TRADE AND ECONOMIC COOPERATION, TOURISM

表11—1 利用外资

指　　标	2010年	2009年	2010年为上年%
新签外商投资项目(个)	387	333	116.2
合资经营	84	86	97.7
合作经营	4	6	66.7
外商独资	297	240	123.8
外商股份制	2	1	200.0
新签合同外资(万美元)	477760	455898	104.8
合资经营	89930	74492	120.7
合作经营	5799	9763	59.4
外商独资	378527	353723	107.0
外商股份制	3504	17920	19.6
实际使用外资(万美元)	281601	239199	118.0
第一产业	257	678	37.9
第二产业	152995	122822	124.6
第三产业	128349	115699	110.9

注:本表数据由市投资促进委员会提供。

表11—2 对外劳务和承包工程情况

指　　标	2010年	2009年	2010年为上年%
一、新签合同数(个)	143	159	89.9
二、新签合同金额(万美元)	123761	115012	107.6
三、完成营业额(万美元)	130922	115684	113.2
四、期末在外人员(人)	8473	5406	156.7

注:本表数据由市商务局提供。

表11—3 涉外税收

计量单位:万元

指　　标	2010年	2009年	2010年为上年%
合　　计	3009111	2416536	124.5
流转税	1226214	1123530	109.1
企业所得税	557018	400528	139.1
个人所得税	124809	98704	126.5
车船使用牌照税	472	526	89.7
城市房地产税	24465	21315	114.8
其他各税	97435	73947	131.8
海关代征	978698	697986	140.2

注:本表数据由市国税局和地税局提供。

表11—4　海关统计进出口贸易(2010年)

计量单位:万美元

指　标	2010年	2010年为上年%
一、进出口总值(经营单位口径)	4560125	135.1
1. 出口	2488488	134.8
#三资企业	835103	128.8
高新技术产品	692816	137.8
2. 进口	2071637	135.5
#三资企业	1143698	128.5
高新技术产品	765736	126.3
二、进出口总值(境内目的地、货源地)	4437986	130.5
1. 出口(境内货源地)	1980893	127.4
#三资企业	846579	130.0
2. 进口(境内目的地)	2457093	133.1
#三资企业	1047241	124.7
三、进出口总值(口岸口径)	2432331	123.5
1. 出口	1245405	123.0
#新生圩	1006395	125.9
2. 进口	1186926	124.0
#新生圩	746932	118.9

表11—5 进出口商品贸易方式总值表(按经营单位)(2010年)

计量单位:万美元

贸易方式	进出口		出口		进口	
	数值	增长%	数值	增长%	数值	增长%
总值	4560124.8	35.1	2488488.1	34.8	2071636.7	35.5
一般贸易	2775371.9	40.9	1560422.1	37.3	1214949.8	45.7
国家间、国际组织无偿援助和赠送的物资	1348.4	−11.5	1348.4	−11.5	0.00	—
捐赠物资	3.80	−98.3	0.00	−100.0	3.80	31.0
补偿贸易	9.80	—	9.8	—	0.00	—
来料加工装配贸易	377015.5	−3.7	200265.6	1.2	176749.9	−8.7
进料加工贸易	1081990.7	34.5	658240.2	41.3	423750.5	25.1
寄售代销贸易	0.00	—	0.00	—	0.00	—
边境小额贸易	0.00	—	0.00	—	0.00	—
加工贸易进口设备	46.50	−1.9	0.00	—	46.50	−1.9
对外承包工程出口货物	47453.7	45.3	47453.7	45.3	0.00	—
租赁贸易	23.90	−85.3	7.80	—	16.10	−90.1
外商投资企业作为投资进口的设备、物品	30121.9	37.4	0.00	—	30121.9	37.4
出料加工贸易	6.60	—	2.40	—	4.20	—
易货贸易	0.00	—	0.00	—	0.00	—
免税外汇贸易	0.00	—	0.00	—	0.00	—
保税仓库进出境货物	218382.2	50.0	9305.0	−10.1	209077.3	54.6
保税区仓储转口货物	18394.7	—	9518.8	—	8875.9	—
出口加工区进口设备	3495.6	140.5	0.00	—	3495.6	140.5
其他	6459.7	32.9	1914.4	45.8	4545.3	28.2

表 11—6 进口商品贸易方式企业性质总值表(按经营单位)(2010 年)

计量单位:万美元

贸易方式	合计		国有企业		外商投资企业		集体企业		私营企业	
	数值	增长%	数值	增长%	数值	增长%	数值	增长%	数值	增长%
总值	2071636.6	35.5	768910.7	45.9	1143698.1	28.5	6056.3	116.6	152875.5	40.4
一般贸易	1214949.8	45.7	672355.1	43.7	445146.6	49.8	4779.0	116.8	92637.4	38.7
国家间、国际组织无偿援助和赠送的物资	0.0	—	0.0	—	0.00	—	0.0	—	0.0	—
捐赠物资	3.8	26.7	3.3	37.5	0.0	—	0.0	—	0.2	0.0
补偿贸易	0.0	—	0.0	—	0.0	—	0.0	—	0.0	—
来料加工装配贸易	176750.0	−8.7	10280.2	−2.7	164832.9	−8.9	8.9	−73.5	1599.8	−21.6
进料加工贸易	423750.5	25.1	45185.2	28.4	347218.6	21.2	923.1	191.4	30396.8	80.9
寄售代销贸易	0.0	—	0.0	—	0.0	—	0.0	—	0.0	—
边境小额贸易	0.0	—	0.0	—	0.0	—	0.0	—	0.0	—
加工贸易进口设备	46.5	−1.9	0.0	—	43.3	−8.6	0.0	—	3.2	—
对外承包工程出口货物	0.0	—	0.0	—	0.0	—	0.0	—	0.0	—
租赁贸易	16.2	−90.0	0.0	−100.0	16.2	−85.9	0.0	—	0.0	—
外商投资企业作为投资进口的设备、物品	30121.9	37.4	0.0	—	30121.9	37.4	0.0	—	0.0	—
出料加工贸易	4.2	—	4.2	—	0.0	—	0.0	—	0.0	—
易货贸易	0.0	—	0.00	—	0.0	—	0.0	—	0.0	—
免税外汇商品	0.0	—	0.00	—	0.0	—	0.0	—	0.0	—
保税仓库进出境货物	209077.3	54.6	33198.1	150.9	148800.5	50.8	344.0	42.9	26728.2	15.6
保税区仓储转口货物	8875.9	—	7434.4	—	267.4	—	0.0	—	1174.1	—
出口加工区进口设备	3495.6	140.5	0.0	—	3495.6	141.1	0.0	—	0.0	−100.0
其他	4545.4	28.2	450.3	42.3	3755.4	21.7	1.3	30.0	335.9	145.2

表11—7 出口商品贸易方式企业性质总值表(按经营单位)2010年

计量单位:万美元

贸易方式	合计		国有企业		外商投资企业		集体企业		私营企业	
	数值	增长%	数值	增长%	数值	增长%	数值	增长%	数值	增长%
总　值	2488488.10	34.8	1063166.00	30.2	835103.40	28.8	8452.0	29.1	577134.0	55.5
一般贸易	1560422.10	37.3	833975.0	30.8	277990.00	52.4	4864.0	31.8	442078.5	42
国家间、国际组织无偿援助和赠送的物资	1348.40	−11.5	999.0	−24.6	0.00	—	0.0	—	349.5	76
捐赠物资	0.00	−100	0.0	−100	0.00	—	0.0	—	0.0	—
补偿贸易	9.80	—	0.0	—	9.80	—	0.0	—	0.0	—
来料加工装配贸易	200265.60	1.2	7796.0	−18.4	190192.10	3.1	16.2	−43.4	2261.3	−40.7
进料加工贸易	658240.20	41.3	170348.0	29.8	361954.90	29.3	3570.0	26.2	122367.5	136.5
寄售代销贸易	0.00	—	0.0	—	0.00	—	0.0	—	0.0	—
边境小额贸易	0.00	—	0.0	—	0.00	—	0.0	—	0.0	—
加工贸易进口设备	0.00	—	0.0	—	0.00	—	0.0	—	0.0	—
对外承包工程出口货物	47453.70	45.3	47305.0	45.4	87.10	53.9	0.0	—	61.9	−3.3
租赁贸易	7.80	—	0.0	—	7.80	—	0.0	—	0.0	—
外商投资企业作为投资进口的设备、物品	0.00	—	0.0	—	0.00	—	0.0	—	0.0	—
出料加工贸易	2.40	—	2.4	—	0.00	—	0.0	—	0.0	—
易货贸易	0.00	—	0.0	—	0.00	—	0.0	—	0.0	—
免税外汇商品	0.00	—	0.0	—	0.00	—	0.0	—	0.0	—
保税仓库进出境货物	9304.90	−10.1	2657.0	−56.8	1593.70	327.7	0.0	—	5054.0	32
保税区仓储转口货物	9518.90	—	3,12	—	1940.90	—	0.0	—	4458.2	—
出口加工区进口设备	0.00	—	0.0	—	0.00	—	0.0	—	0.0	—
其他	1914.40	45.8	83.6	0.5	1327.00	45.2	1.2	—	502.4	60.8

表 11—8　进出口商品国别(地区)总值表(按经营单位)(2010 年)

计量单位:万美元

进口原产国(地区)或出口最终目的国(地区)	进出口		出　口		进　口	
	数值	增长%	数值	增长%	数值	增长%
总　　值	4560124.8	35.1	2488488.1	34.8	2071636.7	35.5
亚洲	2368230.4	42.2	970180.4	41.9	1398050.1	42.4
#香港	134309.7	47.4	129117.0	52.7	5192.7	−21.1
印度	130725.0	56.5	97630.8	39.3	33094.3	145.8
印度尼西亚	54195.5	28.1	29800.1	18.9	24395.4	41.5
日本	602185.5	79.1	231852.3	80.2	370333.1	78.5
澳门	306.3	33.9	302.8	33.3	3.4	100.0
马来西亚	58178.5	26.2	20414.6	−2.6	37763.9	50.1
巴基斯坦	13245.8	38.9	12121.9	33.9	1123.9	133.8
菲律宾	26896.1	60.6	10533.2	11.6	16362.9	124.1
新加坡	90445.4	25.1	69404.0	22.1	21041.4	36.1
韩国	677246.9	17.7	125327.4	28.3	551919.5	15.5
泰国	70010.6	68.8	24427.3	40.1	45583.3	89.6
台湾省	240027.7	42.4	46557.9	52.4	193469.8	40.1
非洲	175411.1	41.6	122657.1	29.1	52754.0	82.9
欧洲	1058591.5	29.9	730706.8	39.5	327884.7	12.7
#比利时	33465.7	16.2	23250.6	4.1	10215.1	58.0
丹麦	14029.1	40.8	10426.1	53.7	3603.0	13.2
英国	80623.2	22.9	65954.1	23.1	14669.2	22.1
德国	325609.4	33.3	171187.4	37.9	154422.0	28.5
法国	77420.5	18.1	63579.0	29.5	13841.5	−15.7
意大利	105086.7	40.1	77550.0	42.4	27536.7	34.0
荷兰	90305.1	47.2	77623.8	46.6	12681.3	50.7
西班牙	39739.8	19.6	33649.3	28.9	6090.6	−14.7
芬兰	15282.2	10.7	10568.3	7.8	4713.9	18.1
挪威	8299.0	−0.7	4420.1	−8.7	3878.9	10.5

表11—8 续表

进口原产国(地区)或出口最终目的国(地区)	进出口		出 口		进 口	
	数值	增长%	数值	增长%	数值	增长%
瑞典	67670.7	15.6	33829.4	122.2	33841.3	−21.8
瑞士	16091.7	51.6	7438.4	28.1	8653.3	79.9
白俄罗斯	1598.5	121.9	716.5	91.7	881.9	154.4
俄罗斯联邦	35910.8	19.6	28023.3	97.7	7887.5	−50.3
乌克兰	9251.4	−40.8	8572.4	60.6	679.0	−93.4
捷克共和国	31156.4	191.5	27849.6	204.0	3306.8	116.5
拉丁美洲	210274.3	4.1	160260.2	15.9	50014.1	−21.6
北美洲	586744.4	27.1	429853.4	18.5	156891.0	58.6
#加拿大	82365.2	51.8	50200.5	15.0	32164.7	203.1
美国	504352.0	23.8	379625.7	19.0	124726.3	41.3
大洋洲	160743.8	50.6	74830.3	76.4	85913.5	33.6
#澳大利亚	112952.5	37.2	49963.8	59.1	62988.7	23.7
新西兰	23779.1	54.1	4368.1	10.0	19411.0	69.4
亚太经合组织	2875668.4	34.4	1285097.4	31.9	1590571.1	36.4
东南亚国家联盟	341479.9	35.1	190376.1	19.0	151103.8	63.0
欧洲联盟	989768.4	32.6	684074.9	39.4	305693.5	19.7

注:1. 东南亚国家联盟包括:文莱、印度尼西亚、马来西亚、菲律宾、新加坡、泰国、越南、缅甸、老挝、柬埔寨。
2. 欧洲联盟包括:比利时、丹麦、英国、德国、法国、爱尔兰、意大利、卢森堡、荷兰、希腊、葡萄牙、西班牙、奥地利、芬兰、瑞典、塞浦路斯、捷克、爱沙尼亚、匈牙利、拉脱维亚、立陶宛、马耳他、波兰、斯洛伐克、斯洛文尼亚、保加利亚、罗马尼亚。
3. 亚太经济合作组织包括:文莱、中国香港、印度尼西亚、日本、马来西亚、菲律宾、新加坡、韩国、泰国、中国、中国台湾、智利、墨西哥、加拿大、美国、澳大利亚、新西兰、巴布亚新几内亚、俄罗斯、秘鲁、越南。

表 11—9　南京与国外缔结的友好城市

国　别	城　市	缔结日期
日　本	名古屋市	1978 年 12 月 21 日
美　国	圣路易斯市	1979 年 11 月 2 日
意大利	佛罗伦萨市	1980 年 2 月 22 日
荷　兰	艾因霍温市	1985 年 10 月 9 日
德　国	莱比锡市	1988 年 5 月 21 日
墨西哥	墨西卡利市	1991 年 10 月 14 日
塞浦路斯	利马索尔市	1992 年 9 月 23 日
韩　国	大田市	1994 年 11 月 14 日
加拿大	伦敦市	1997 年　5 月 7 日
澳大利亚	珀斯市	1998 年 5 月 18 日
南　非	布隆方丹市	2000 年 3 月
哥伦比亚	巴兰基亚市	2001 年 6 月 3 日
马来西亚	马六甲	2008 年 10 月 31 日

注：本表资料由市外办提供。

表11—10　旅游经济主要指标

指　标	2010年	2009年	2010年为上年%
全市接待国内外旅游者(万人次)	6496.88	5633.36	115.3
国内旅游者	6366	5519.91	115.3
入境旅游者	130.88	113.45	115.4
全市因私出境旅游者(万人次)	32.9	30.36	108.4
国际旅游创汇收入(亿美元)	9.81	8.37	117.1
全市旅游总收入(亿元)	951.61	822.16	115.7
全市拥有星级宾馆饭店(家)	121	131	92.4
全市拥有旅行社(家)	476	450	105.8
#从事国际旅游业务	18	16	112.5
全市拥有旅游A级景区(个)	48	47	102.1
#5A级旅游景区	2	1	200
4A级旅游景区	10	9	111.1

注:本表数据由市旅游园林局提供。

表11—11 接待入境旅游人数

计量单位:人次

指　　标	2010年	2009年	2010年为上年%
接待入境旅游人数	1308768	1134515	115.4
(一)外国人	867952	743999	116.7
1. 亚洲合计	400787	349508	114.7
#日本	121486	107073	113.5
菲律宾	4370	3859	113.2
新加坡	54480	46119	118.1
泰国	8658	8007	108.1
印度尼西亚	15960	11230	142.2
马来西亚	69650	71367	97.6
韩国	90482	72002	125.7
2. 美洲合计	160205	130475	122.8
#美国	112720	98369	114.6
加拿大	32357	21557	150.1
3. 欧洲合计	236884	209517	113.1
#英国	38984	34745	112.2
法国	23491	29527	113.5
德国	71561	64176	111.5
意大利	26597	21348	124.6
西班牙	10323	8992	114.8
4. 大洋洲合计	42242	33323	126.8
#澳大利亚	33909	28534	118.9
新西兰	3440	2808	122.6
5. 非洲合计	15261	9517	160.4
6. 其他	12573	11659	107.9
(二)香港同胞	171023	155470	110.0
(三)澳门同胞	10988	10664	103.0
(四)台湾同胞	258805	224382	115.4
平均每天来宁人数	3586	3108	115.4

注:本表数据由市旅游园林局提供。

表11—12 部分年份对外贸易主要指标

单位:亿美元

年份	进出口总额经营单位	出口	#三资企业出口	进口
1990	3.64	1.58	0.11	2.06
1995	51.74	38.06	2.52	13.68
2000	91.02	53.69	9.2	37.33
2002	100.94	60.11	10.79	40.83
2003	147.12	76.65	19.57	70.47
2004	206.39	104.60	36.96	101.79
2005	270.90	142.45	60.3	128.45
2006	315.35	173.65	77.22	141.70
2007	362.00	206.46	86.26	155.53
2008	405.92	235.97	88.22	169.95
2009	337.45	184.59	64.81	152.86
2010	456.01	248.85	83.51	207.16

表11—13 部分年份开放型经济主要指标

单位:亿美元

年份	实际使用外资	注册合同外资	投资总额	对外承包劳务完成营业额
1990	0.70	0.37	—	0.16
1995	4.15	12.3	—	0.65
2000	8.13	20.79	38.55	1.37
2002	15.02	21.7	46.76	3.17
2003	22.10	40.09	73.02	4.16
2004	25.66	45.15	77.11	4.60
2005	20.09	25.58	82.53	4.83
2006	17.02	30.82	69.78	6.07
2007	20.61	37.85	80.16	7.44
2008	23.72	44.60	56.74	10.26
2009	23.92	45.59	74.42	11.57
2010	28.16	47.78	95.35	13.09

表 11—14 部分年份旅游经济主要指标

单位:万人次

年份	国内旅游人数	入境旅游人数				
			外国人	香港同胞	澳门同胞	台湾同胞
1990	—	26.33	7.29	—	18.79	—
1995	654	23.17	12.77	0.2	5.66	4.54
2000	1501	41.9	22.69	8.26	0.44	10.51
2002	2076	56.13	32.02	9.38	0.43	14.30
2003	2206	51.51	31.11	9.44	0.36	10.60
2004	2800	71.97	47.17	11.26	0.44	13.1
2005	3220	87.63	51.41	15.09	0.41	20.72
2006	3800	100.92	64.66	15.97	0.6	19.69
2007	4489	116.12	76.33	16.73	0.77	22.28
2008	4960	119.52	77.85	17.23	0.86	23.58
2009	5520	113.45	74.40	15.55	1.07	22.44
2010	6366	130.88	86.80	17.10	1.10	25.88

表 11—14 续表

年份	旅游总收入(亿元)		
		国内旅游收入(亿元)	国际旅游收入(亿美元)
1990	0.31	—	0.31
1995	62.36	53.89	1.02
2000	155.99	137.66	2.21
2002	220.40	193.59	3.23
2003	244.00	217.60	3.18
2004	320.00	277.90	5.08
2005	379.00	333.00	5.76
2006	462.80	408.08	6.77
2007	585.45	530.51	8.08
2008	714.30	654.00	8.73
2009	822.16	765.00	8.37
2010	951.61	885.95	9.81

主要统计指标解释

进出口总额 海关进出口总额指实际进出我国国境的货物总金额。包括对外贸易实际进出口货物，来料加工装配进出口货物，国家间、联合国及国际组织无偿援助物资和赠送品，华侨、港澳台同胞和外籍华人捐赠品，租赁期满归承租人所有的租赁货物，进料加工进出口货物，边境地方贸易及边境地区小额贸易进出口货物（边民互市贸易除外），中外合资企业、中外合作经营企业、外商独资经营企业进出口货物和公用物品，到、离岸价格在规定限额以上的进出口货样和广告品（无商业价值、无使用价值和免费提供出口的除外），从保税仓库提取在中国境内销售的进口货物，以及其他进出口货物。进出口总额用以观察一个国家在对外贸易方面的总规模。我国规定出口货物按离岸价格统计，进口货物按到岸价格统计。

商品经营单位所在地进、出口额 指所在地海关注册登记的有进出口经营权的企业实际进、出口额。

商品目的地进口额和商品货源地出口额 目的地进口额指进口货物的消费、使用或最终抵运地的实际进口额，货源地出口额是指出口货物的产地或原始发货地的实际出口额。

利用外资 指我国各级政府、部门、企业和其他经济组织通过对外借款、吸收外商直接投资以及用其他方式筹措的境外现汇、设备、技术等。

对外借款 是我国利用外资的重要部分。指通过对外正式签订借款协议，从境外筹措的资金，包括外国政府贷款、国际金融组织贷款、外国银行商业贷款、出口信贷以及对外发行债券等。1996年及以前还包括对外发行股票。

外商直接投资 指外国企业和经济组织或个人（包括华侨、港澳台胞以及我国在境外注册的企业）按我国有关政策、法规，用现汇、实物、技术等在我国境内开办外商独资企业、与我国境内的企业或经济组织共同举办中外合资经营企业、合作经营企业或合作开发资源的投资（包括外商投资收益的再投资）。

外商其他投资 指除对外借款和外商直接投资以外的各种利用外资的形式。包括企业在境内外股票市场公开发行的以外币计价的股票（目前主要是在香港证券市场发行的H股和在境内证券市场发行的B股）发行价总额，国际租赁进口设备的应付款，补偿贸易中外商提供的进口设备、技术、物料的价款，加工装配贸易中外商提供的进口设备、物料的价款。

对外承包工程 指各对外承包公司以招标议标承包方式承揽的下列业务：（1）承包国外工程建设项目，（2）承包我国对外经援项目，（3）承包我国驻外机构的工程建设项目，（4）承包我国境内利用外资进行建设的工程项目，（5）与外国承包公司合营或联合承包工程项目时我国公司分包部分，（6）对外承包兼营的房屋开发业务。对外承包工程的营业额是以货币表现的本期内完成的对外承包工程的工作量，包括以前年度签订的合同和本年度新签订的合同在报告期内完成的工作量。

对外劳务合作　指以收取工资的形式向业主或承包商提供技术和劳动服务的活动。我国对外承包公司在境外开办的合营企业，中国公司同时又提供劳务的，其劳务部分也纳入劳务合作统计。劳务合作营业额按报告期内向雇主提交的结算数（包括工资、加班费和奖金等）统计。

旅游者人数　包括入境国际旅游者人数、出境居民人数和国内旅游者人数。

（1）入境国际旅游者人数：指来中国参观、访问、旅行、探亲、访友、休养、考察、参加会议和从事经济、科技、文化、教育、宗教等活动的外国人、华侨、港澳同胞和台湾同胞的人数。不包括外国在我国的常驻机构，如使领馆、通讯社、企业办事处的工作人员；来我国常住的外国专家、留学生以及在岸逗留不过夜人员。

（2）出境居民人数：指大陆居民因公务活动或私人事务短期出境的人数。公务活动出境居民人数包括在国际交通工具上的中国服务员工，因私出境居民人数不包括在国际交通工具上的中国服务员工。

（3）国内旅游者人数：指我国大陆居民和在我国常住 1 年以上的外国人、华侨、港澳台同胞离开常住地在境内其他地方的旅游设施内至少停留一夜，最长不超过 6 个月的人数。

国际旅游（外汇）收入　指入境旅游的外国人、华侨、港澳同胞和台湾同胞在中国大陆旅游过程中发生的一切旅游支出，对于国家来说就是国际旅游（外汇）收入。

（十二）财政、金融和保险

CHAPTER 12
FINANCE, BANKING AND INSURANCE

2011' NANJING STATISTICAL YEARBOOK 2011' NANJING STATISTICAL YEARBOOK 2011' NANJING STATISTICAL YEARBOOK 2011' NANJING STATISTICAL YEARBOOK

表 12—1　财政收入

计量单位:亿元

指　　标	2010 年	2009 年	2010 年为上年%
全市财政收入	1075.25	901.15	119.3
1. 地方一般预算收入	518.80	434.51	119.4
增值税 25%	71.15	62.44	114.0
营业税	140.53	123.34	113.9
企业所得税 40%	68.79	51.08	134.7
个人所得税 40%	31.30	25.32	123.6
城市维护建设税	26.24	21.67	121.1
其他各项收入	180.79	150.66	120.0
2. 上划中央收入	556.45	466.64	119.2
增值税 75%	227.94	200.64	113.6
国内消费税	178.38	151.4	117.8
企业所得税 60%	103.18	76.63	134.6
个人所得税 60%	46.95	37.97	123.6
附:地方一般预算收入构成(%)	100	100	—
增值税 25%	13.7	14.4	—
营业税	27.1	28.4	—
企业所得税 40%	13.3	11.8	—
个人所得税 40%	6.0	5.8	—
城市维护建设税	5.1	5.0	—
其他各项收入	34.8	34.6	—

注:本表由市财政局提供,各项相关指标发展速度为剔除出口货物退税等不可比因素后的同口径比较数。

表12—2 地方财政一般预算支出

计量单位:亿元

指　　标	2010年	2009年	2010年为上年%
地方财政一般预算支出	542.18	461.27	117.5
#一般公共服务	66.63	61.34	108.6
公共安全	42.12	35.62	118.3
教育	76.50	64.07	119.4
科学技术	16.51	13.79	119.7
文化体育与传媒	8.59	6.26	137.2
社会保障和就业	45.94	37.01	124.1
医疗卫生	31.60	26.19	120.7
环境保护	8.31	10.57	78.6
城乡社区事务	101.45	85.49	118.7
农林水事务	32.21	28.23	114.1
交通运输	17.13	19.43	88.2
工业商业金融等事务	61.55	51.43	119.7
其他支出	33.64	19.95	168.6

注:预算支出及部分分项指标发展速度为同口径比较数。

表 12—3 金融机构存、贷款余额

计量单位:亿元

指　　标	2010 年	2009 年
一、金融机构存款余额	12887.43	11088.39
1. 企事业单位存款	5657.55	5490.80
活期存款	3643.34	3329.60
定期存款	2014.21	2161.20
2. 储蓄存款	3572.07	3125.00
活期存款	1204.03	979.55
定期存款	2368.04	2145.44
3. 信托存款		
4. 委托存款	111.27	103.17
5. 其他存款	3546.53	2369.42
二、金融机构贷款余额	10915.34	9444.48
1. 短期贷款	3342.93	3089.65
2. 中长期贷款	7126.32	5848.49
3. 信托贷款		
4. 委托贷款	11.05	11.20
5. 其他贷款	290.56	162.98
6. 票据融资	140.82	327.55
7. 各项垫款	3.66	4.62

注:本表由人行南京营业部提供;金融机构存款、贷款余额统计汇总范围为本外币(含外资)信贷收支。

表 12—4 全市保险业务情况(2010 年)

指　标	保费收入(万元)	同比增长%	赔款及给付(万元)	同比增长%
全　市	1913016	25.6	414010	3.5
一、财产险公司小计	605450	42.1	236677	13.4
企业财产险	54334.33	32.4	14083	3.5
工程险	15273.41	68.9	4085	104.4
商业车辆险	265662.19	38.7	99490	6.3
交强险	87311.13	27.2	62653	21.3
货运险	18332.59	27.1	5739	−30.9
信用险	78942.47	87.9	24787	48.3
船舶险	25530.23	29.4	7614	−11.0
其他险	60063	51.9	18227	108.5
二、人寿险公司小计	1307566	19.2	177333	−7.2
个人代理	412643	19.9		
直销业务	171132	−10.8		
银邮代理	645427	31.6		
其他	78364	10.5		

表 12—5　主要年份财政收支

计量单位：万元

年　　份	财政总收入	＃地方财政一般预算收入	财政支出
1949	732	—	165
1952	4073	—	3559
1957	5502	—	5878
1962	16503	—	3551
1965	23546	—	5247
1970	48300	—	10327
1975	69217	—	10584
1978	108538	—	17797
1979	176356	—	23414
1980	149578	—	22990
1985	247696	—	47576
1990	361775	—	98078
1995	651692	294266	362207
1998	1082397	507798	596533
1999	1284921	664299	732078
2000	1645808	925667	1012913
2004	4036509	2378586	2589814
2005	5101688	2110746	3154413
2006	6039085	2464392	3710245
2007	6285266	3301883	—
2008	7423992	3865600	—
2009	9011450	4345080	—
2010	10752531	5188008	—

主要统计指标解释

财政收入 指国家财政参与社会产品分配所取得的收入，是实现国家职能的财力保证。财政收入所包括的内容几经变化，目前主要包括：:

（1）各项税收：包括增值税、营业税、消费税、土地增值税、城市维护建设税、资源税、城市土地使用税、印花税、个人所得税、企业所得税、关税、农牧业税和耕地占用税等。

（2）专项收入：包括征收排污费收入、征收城市水资源费收入、教育费附加收入等。

（3）其他收入：包括基本建设贷款归还收入、基本建设收入、捐赠收入等。

（4）国有企业亏损补贴：这项为负收入，冲减财政收入。

财政支出 国家财政将筹集起来的资金进行分配使用，以满足经济建设和各项事业的需要，主要包括：:基本建设支出、企业挖潜改造资金、地质勘探费用、科技三项费用、支援农村生产支出、农林水利气象等部门的事业费用、工业交通商业等部门的事业费、文教科学卫生事业费、抚恤和社会福利救济费、国防支出、行政管理费和价格补贴支出等。

中央财政收入和地方财政收入 指按财政体制划分的中央本级收入和地方本级收入。1994年分税制财政体制以后，属于中央财政的收入包括关税、海关代征消费税和增值税，消费税，中央企业所得税，地方银行和外资银行及非银行金融企业所得税，铁道、银行总行、保险总公司等集中缴纳的营业税、所得税、利润和城市维护建设税，增值税的75％部分，证券交易税（印花税）50％部分和海洋石油资源税。属于地方财政的收入包括营业税，地方企业所得税，个人所得税，城镇土地使用税，固定资产投资方向调节税，城镇维护建设税，房产税，车船使用税，印花税，屠宰税，农牧业税，农业特产税，耕地占用税，契税，增值税25％部分，证券交易税（印花税）50％部分和除海洋石油资源税以外的其他资源税。

存款 指企业、机关、团体或居民根据资金必须收回的原则，把货币资金存入银行或其他信用机构保管并取得一定利息的一种信用活动形式。根据存款对象的不同可划分为企业存款、财政存款、机关团体存款、基本建设存款、城镇储蓄存款、农村存款等科目。它是银行信贷资金的主要来源。

贷款 指银行或其他信用机构根据资金必须归还的原则，按一定利率，为企业、个人等提供资金的一种信用活动形式。我国银行贷款分为流动资金贷款、固定资产贷款、城乡个体工商户贷款以及农业贷款等科目。

保险公司 在中国境内的、经过保险监督部门批准设立，并依法登记注册的各类商业保险公司。

保险金额 指保险人承担赔偿或者给付保险金责任的最高限额。

保费 指投保人为取得保险人在约定范围内所承担赔偿责任而支付给保险人的费用。

赔款 指保险人根据保险合同的规定，向被保险人支付的赔偿保险责任损失的金额。

给付 包括死伤医疗给付和满期给付。死伤医疗给付是指保险人根据人寿保险及长期健康保险合同的规定，因被保险人在保险期内发生保险责任范围内的保险事故支付给被保险人（或受益人）的金额。满期给付是指被保险人生存期满，保险人按人寿保险合同规定支付给被保险人的满期保险金额。

（十三）科技和教育

CHAPTER 13
SCIENCE AND TECHNOLOGY, EDUCATION

表 13—1　规模以上工业企业高新技术产业基本情况(2010 年)

计量单位：千元

指　标	工业总产值	主营业务收入	出口交货值	利润总额
合　计	333121995	334483592	64952462	21334221
1. 航天航空制造业	3001768	3733028	1170026	190669
2. 计算机及办公室设备制造业	55406573	54651690	21777982	528358
3. 电子及通信设备制造业	69527131	72662914	25574960	2923779
4. 医药制造业	13169852	13510110	1789618	1570771
5. 专用科学仪器设备制造业	15473158	15980331	1399772	2475483
6. 电气机械及设备制造业	24958828	22974540	559474	2406995
7. 新材料产业	143942041	143451234	11301257	10218068
8. 新能源	7642644	7519745	1379373	1020098

表 13—2 规模以上工业企业科技活动

指 标	2010 年	2009 年
一、企业概况		
有 R&D(研究与试验发展)活动企业数(个)	349	388
有 R&D 活动企业所占比重(%)	8.9	11.0
企业办科技机构数(个)	404	389
二、科技活动人员		
科技活动人员总计(人)	59925	51769
总计中:大学本科及以上学历人员	17726	15603
总计中:研究与试验发展活动人员	35582	33334
总计中:企业办科技机构中人员	21147	19711
#博士、硕士毕业以上学历人员	4180	3425
三、科技 R&D 活动项目及经费		
本年 R&D 项目数(项)	3401	4588
#限额以上 R&D 项目数	1896	2249

注:本表根据科技年报数据编制。

表 13—2　续表

指　　标	2010 年	2009 年
本年 R&D 活动经费内部支出合计(千元)	7508624	6390494
＃大中型工业企业	6443857	5547597
＃小型工业企业	1064767	842897
本年新产品开发经费支出	9920166	7493207
本年 R&D 活动经费外部支出合计(千元)	446056	859306
四、其他技术活动经费支出		
技术改造经费支出(千元)	6688855	7363193
技术引进经费支出(千元)	816689	420768
消化吸收经费支出(千元)	81770	86403
购买国内技术经费支出(千元)	87896	118801
五、科技活动产出		
专利申请数(件)	4248	3476
＃发明专利申请数	1642	1391
新产品销售收入合计(千元)	115890881	111599423
＃新产品出口销售收入	11676253	20302325
新产品产值(千元)	114716365	91442248

表13—3 规模以上工业企业研究与试验发展内部支出

计量单位:万元

指 标	2010年	2009年
总 计	750862.4	639049.4
一、按企业规模分组		
大中型企业	644385.7	554759.7
大型企业	455412.5	389723.9
中型企业	188973.2	165035.8
小型企业	106476.7	84289.7
二、按隶属关系分组		
中央	260287.6	240913.2
地方	490574.8	398136.2
三、按登记注册类型分组		
内资企业	552101.7	484936.5
国有企业	199845.4	166820.3
集体企业	1989.6	165.7
股份合作企业	420.0	929.8
联营企业	382.0	186.3
国有联营企业	382.0	186.3

注:本表根据科技年报数据编制。

表 13—3　续表 1

指　　标	2010 年	2009 年
集体联营企业	0.0	0.0
国有与集体联营企业	0.0	0.0
其他联营企业	0.0	0.0
有限责任公司	248016.4	229376.7
国有独资公司	46819.6	49806.3
其他有限责任公司	201196.8	179570.4
股份有限公司	43971.0	32235.9
私营企业	54122.4	47820.0
私营独资企业	1197.5	1218.9
私营合伙企业	0.0	9.3
私营有限责任公司	38405.2	37976.0
私营股份有限公司	14519.7	8615.8
其他企业	3354.9	7401.8
港、澳、台商投资企业	266.5	51618.3
合资经营企业(港或澳、台资)	24915.1	16447.0
合作经营企业(港或澳、台资)	4590.0	249.6
港、澳、台商独资经营企业	156206.3	34862.0

表13—3 续表2

指　　标	2010年	2009年
港、澳、台商投资股份有限公司	4590.0	59.7
外商投资企业	149613.8	102494.6
中外合资经营企业	60605.2	49129.3
中外合作经营企业	240.1	260.2
外资企业	80476.6	45293.2
外商投资股份有限公司	8291.9	7811.9
四、按国民经济行业分组		
采矿业	1184.6	1750.8
石油和天然气开采业	0.0	0.0
黑色金属矿采选业	0.0	461.9
有色金属矿采选业	1184.6	1288.9
非金属矿采选业	0.0	0.0
制造业	747735.3	629862.8
农副食品加工业	7960.4	1158.3
食品制造业	2661.0	1617.1
饮料制造业	1780.5	300.5
烟草制品业	0.0	861.0
纺织业	823.6	1653.2

表13—3　续表3

指　　标	2010年	2009年
纺织服装、鞋、帽制造业	1496.9	1350.3
皮革、毛皮、羽毛(绒)及其制品业	0.0	114.8
木材加工及木、竹、藤、棕、草制品业	0.0	0.0
家具制造业	228.2	5.6
造纸及纸制品业	0.0	0.0
印刷业和记录媒介的复制	139.0	2302.9
文教体育用品制造业	121.0	688.4
石油加工、炼焦及核燃料加工业	157.8	0.0
化学原料及化学制品制造业	217219.4	169941.0
医药制造业	25986.1	11787.3
化学纤维制造业	5959.0	3574.2
橡胶制品业	1535.5	935.2
塑料制品业	3381.8	892.0
非金属矿物制品业	3179.5	3683.5
黑色金属冶炼及压延加工业	65611.0	67127.5
有色金属冶炼及压延加工业	11579.7	12548.7
金属制品业	9896.6	11667.0
通用设备制造业	40523.9	45038.2

表13—3 续表4

指　　标	2010年	2009年
专用设备制造业	17778.8	12772.8
交通运输设备制造业	114683.8	94209.5
电气机械及器材制造业	68366.7	60852.1
通信设备、计算机及其他电子设备制造业	105335.1	108243.7
仪器仪表及文化、办公用机械制造业	39214.4	16403.5
工艺品及其他制造业	2115.6	134.5
废弃资源和废旧材料回收加工业	0.0	0.0
电力、燃气及水的生产和供应业	1942.5	7435.8
电力、热力的生产和供应业	420.0	6829.3
燃气生产和供应业	0.0	0.0
水的生产和供应业	1522.5	606.5
五、按企业控股情况分组		
国有控股	372069.5	319509.4
集体控股	16731.3	15497.7
私人控股	121671.9	90516.8
港澳台商控股	37813.1	38739.3
外商控股	113005.8	83672.0
其他	89570.8	91114.2

表13—4 研究与开发机构概况

计量单位：个

指　　标	2010年	2009年
合　　计	779	759
县以上独立研究与开发机构	106	106
非独立研究与开发机构	673	653
规模以上工业企业技术开发机构	404	389
高等院校研究与开发机构	269	264

注：本表由科技年报数据加工编制，市科委协助提供。

表13—5 科技活动人员及R&D人员按活动机构分类情况

计量单位：人

指　　标	2010年	2009年
科技活动人员数	147140	141094
独立研究与开发机构	14222	15363
高等院校	38730	37818
规模以上工业	59925	51769
其他	34263	36144
R&D人员数	74137	68648
独立研究与开发机构	8282	9240
高等院校	19350	16872
规模以上工业企业	35582	33334
其他	10923	9202

注：当年独立研究与开发机构的统计数据不包括军工的研究机构；本表由科技年报数据加工编制，市科委协助提供。

表13—6 独立研究与开发机构R&D活动情况

指　　标	2010年	2009年
R&D经费总支出(万元)	244440	215134
内部支出	233580	207703
基础研究	22162	17311
应用研究	76219	85776
试验发展	135199	104616
外部支出	10860	7431
R&D折合全时人员(人年)	6081	7177
#科学家和工程师	—	—

注:当年独立研究与开发机构的统计数据不包括军工的研究机构;本表由市科委提供。

表13—7 独立研究与开发机构经费情况

计量单位:万元

指　　标	2010年	2009年
经费收入	944471	997302
科技活动收入	440650	504171
政府资金	280131	225912
#财政补助收入	174108	153221
非政府资金	160519	278259
#技术性收入	128773	263385
其他资金	31747	14875
生产经营收入	357084	363115
其他收入	146737	130016
出口创汇(千美元)		
经费支出	911359	910817

注:当年独立研究与开发机构的统计数据不包括军工的研究机构;本表由市科委提供。

表 13—8　专利申请量与授权量

计量单位：件

指　　标	2010 年	2009 年
申请量合计	19275	14220
发明	7461	6461
实用新型	5647	4317
外观设计	6167	3442
授权量合计	9150	6591
发明	2487	2039
实用新型	4566	2857
外观设计	2097	1695

注：本表由市科委提供。

表 13—9　技术合同成交情况(2010 年)

指　　标	合同数(项)	合同金额(万元)	#技术交易额
合　　计	10533	768873	751889
技术开发	6625	605544	591577
技术转让	1096	70946	70755
技术咨询	1259	55573	53341
技术服务	1553	36810	36213

注：本表由市科委提供。

表13—10 各类教育事业基本情况

一、学校数

计量单位:所

指标	2010年	2009年
全市	1212	1160
高等教育	63	62
#普通高校	53	53
成人高校	10	9
中等职业学校	75	73
#普通中专	25	26
职业中学	5	5
成人中专	14	14
技工学校	31	32
普通中学	215	217
小学	345	347
特殊教育	13	13
幼儿园	501	444

注:技工学校含不招生学校。

二、在校学生数

计量单位:人

指标	2010年	2009年
在校学生总数	1813506	1785250
高等教育	973083	943385
#普通高校	793405	773394
成人高校	179678	169991
中等职业学校	148429	155583
#普通中专	57563	64930
职业中学	7388	9533
成人中专	26559	17517
技工学校	56919	63603
普通中学	248617	261053
小学	288280	283221
特殊教育	2262	2405
幼儿园	152835	139603

注:本表数据由市教育局提供,普通高校在校学生、毕业生、招生数均含研究生。

三、毕业生数

计量单位：人

指　　标	2010 年	2009 年
毕业生总数	496236	482408
高等教育	266512	254486
＃普通高校	216945	194585
成人高校	49567	59901
中等职业学校	44739	41909
＃普通中专	18665	17891
职业中学	2843	3605
成人中专	4847	5984
技工学校	18384	14429
普通中学	90570	93143
＃初中	55377	58133
高中	35193	35010
小学	47990	49529
特殊教育	308	382
幼儿园	46117	42959
小学毕业生升学率(%)	100	100
初中毕业生升学率(%)	99.62	98.75

注：本表数据由市教育局提供，普通高校在校学生、毕业生、招生数均含研究生。

四、招生数

计量单位:人

指　　标	2010年	2009年
招生总数	559867	530937
高等教育	319268	307968
#普通高校	254638	249967
成人高校	64630	58001
中等职业学校	53594	45662
#普通中专	18738	18201
职业中学	2493	2927
成人中专	13924	8360
技工学校	18439	16174
普通中学	79200	83346
#初中	48250	50025
高中	30950	33321
小学	51346	45803
特殊教育	317	368
幼儿园	56142	47790

注:本表数据由市教育局提供,普通高校在校学生、毕业生、招生数均含研究生。

五、专任教师数

计量单位:人

指　　标	2010年	2009年
专任教师总数	110582	108503
高等教育	51422	49797
#普通高校	50021	48263
成人高校	1401	1534
中等职业学校	6500	7434
#普通中专	2752	2752
职业中学	715	755
成人中专	853	861
技工学校	2180	2520
普通中学	22316	22292
小学	19607	19327
特殊教育	435	436
幼儿园	10302	9217

注:2009年中等职业学校专任教师数中含其他中等职业教育机构专任教师人数。

表 13—11　高等学校基本情况(2010 年)

计量单位:人

学　　校	毕业生数	招生数	在校学生数	教　职员工数	♯专任教师	正副教授	中级	初级和无职称
全　　市	195861	225655	706144	79310	50021	19951	20168	9902
♯南京大学	2983	3549	13865	4638	2135	1558	378	199
东南大学	3818	4001	16196	5675	2402	1522	863	17
南京航空航天大学	3432	4099	16015	3065	1722	1049	611	62
南京理工大学	3733	3850	14763	3145	1736	963	715	58
南京工业大学	3278	4248	15940	2637	1495	805	622	68
南京邮电大学	2822	3459	13251	1621	1064	447	538	79
河海大学	4365	4872	18746	3304	1799	771	919	109
南京林业大学	3654	3974	15390	1867	1150	483	519	148
南京信息工程大学	3565	3940	15321	1748	1244	471	712	61
南京农业大学	3995	4250	16642	2712	1456	712	511	233
南京医科大学	1084	1535	7097	1527	764	301	249	214
南京中医药大学	2111	2619	9779	1293	764	291	363	110
中国药科大学	2637	2977	11342	1442	823	343	375	105
南京师范大学	4423	5071	19753	3262	1740	1066	595	79
南京财经大学	3378	3913	15415	1668	1044	548	415	81
江苏警官学院	2178	1125	6789	640	398	158	208	32
南京体育学院	594	690	2176	335	194	60	79	55
南京艺术学院	1939	2152	8290	1101	626	234	219	173
三江学院	4219	5336	16538	1144	834	418	301	115
南京工程学院	3414	4412	16662	1689	1128	399	508	221
南京审计学院	2494	3678	13883	1324	840	357	391	92
南京晓庄学院	1623	1907	8084	1062	659	226	270	163
南京森林警察学院	1483	1500	4451	360	247	88	118	41
金陵科技学院	1769	2725	10597	1115	873	237	549	87
南京工业职业技术学院	4009	4033	11700	748	581	176	312	93
江苏经贸职业技术学院	5070	4190	12527	969	649	194	303	152

注:全市高等学校招生数、在校学生数和毕业生数均不包括研究生,但包括成人教育院校、广播电视大学、教育学院对应届高中毕业生的招生数及相应的在校学生和毕业生;下表同。

表 13—11　续表

学　　校	毕业生数	招生数	在校学生数	教职员工数	#专任教师			
						正副教授	中级	初级和无职称
南京特殊教育职业技术学院	1805	1700	5072	356	263	80	113	70
江苏联合职业技术学院	28678	36293	74234	12682	9865	2556	3732	3577
江苏海事职业技术学院	3946	3583	10323	691	505	125	253	127
应天职业技术学院	2382	2537	7264	455	271	95	57	119
南京交通职业技术学院	3612	3088	8976	584	388	118	192	78
南京化工职业技术学院	4670	3279	10137	652	505	145	225	135
正德职业技术学院	1963	2166	6372	439	304	97	128	79
钟山职业技术学院	2756	2434	7283	468	302	92	125	85
金肯职业技术学院	2281	2373	6439	459	302	84	114	104
南京铁道职业技术学院	2044	4997	11881	775	506	137	208	161
南京信息职业技术学院	4635	3797	11504	742	523	149	155	219
南京视觉艺术职业学院	600	512	1480	165	90	19	9	62
江苏城市职业学院	6260	13122	24478	3919	2800	678	1307	815
南京机电职业技术学院	1351	1355	4151	372	217	31	32	154
南京旅游职业学院	1005	1965	4598	247	181	35	89	57
江苏建康职业学院	679	1331	2850	270	183	57	55	71
东南大学成贤学院	2147	2345	9273	622	424	214	123	87
南京大学金陵学院	1105	2945	8712	540	385	144	76	165
南京理工大学紫金学院	1831	2770	10078	572	435	193	114	128
南京航空航天大学金城学院	2547	3465	11727	625	407	139	140	128
中国传媒大学南广学院	2987	3055	10957	783	589	159	191	239
南京工业大学浦江学院	2344	2752	9819	422	329	96	225	8
南京师范大学中北学院	1470	2060	6921	507	416	183	168	65
南京医科大学康达学院	789	724	2885	148	134	95	32	7
南京信息工程大学滨江学院	2894	4264	14979	453	373	54	158	161
南京邮电大学通达学院	1523	2257	8264	484	418	134	229	55
南京审计学院金审学院	1799	1614	7051	148	89	54	30	5

表 13—12　普通高校及科研院所研究生人数(2010 年)

计量单位:人

学　　校	毕业生数	招生数	在学研究生数
全　　市	21084	28983	87261
南京大学	3094	4354	12793
东南大学	3329	3924	12553
南京航空航天大学	1897	2607	7557
南京理工大学	1234	2631	7175
南京工业大学	1088	1544	4667
南京邮电大学	737	1114	3004
河海大学	1988	2792	8598
南京林业大学	665	986	2897
南京信息工程大学	363	619	1943
南京农业大学	1587	2102	7275
南京医科大学	834	918	3067
南京中医药大学	754	614	2305
中国药科大学	589	980	2748
南京师范大学	2143	2622	7456
南京财经大学	251	479	1229
南京体育学院	37	60	162
南京艺术学院	166	281	707
中科院南京天文光学技术研究所	14	17	51
中国科学院紫金山天文台	21	30	99
中科院南京地质古生物研究所	14	20	61
中科院南京地理与湖泊研究所	42	50	160
南京天文仪器研制中心	1	2	6
中国科学院南京土壤研究所	68	88	265
国网电力科学研究院	21	19	63
南京水利科学研究院	33	41	147
南京电子技术研究所	60	40	119
江苏省植物研究所	14	16	47
中共江苏省委党校	40	33	107

注:本表数据由市教育局提供。

表 13—13　主要中等专业(职业)学校基本情况(2010 年)

计量单位:人

学　校	毕业生数	招生数	在校学生数	教职员工数	#专任教师
南京高等职业技术学校	258	989	3385	273	214
江苏省南京工程高等职业学校	7763	2733	7418	305	202
兵工物资南京职业中等专业学校	5	15	85	35	23
江苏省戏剧学校	115	327	1163	282	194
江苏省新闻出版学校	303	466	1384	73	51
江苏广播电视学校	0	273	770	74	49
南京市中等专业(走读)学校	754	427	1750	38	16
南京市体育运动学校	70	83	245	94	58
南京市女子中等专业学校	54	24	105	100	70
南京金陵中等专业学校	687	982	2658	235	206
南京市财经学校	295	586	1818	122	93
南京旅游营养中等专业学校	421	406	1343	122	91
南京市鼓楼中等专业学校	646	637	1851	193	151
南京浦口中等专业学校	1353	1601	4831	305	262
南京卫生学校	0	636	1962	163	102
南京中华中等专业学校	229	457	1213	95	78
南京江宁中等专业学校	1058	1571	4785	299	242
江苏省六合职业教育中心校	1259	1057	3253	180	143
江苏省溧水职业教育中心校	1096	1075	3480	214	184
江苏省高淳职业教育中心校	1010	1239	3276	222	186
南京艺术学院附属中等艺术学校	88	84	422	49	35
南京幼儿高等师范学校	0	581	1411	117	81
南京市玄武中等专业学校	712	750	2218	177	161
南京市莫愁中等专业学校	586	740	2266	176	160
南京市下关区职业教育中心	442	332	951	195	162
南京新港职业学校	757	622	1828	245	208
南京师萃职业技术学校	202	44	266	35	24

注:本表数据由市教育局提供。

表13—14　技工学校基本情况(2010年)

计量单位:人

学　校	毕业生数	招生数	在校学生数	教职员工数	#专任教师
总　计	18384	18439	56919	4079	2180
南京市高级技术学校(南京技师学院)	995	1118	6049	444	211
南京市交通高级技工学校	2087	1168	5102	359	217
南京工程高级技术学校	220	2410	4748	435	168
南京铁道车辆高级技术学校	1048	1711	5083	110	49
南京江宁高级技工学校	1267	1145	2722	154	63
南京机电技术学校	171	0	167	9	4
南京化工技工学校	871	649	3026	188	130
南京市公用事业技工学校	492	486	1328	112	65
南京市轻纺技工学校	743	487	1212	175	79
南京市农垦技工学校	1238	1040	3025	149	96
南京五洲制冷技工学校	191	282	796	55	18
南京机电工业技工学校	695	865	3070	183	99
南京电子技工学校	677	0	538	117	101
江苏印刷技工学校	62	20	165	95	30
中国长江航运集团南京金陵船厂技工学校	129	0	133	15	13
中国石化金陵石化公司技工学校	241	0	843	107	70
南京市华东电子集团公司技工学校	153	783	1116	60	18
南京市晨光技工学校	0	73	73	22	13
南京电子信息技工学校	197	594	1304	56	40
南京航空技工学校	0	28	55	32	21
南京工业技工学校	3583	542	2752	209	148
南京汽车集团有限公司技工学校	196	302	847	55	32
南京航海技术学校	927	1486	4657	212	107
南京市望达技工学校	196	0	316	25	10
南京南洋技工学校	0	118	1102	116	78
南京市光电技术技工学校	602	373	1889	137	91
南京金肯技工学校	496	310	808	47	34
南京烹饪技工学校	117	451	888	129	57
南京物流技工学校	31	1658	2257	145	83
南京通用技工学校	46	173	312	29	16
江苏省工会职业技术学校	713	167	536	98	19

注:本表数据由市人社局提供。

表 13—15　普通中小学和其他学校基本情况(2010 年)

计量单位:人

学　　校	个数(所)	毕业生数	招生数	在校学生数	专任教师
普通中学	215	90570	79200	248617	22316
高中	60	35193	30950	97782	8053
初中	155	55377	48250	150835	14263
职业中学	5	2843	2493	7388	715
技工学校	31	18384	18439	56919	2180
小学	345	47990	51346	288280	19607
特殊教育	13	308	317	2262	435

注:本表数据由市教育局提供。

表 13—16　成人教育基本情况(2010 年)

计量单位:人

学　　校	毕业生数	招生数	在校学生数	教职员工数	#专任教师
成人高等教育	49567	64630	179678	2382	1401
职工高等学校	247	420	1097	99	64
管理干部学院	1132	2580	5641	849	551
教育学院	4305	2520	8287	610	346
广播电视大学	1907	3741	9216	824	440
其　　他					
成人中等专业学校	4847	13924	26559	1898	853

注:成人高等教育是全社会口径,本表数据由市教育局提供。

表 13—17 成人高等学校一览表(2010 年)

计量单位:人

学 校	毕业生数	招生数	在校学生数	教职员工数	#专任教师
一、广播电视大学	1907	3741	9216	824	440
江苏省广播电视大学	1181	2462	6195	249	100
南京市广播电视大学	726	1279	3021	575	340
二、教育学院	4305	2520	8287	610	346
江苏教育学院	4305	2520	8287	610	346
三、职工高等学校	247	420	1097	99	64
南京市职工大学	237	420	1097	63	38
空军第一职工大学	10	0	0	36	26
四、管理干部学校	1132	2580	5641	849	551
南京人口管理干部学院	0	203	491	444	261
江苏省省级机关管理干部学院	541	1339	2308	216	144
江苏省青年管理干部学院	591	1038	2842	189	146

表13—18 各级各类学校教学设施情况(2010年)

指 标	普通高校	普通中专	职业学校	普通中学		普通小学	特殊学校
				高中	初中		
占地面积(平方米)	58262227	1634822	183998	3841892	4969832	5406895	113541
#运动场地面积	3565757	300978	52276	1088160	1322964	1596997	—
校均面积(平方米)	1099287	65393	36799.6	64032	32063	15672	8734
教学及辅助用房面积(平方米)	9646156	495518	66549	324790	523564	1382330	29768
#教室	3602785	206490	32259	158264	269520	926822	16702
实验室	4028757	205830	27242	55409	85337	75356	1227
图书室	1217812	43817	4724	20260	33552	62661	996
微机室	—	—	—	18790	27107	59365	951
语音室	—	—	—	4379	4839	6959	8808
生均教室面积(平方米)	5.10	3.59	4.37	1.62	1.79	3.22	7.38
图书资料	—	—	—	—	—	—	—
#一般图书(万册)	6285.37	157.62	31.78	425.77	456.67	730.05	—
电子图书(GB)	213719.39	8477.77	2176.20	40321.17	37626.10	20468.84	—
教学用计算机(台)	285020	14947	3126	26468	21753	38380	—
每百名学生拥有教学用计算机(台)	40.36	25.97	42.31	27.07	14.42	13.31	—
平均每一专任教师负担学生数(人)	15.86	20.92	10.33	12.14	10.58	14.70	5.20

注:本表数据由市教育局提供。

表13—19 主要年份学校在校学生数

计量单位:万人

年份	普通高等学校	普通中学	小学
1949	0.35	1.82	12.06
1952	0.84	3.68	23.34
1957	2.35	6.98	31.46
1962	3.52	8.92	35.63
1965	2.98	11.29	48.00
1970	2.43	18.26	54.10
1975	1.87	25.23	60.19
1978	2.72	23.14	39.17
1979	3.51	21.8	39.84
1980	4.02	27.41	50.5
1985	6.04	23.86	41.85
1990	7.51	23.01	42.08
1995	10.37	23.57	41.72
1997	12.05	22.04	46.75
1998	13.24	21.80	48.11
1999	16.28	22.29	47.88
2000	21.69	25.38	45.41
2005	56.11	32.26	30.51
2006	62.08	30.56	30.25
2007	67.79	28.53	29.07
2008	72.50	27.27	28.56
2009	77.34	26.11	28.32
2010	79.34	24.86	28.83

注:高等学校在校学生数含普通高等学校、科研院所在学研究生。

主要统计指标解释

科技活动 指在自然科学、农业科学、医药科学、工程与技术科学、人文与社会科学领域（简称科学技术领域）中，与科技知识的产生、发展、传播和应用密切相关的有组织的活动。可分为研究与试验发展(R&D)、研究与试验发展成果应用及相关的科技服务三类活动。

企业办科技机构数 指企业自办、或与外单位合办，管理上同生产系统相对独立、或者单独核算的专门科技活动机构，如企业开办的技术中心、研究院所、开发中心、开发部、实验室、中试车间、试验基地等。企业办科技机构经过资源整合，被国家或省级有关部门认定为国家级或省级技术中心的，可按一个机构填报。企业科技管理职能科室（如科研处、技术科等）一般不统计在内；若科研处、技术科等同时挂有科技机构牌子，视其报告年度内主要工作任务而定，主要任务是从事科技活动的可以统计，否则不统计。本指标不含企业在中国境外设立的科技机构数。

科技活动人员 指直接从事或参与科技活动的人员，包括参加科技项目人员、从事科技活动管理和为科技活动提供直接服务的人员（包括工人）。科技活动人员不包括全年累计从事科技活动时间不足制度工作时间10%的人员，也不包括为科技活动提供间接服务的保卫、医疗保健、司机、食堂人员、茶炉工、水暖工、清洁工等人员。

研究与试验发展人员 指科技活动人员中从事基础研究、应用研究和试验发展三类活动的人员。包括直接参加上述三类项目活动的人员及这三类项目的管理和直接服务人员。上述三类项目的管理和直接服务人员，可按研究与试验发展（R&D）项目人员占全部科技项目人员的比重进行推算。

科技项目 指为系统地解决产品和工艺等方面的科学技术问题而确定的研究开发性工作。科技项目一般应按照企业制订的科技开发计划或签订的项目协议书确定，具体包括企业在报告年度当年立项并开展研制工作、以前年份立项仍继续进行研制的科技项目，以及当年完成和年内研制工作已告失败的科技项目，但不包括委托外单位进行研制的科技项目以及列入当年计划但未实施的项目。

科技活动经费筹集总额 指在报告年度从各种渠道筹集到的计划用于科技活动的经费，包括企业资金、金融机构贷款、政府资金、国外资金、其他资金等。

政府资金 指从各级政府部门获得的计划用于科技活动的经费，包括科学事业费、科技三项费、科研基建费、科学基金、教育等部门事业费中计划用于科技活动的经费以及政府部门预算外资金中计划用于科技活动的经费等。

企业资金 指从自有资金中提取或接受其他企业委托的、科研院所和高校等事业单位接受企业委托获得的，计划用于科研和技术开发的经费。不包括来自政府、金融机构及国外的计划用于科技活动的资金。

科技活动经费支出总额 指在报告年度实际支出的全部科技活动费用，包括列入技术开发的经费支出以及技措技改等资金实际用于科技活动的支出。不包括生产性支出和归还贷款支出。科技活动经费支出总额分为企业内部开展科技活动的经费支出和委托外单位开展科技活动的经费支出。

技术改造经费支出 指企业在报告年度进行技术改造而发生的费用支出。技术改造指企业在坚持科技进步的前提下，将科技成果应用于生产的各个领域（产品、设备、工艺等），用先进技术改造落后技术，用先进工艺代替落后工艺、设备，实现以内涵为主的扩大再生产，从而提高产品质量、促进产品更新换代、节约能源、降低消耗，全面提高综合经济效益。

技术引进经费支出 指在报告年度用于购买国外技术的费用支出，包括产品设计、工艺流程、图纸、配方、专利等技术资料的费用支出，以及购买关键设备、仪器、样机和样件等的费用支出。

消化吸收经费支出 指企业在报告年度对国外引进项目进行消化吸收所支付的经费。包括：人员培训费、测绘费、参加消化吸收人员的工资、工装、工艺开发费、必备的配套设备费、翻版费等。引进技术的消化吸收指对引进技术的掌握、应用、复制而开展的工作，以及在此基础上的创新。通过消化吸收国外技术，达到掌握引进技术，提高自我创新能力的目的。消化吸收经费支出中属于研究与试验发展的经费支出，除包含在本项外，还要计入企业研究与试验发展经费支出中。

购买国内技术经费支出 指企业在报告年度购买国内其他单位科技成果的经费支出。包括购买产品设计、工艺流程、图纸、配方、专利、技术诀窍及关键设备的费用支出。

专利申请数 指在报告年度内向专利行政部门提出专利申请并被受理的件数。

新产品产值 指年度本企业生产的新产品的产值。新产品是指采用新技术原理、新设计构思研制、生产的全新产品，或在结构、材质、工艺等某一方面比原有产品有明显改进，从而显著提高了产品性能或扩大了使用功能的产品。若产品只在外观、颜色、图案、包装上有改变，或仅在技术上有较小的变化，不作为新产品进行统计。本报表中的新产品指标既包括经政府有关部门认定并在有效期内的新产品，也包括企业自行研制开发，未经政府有关部门认定，从投产之日起一年之内的新产品。

新产品销售收入 指年度本企业销售新产品实现的销售收入。

新产品出口收入 指年度本企业将新产品出售给外贸部门和直接出售给外商所实现的销售收入。

年末生产经营用设备原值 指年末拥有的直接服务于企业生产、经营过程的各种机器设备的原价。

微电子控制设备原价 年末拥有的、利用微电子技术（包括电子计算机、集成电路等）对生产过程进行控制、观察测量、测试等生产机器设备的原价。

普通高等学校 指按照国家规定的设置标准和审批程序批准举办，通过国家统一招生考试，招收高中毕业生为主要培养对象，实施高等学历教育的全日制大学、独立设置的学院和高等专科学校、高等职业学校和其他机构。

成人高等学校 指按照国家规定的设置标准和审批程序举办的，通过全国成人高等教育统一招生考试，招收具有高中毕业或同等学历的人员为主要培养对象，利用脱产、业余或函授等多种形式对其实施高等学历教育的学校。包括广播电视大学、职工高等学校、农民高等学校、管理干部学院、教育学院、独立函授学院、其他机构。

初中毕业生升学率 计算初中毕业生升学率所用分子数为高级中学招生数，包括：普通高中招生数、职业高中招生数、技工学校招生数、普通中专招收初中毕业生数、普通中专举办的成人中专招收应届初中毕业生数及成人中专招收应届初中毕业生数，分母是初中毕业生人数。

（十四）文化、卫生和体育

CHAPTER 14
CULTURE, PUBLIC HEALTH AND SPORTS

表 14—1 文化机构从业人员综合情况(2010 年)

指 标	总计		文化部门		其他部门	
	机构数（个）	从业人员数（人）	机构数（个）	从业人员数（人）	机构数（个）	从业人员数（人）
总 计	2013	21097	268	5121	1745	15976
一、文化及相关产业	2009	21074	264	5098	1745	15976
艺术业	31	1848	26	1793	5	55
图书馆业	18	799	18	799		
群众文化业	129	604	129	604		
艺术教育业	3	303	3	303		
文化市场经营单位	1692	13545			1692	13545
文艺科研	1	30	1	30		
文物业	65	1531	40	941	25	590
其他文化及相关产业	70	2414	47	628	23	1786
二、非文化及相关产业	4	23	4	23		

注:本表不包括广播、电影、电视、新闻出版和档案机构,因汇总数与分行业汇总数有部分交叉,总计与各行业分类均为有效数据,引用时请注意。本表数据由市文广新局提供。

表 14—2 群众艺术馆、文化馆(站)(2010 年)

指 标	合 计	群艺馆、文化馆	文化站	＃乡镇文化站
个数(个)	129	16	113	31
举办展览(场次)	752	120	632	146
组织文化活动次数(次)	3991	1101	2890	319
举办训练班(班次)	2384	1042	1342	161
结业人次(人次)	101484	26339	75145	9870
藏书(千册)	1760.8	0.4	1760.4	357.7

注:本表数据由市文广新局提供,不包括部、省在宁单位,文化站包括街道办站。

表 14—3 艺术团体(2010 年)

指　　标	剧团数(个)	职工数(人)	国内演出(场次)	#在农村演出	国内观众人次(千人次)
全　　市	13	1573	6114	3122	3393
一、按隶属关系分					
省级文化部门	2	1109	5325	2817	1912
市级文化部门	6	420	627	143	963
区县级文化部门	5	44	162	162	518
二、按剧种分					
话剧	1	61	66		80
歌舞	1	101	85	35	155
乐团	2	29	118		86
戏曲:	7	180	432	270	978
京剧	1	64	180	68	250
扬剧	1	11	30	30	80
锡剧	4	33	132	132	438
越剧	1	72	90	40	210
昆剧					
曲艺	1	101	108		200
杂技	1	101	108		200
综合性艺术表演团体	1	1101	5305	2817	1894

注:本表数据由市文广新局提供。

表 14—4 文化市场经营机构基本情况(2010 年)

指　　标	机构数(个)	从业人员(人)	经营活动情况(千元)			其他(千元)	
			营业收入	营业成本	主营业务利润	从业人员劳动报酬	所得税
合　　计	1692	13545	1569538	1045178	534877	255965	43438
#演出经纪	45	101	40486	33304	7182	3156	900
娱乐场所	616	6827	762370	540981	221389	89658	23449
网络文化经营机构	8	251	146796	95543	51247	8708	3077
互联网上网服务营业场所(网吧)	1018	5981	564494	338819	225675	146862	13460
连锁经营	5	385	55398	36531	18867	7581	2552

注:经纪机构统计口径调整,本年数据与往年不可比。本表数据由市文广新局提供。

表14—5　公共图书馆综合情况(2010年)

指　标	合　计	省级	市级	区县级
机构数(个)	18	1	1	16
从业人员(人)	799	531	110	158
总藏量(千册)	13393.1	9119.1	1622.5	2651.5
其中:图书	12038.5	8081.1	1517.5	2439.9
报刊	939.6	707.4	90.4	141.8
视听文献、微缩制品	310.5	265.5	14.2	30.8
其他	104.5	65.1	0.4	39
在藏品中:开架书刊	3294.6	950	859.9	1484.7
本年新购藏量(千册)	556.5	354.6	96.7	105.3
共用房屋建筑面积(平方米)	144255	77860	31974	34421
其中:书库	21343	10251	3780	7312
阅览室	34664	17797	9395	7472
阅览室座席数(个)	8749	3000	1575	4174
总流通人次(千人次)	5416.7	1643.2	1591.1	2182.4
其中:书刊文献外借人次	2645.9	899.8	460.7	1285.4
书刊文献外借册次(千册次)	4445.6	1721.2	624.8	2099.7
累计发放有效借书证数(千个)	552.1	294.8	160.8	22.6
为读者举办各种活动	—	—	—	—
#组织次数(次)	1152	470	246	436
参加人次(千人次)	570.4	336.3	125.1	109.1
计算机(台)	1854	987	312	555
其中:电子阅览室终端数	739	285	98	256

注:本表数据由市文广新局提供。

表 14—6 博物馆综合情况(2010 年)

指 标	总 计	艺术类	综合性	历史类	自然科技类	其他
机构数(个)	42	6	6	22	6	2
省级	3	1	1	1		
市级	22	2	1	12	6	1
区县级	17	3	4	9		1
从业人员(人)	1356	80	515	675	61	25
高级职称	132	10	62	45	15	
中级职称	232	14	118	84	16	
文物藏品(件)	757575	10770	536056	172707	36764	1278
#一级品	1450		1404	46		
参观人次(千人次)	14741	887	953	12277	219	405
青少年人	3027	494	257	2082	136	58
本年收入(千元)	357337	8895	186815	155947	4271	1409
财政拨款	211897	2224	153869	51434	3150	1220
事业收入	101430	41	24303	76085	1001	
门票收入	75873	40	1212	74293	328	
本年支出(千元)	298947	8895	138839	145533	4271	1409
基本支出	103246	3506	37838	56922	3571	1409
项目支出	184916	1848	100101	82267	700	
公用建筑面积(平方米)	290563	19098	81787	164268	22860	2550
展览用房	153021	11932	46360	79949	13430	1350
文物库房	24005	790	17493	4512	1210	

注:本表数据由市文广新局提供。

表 14—7　文物保护管理机构综合情况（2010 年）

指　标	机构数（个）	从业人员（人）	文物藏品（件）	#一级藏品	展览（个）	参观人次（千人次）
总　计	65	1531	1103971	1450	258	14841
#文物保护管理机构	14	19	176		3	97
其他文物管理机构	6	55				
博物馆	42	1356	757575	1450	253	14741
艺术类	6	80	10770		43	887
综合性	6	515	536056	1404	66	953
历史类	22	675	172698	46	120	12277
自然科技类	6	61	36764		5	219
其他	2	25	1287		4	405
文物商店	2	97	346220			
文物科研、考古机构	1	4			2	3

注：本表数据由市文广新局提供。

表 14—8　举办县级以上运动会情况

指　标	体育系统	
	2010 年举办次数（次）	2009 年举办次数（次）
举办运动会次数	22	50
综合运动会	0	0
单项比赛	22	50
举办全民健身活动次数	1000	473
其中：1000 人以上的活动	30	20

注：本表由市体育局提供。

表14—9　运动员、教练员、裁判员基本情况(2010年)

计量单位:人

指　　标	运动员	专职教练员	裁判员
合　　计	123	200	4565
国际级(健将)	2	0	33
国家级(运动健将)	24	3	237
一级(高级)	14	32	1558
二级(中级)	0	87	2737
三级(初级)	0	66	—
无级别	83	12	—

注:本表由市体育局提供,表中数据运动员为市属、不含省。

表14—10　社区健身设施建设情况

指　　标	2010年	2009年
建设数(个)	2252	1952
器材数(件)	36040	32440
面积(万平方米)	1578000	946880
投资金额(万元)	8292	7600

注:本表由市体育局提供,表中数据均为截止2010年末累计完成数;本表数据含新农村体育健身工程建设点。

表14—11　艺术表演场所综合情况（2010年）

指　　标	合　　计	#剧场、影剧院	#正在活动场所
机构数(个)	14	14	14
省级	3	3	3
市级	8	8	8
区县级	3	3	3
从业人员(人)	192	192	192
座席数(个)	14516	14516	14516
演(映)出场次(场)	2699	2699	2699
其中:艺术演出场次	553	553	553
观众人次(千人次)	886	886	886
其中:艺术演出观众人次	420	420	420
营业收入(千元)	10307	10307	10307
其中:艺术演出分成收入	10307	192	192
年末固定资产原值(千元)	292466	292466	292466
建筑面积(平方米)	85681	85681	85681
其中:演(映)业务用房	37801	37801	37801

注:本表数据由市文广新局提供。

表14—12 广播、电视播出情况(2010年)

指　标	节目套数(套)			全年公共节目播出时间(小时)	全年制作节目时间(小时)
	合计	公共节目	付费节目		
广播电台	25	25		170406	151044
省级广播电台	11	11		84889	76831
市级广播电台	7	7		56940	55936
区县级广播电台	7	7		28577	18277
电视台	27	24	3	155089	60711
省级电视台	12	9	3	73273	36836
市级电视台	8	8		56728	13782
区县级电视台	7	7		25088	10093

注:本表数据由市文广新局提供。

表14—13 广播、电视覆盖情况(2010年)

指　标	广播综合覆盖		电视综合覆盖		有线电视节目交易		
	覆盖人口数(万人)	覆盖率(%)	覆盖人口数(万人)	覆盖率(%)	总用户数(户)	#数字电视(户)	入户率(%)
全　市	632.42	100	632.42	100	2092943	1424800	98.51
市级覆盖	243.97	100	243.97	100	793063	919800	100.00
区级覆盖	304.41	100	304.41	100	1011991	436700	91.43
县级覆盖	84.05	100	84.05	100	287889	68300	75.27

注:本表数据由市文广新局提供。

表 14—14　新华书店图书销售数量

计量单位：万册

指　标	2010 年	2009 年
总　计	3348.45	3234
哲学、社会科学	202.24	205
文化、教育	385.11	406
文学、艺术	191.71	199
自然科学、技术	181.82	176
少儿读物	93.79	159
大中专教材	615.61	308
课本	907.22	1125
教辅	713.49	611
其他出版物	7.44	7
非图书商品	50.02	38

注：本表由新华书店集团提供。

表 14—15　图书、杂志、报纸出版情况（2010 年）

指　标	图　书	杂　志	报　纸
种数（种）	19774	301	58
＃新出版	9938	0	0
出版期数（期）	—	3137	7470
平均期印数（万册/份）	—	426.11	840.47
总印数（万册/份）	51002.15	10026.3	177329
总印张数（万印张）	317317.4	42595.9	935332

注：本表数据由市文广新局提供。

表14—16 医疗卫生事业基本情况

指　标	2010年	2009年
全市卫生机构数(个)	2211	1764
#医院	162	165
社区卫生服务中心(站)	584	424
疾病控制中心、卫生防疫站	20	20
妇幼保健院(所、站)	14	14
全市实有床位数(张)	31090	29883
#医院、	25894	24738
社区卫生服务中心(站)	4109	3275
全市卫生机构卫生人员数(人)	60044	56100
#卫生技术人员	48300	44577
#执业医师	16099	15618
执业助理医师	908	975
注册护士	19577	17668
药剂人员	2954	2783
检验人员	3216	2919
其他卫生技术人员	5546	4614
#医院卫生人员	40466	38431
社区卫生服务中心卫生人员	8786	7156

注:本表数据由市卫生局提供,下同。

表14—17 各类医院基本情况(2010年)

指　标	机构数(个)	实有床位数(张)	卫生人员数(人)	#卫生技术人员	#执业(助理)医师
全　市	162	25894	40466	32982	10698
综合医院	109	16383	24673	20405	6630
中医院	13	2840	4745	3994	1353
中西医结合医院	2	663	1292	1032	408
专科医院	37	5968	9703	7508	2293
护理院	1	40	53	43	14

表14—18　医疗机构病床使用情况(2010年)

指　标	平均开放床位数（张）	病床周转次数（次）	病床使用率（%）	出院者平均住院日(日)
全　市	30232	24.74	82.41	11.71
医院	25156	26.99	90.25	11.85
综合医院	15896	27.46	87.44	11.33
中医院	2706	29.17	105.11	13.03
中西结合医院	663	30.44	99.41	11.85
专科医院	5851	24.47	90.28	12.79
社区卫生服务中心(站)	3993	14.83	45.38	10.69
卫生院	505	11.59	25.76	7.57
专科疾病防治院(所、站)	39	3.44	89.52	74.71

注:本表数据由市卫生局提供。

表 14—19 主要年份卫生机构、卫生技术人员、医院床位数

年份	卫生机构(个)	卫生技术人员数(人)	#医生	医院床位数(张)
1949	59			5300
1952	206	3900	1500	1616
1957	512	7300	2900	2961
1962	852	12400	4400	7360
1965	897	11300	4900	7431
1970	846	10500	4000	8996
1975	1132	17300	6900	10812
1978	1320	21300	7800	12231
1979	1424	23000	8200	12361
1980	1418	24000	9100	11989
1985	1486	30127	12556	13969
1990	1610	34476	15726	17407
1995	1501	36376	16384	19019
1997	1301	35957	15840	17599
1998	1285	35705	15543	17521
1999	1318	35773	16078	17789
2000	1269	35270	15239	18140
2005	1612	34000	14292	19344
2006	2085	36935	15169	20100
2007	2241	40897	15705	21031
2008	1770	42337	16060	22865
2009	1764	56100	16593	24738
2010	2211	60044	17007	25894

注:本表数据来源于市卫生局,从 2002 年起“医生”即“执业医师、执业助理医师”数。

主要统计指标解释

文化事业机构 指从事专业文化工作和为专业文化工作服务的独立建制的单位，不包括这些单位另外举办独立核算的其他机构和各部门的业余文化组织。

执业（助理）医师和注册护士 指领取医师执业证书和注册护士证书的人员。

艺术表演团体 指从事戏曲、音乐、舞蹈、杂技等专业艺术表演，有独立帐户的单位，不包括半工半艺、半农半艺和民间职业剧团。

等级运动员人数 指经考核正式批准授予等级运动员称号的人数。运动员等级分为国际级运动健将、运动健将、一级运动员、二级运动员、三级运动员、少年级运动员。

等级裁判员人数 指经考核正式批准授予等级裁判员称号的人数。裁判员等级分为国际裁判、国家级裁判、一级裁判、二级裁判、三级裁判。

卫生机构 指从卫生行政部门取得《医疗机构执业许可证》，或从民政、工商行政、机构编制管理部门取得法人单位登记证书，为社会提供医疗保障、疾病控制、卫生监督服务或从事医学科研和教育等工作的单位。

卫生技术人员 指卫生事业机构支付工资的全部职工中现任职务为卫生技术工作的专业人员，包括执业医师、执业助理医师、注册护士、药剂人员、检验人员和其他卫生技术人员。

有线电视入户率 指能接收到有线广播电视台、有线电视站（系统内和系统外）和共享天线系统播放的有线电视节目的家庭户数与总户数的比例。计算公式：

$$\text{有线电视入户率} = \frac{\text{年末有线电视总用户数}}{\text{年末总户数}} \times 100\%$$

（十五）司法、社会福利与其他社会活动

CHAPTER 15
JUDICATURE, SOCIAL WELFARE AND OTHERS

2011' NANJING STATISTICAL YEARBOOK 2011' NANJING STATISTICAL YEARBOOK 2011' NANJING STATISTICAL YEARBOOK 2011' NANJING STATISTICAL YEARBOOK
2011南京统计年鉴 2011南京统计年鉴 2011南京统计年鉴 2011南京统计年鉴 2011南京统计年鉴 2011南京统计年鉴

表 15—1 律师、公证、基层司法基本情况

指标	2010 年	2009 年
律师工作		
律师事务所(个)	221	190
取得律师执业资格(人)	2012	1752
担任常年法律顾问(家)	4709	4510
民事诉讼代理(件)	23702	20951
行政诉讼代理(件)	354	284
非诉讼法律事务(件)	4849	3358
刑事辩护及代理(件)	5493	3362
公证工作		
公证处(个)	16	16
办结公证总数(件)	200912	245084
国内公证	119968	168389
民事公证	52584	67593
经济公证	67384	100796
涉外公证	80944	73815
基层司法工作		
法律服务所(个)	66	69
法律工作人员(人)	315	307
司法所工作人员(人)	806	805
年末人民调解委员会(个)	2471	2468
年末调解人员(人)	17601	17601
调解纠纷总数(件)	60346	34950
法律援助工作		
法律援助机构数(不含律师行)(个)	14	14
得到法律援助机构援助的妇女数(人)	3011	2807
得到法律援助机构援助的未成年人数(人)	321	488
基层法院建立少年法庭数(个)	5	6
#审理案件数(件)	640	946

注:本表数据由市司法局、市法院提供。

表 15—2 民政事业费支出情况

计量单位:万元

指　　标	2010年	2009年
总　　计	188976.8	158933.8
抚恤费	13407.6	11511.0
安置	72737.0	64483.3
城镇居民最低生活保障费	31168.7	19738.0
农村及其他城镇社会救济	21690.7	26206.9
社会福利	19233.3	12161.8
民政管理事务	22582.7	18107.7
自然灾害生活救助	325.9	189.9
地方离退休人员经费	1183.9	1780.0
其他款项用于民政支出	6647.0	4755.2

注:本表数据由市民政局提供。

表 15—3　收养性社会福利单位情况(2010 年)

计量单位:人

指　标	机构数（个）	从业人员（人）	年末床位数（张）	年末在院总人数（人）	#女性	康复和医疗门诊人次（人次数）
合　计	235	3562	28600	18556	6112	319570
社会福利院	14	387	2723	2400	1234	24087
儿童福利院	2	226	544	653	193	5940
社会福利医院	2	483	1484	1470	389	208841
城镇老年福利机构	190	2266	19635	10660	3397	80702
农村老年福利机构	27	200	4214	3373	899	
其他福利机构						

注:本表数据由市民政局提供。

表15—4 工会组织基本情况

指　　标	2010年	2009年
基层工会数(个)	10314	9683
其中:企业合计	7428	7225
其中:内资企业	6626	6359
港澳台商投资企业	229	265
外商投资企业	573	601
事业单位	1467	1305
机关	607	750
个体经济组织	567	403
工会会员数(人)	1789570	1704293
专职工会工作人员(人)	1241	1972
兼职工会工作人员(人)	48904	46972
联合工会涵盖单位数(个)	24587	23009
联合工会会员人数(人)	507674	463374
职代会职工代表人数(人)	149295	142765
其中:女性	55631	55716
建立董事会单位数(个)	2298	1123
职工董事人数(人)	562	967
其中:女性	210	346

注:本表数据由市总工会提供。

主要统计指标解释

民政事业费支出 指报告期内本辖区各项民政事业费实际支出的总数额。包括抚恤事业费、军队移交地方安置的离退休人员费用、社会救济福利事业费、救灾支出以及其他民政事业费。

城镇居民最低生活保障人数 指在报告期末家庭平均收入在当地规定的最低生活保障线以下的城镇居民数。包括“三无”对象、失业人员和在职、下岗、退休人员等。

农村居民最低生活保障人数 指报告期末在建立农村最低生活保障制度的地区，得到当地政府或集体给予最低生活保障的农业人口数。

农村传统救济人数 指未开展最低生活保障制度的农村地区，仍沿用传统救济制度救济贫困人口数。

社会福利企业 指以集中安置有一定劳动能力的残疾人就业为目的（残疾职工占生产人员10%以上）、带有社会福利性质的特殊企业的总称。

律师 指受聘参加法律顾问处工作，担任法律顾问、刑（民）事代理人、刑事辩护人，办理非诉讼事件、解答法律询问，代写法律事务文书等主要从事律师业务的专职法律工作者和兼职律师。

公证人员 指在国家公证机关依法办理公证事务的司法人员，包括公证员、助理公证员和在公证处工作的其他人员。

办理公证文书 指公证处在一定时期内办结的公证文书件数。公证文书按司法部规定或批准的格式制作，包括国内公证和涉外公证两部分。国内公证分为经济合同公证和民事法律关系公证两大类。

调解人员 指在人民调解委员会担负调解民间一般民事纠纷和轻微违法行为引起纠纷的工作人员，包括调解委员会的委员和调解小组的调解员。

调解民间纠纷 指调解委员会依照法律规定，根据自愿原则，用说服教育的方法调解民间发生的有关民事权利和义务的争执，促成当事双方达到协议和谅解，解决纠纷。包括婚姻家庭纠纷，财产权益纠纷等，不包括法院受理调解的民事案件数。

（十六）
城市建设与环境保护

CHAPTER 16
URBAN CONSTRUCTION AND ENVIRONMENTAL PROTECTION

表16—1　2000年以来公共交通和轮渡

指　　标	2000年	2005年	2006年	2007年	2008年	2009年	2010年
运营车辆(辆)	3538	5158	5246	5709	5911	6201	6662
＃地铁		84	120	120	120	120	366
标准运营车辆(标台)	3592	5914	6193	6926	7352	7791	8695
＃地铁		210	300	300	300	300	915
运营线路网长度(公里)	1061	2656	2575	3080	3194	3141	3548.6
＃地铁		22	22	22	22	22	81.6
公交客运总量(万人次)	134705	96920	100827	106481	112712	125200	126887
＃地铁		357	5798	8016	10379	11535	21460
出租汽车(辆)	8597	9055	9262	9997	10151	10364	10593
运营船数(艘)	21	9	15	15	15	15	19
轮渡客运总量(万人次)	1797	1344	1329	1411	1334	1290.7	1201

注:本表由市交通局提供。

表16—2　城市煤气、液化石油气、天然气

指　　标	2000年	2005年	2006年	2007年	2008年	2009年	2010年
煤气供气总量(万立方米)	330288	1265490	1398020	1612365	1537567	1712275	1918223.38
＃家庭用量	12892	9261.00	2765	500	682	609	673.80
用气人口(万人)	96.06	35.99	5.87	4.57	4.30	4.27	2.13
液化石油气供气总量(吨)	107196	145509	168276	165489	133368	154397	146475.68
＃家庭用量	80272	81903	78962	80505	76863	83297.7	76408.93
用气人口(万人)	158.76	295.86	259.94	273.50	257.90	253.21	236.97
天然气供气总量(万立方米)	—	14173.00	31492	38408	42941	45195	57890.70
＃家庭用量	—	3886.00	6444	8350	10639	11748	15544.95
用气人口(万人)	—	132.00	165.51	181.68	211.20	231.75	253.30

注:本表由市住房和城乡建设委员会提供,不含两县数据,下同;2006年城市建设统计口径变化,城市统计范围为城区,不包括乡镇地域,与往年不可比,下同。

表16—3　城市设施水平

指　　标	2000年	2005年	2006年	2007年	2008年	2009年	2010年
城市人口密度(人/平方公里)	2966	1084	1815	1933	1546	1596	1600
人均拥有城市维护建设资金(元)	2042	2414	2784	4440	6909	9519.47	3584
人均日生活用水量(升)	493.96	318.06	239.96	234.41	252.04	262.41	314.8
用水普及率(%)	100.00	92.06	100.00	100.00	100.00	100.00	100
每万人拥有公共交通车辆(标台)	14.04	11.52	14.36	14.84	15.38	15.82	17.57
气化率(%)	99.59	90.35	100.00	97.56	99.00	99.32	99.50
人均拥有道路面积(平方米)	8.54	14.47	17.14	17.12	18.41	18.91	19.35
建成区排水管道密度(公里/平方公里)	6.80	6.59	5.69	7.60	7.67	7.94	8.00
污水处理率(%)	63.63	81.21	83.20	83.58	85.96	87.50	88.82
人均公园绿地面积(平方米)	—	—	13.20	12.99	13.2	13.6	13.69
建成区绿化覆盖率(%)	40.96	44.94	45.49	45.92	46.12	44.11	44.38
生活垃圾粪便无害处理率(%)	85.76	87.46	94.58	96.64	96.93	74.88	78.74

注：2006年取消人均公共绿地面积指标，新增人均公园绿地面积指标。自2009年起，各项人均指标计算时包括暂住人口。

表16—4　城市供水和节约用水

指　　标	2000年	2005年	2006年	2007年	2008年	2009年	2010年
综合生产能力(万立方米/日)	536	589.80	579.40	726.00	613.00	596	645.8
供水总量(万立方米)	135052	118875.0	117604	104760	105129.64	108735	112326
＃工业用量	81821	53208.3	57908.44	42154	42771	41803	40876
生活用量	52197	54868.72	46146.56	51238	43989	47182	56862
用水人口(万人)	289.51	472.62	431.32	466.75	478.16	492.61	494.87
节约用水量(万立方米)	1185	2513	2803	3280	3780	4230	4730
生产用水重复利用量(万立方米)	119350	107934	178913	141768	198746	178802	183717

注:本表由市住房和城乡建设委员会提供。自2009年起,用水人口指标计算时包括暂住人口。

表 16—5　市政工程设施

指　　标	2000 年	2005 年	2006 年	2007 年	2008 年	2009 年	2010 年
道路长度（公里）	1802	6132	5244	5273	5358	5467.2	5599
道路面积（万平方米）	2185	7427	7392	7991	8805	9314	9576
路灯盏数（盏）	45914	172280	143555	172314	180033	198457	241712
排水管道长度（公里）	1370	3380	3274	4390	4540	4747	4948
桥梁数（座）	464	1359	1154	1154	1396	1419	1498
污水年排放量（万吨）	121199	120628	67817	75191	77523	76094	80490
污水日处理能力（万吨）	226.77	384.82	431.30	392.30	424.30	426.50	428.60
污水年处理量（万吨）	77122	97964	56426	62843	66637	66582	71493
污水处理厂（座）	3	10	10	12	17	16	17
防洪堤长度（公里）	497	1454	1464	1464	1464	1488	1636

注：本表由市住房和城乡建设委员会提供，下表同。

表 16—6　城市园林绿化

指　　标	2000 年	2005 年	2006 年	2007 年	2008 年	2009 年	2010 年
绿化覆盖面积（公顷）	11118	75226	78918	81279	82279	83198	84848
#建成区	8250	23037	26156	26517	27307	26384	27456
园林绿地面积（公顷）	10587	71020	74276	75612	76317	75538	77087
公共绿地面积（公顷）	2250.16	6139.99	—	—	—	—	—
公园绿地面积（公顷）	—	—	5694	6064	6312	6699	6773
公园个数（个）	40	59	59	60	62	62	62
公园面积（公顷）	1725	2605	2606	2717	2790	2790	2790
风景名胜区游人量（万人次）	—	—	752	798	886	772	1592

注：根据国家住建部统计制度，风景名胜区游人量仅统计国家级、省级风景名胜区游人量。2010 年新增雨花台省级风景名胜区，与同期不可比。

表16—7　环境经济

指　　标	2000年	2005年	2006年	2007年	2008年	2009年	2010年
环境保护投资(亿元)	20.83	72.55	85.00	99.69	113.21	127.18	164.89
#城市环境基础设施建设投资	12.31	63.28	76.58	73.17	74.71	84.10	111.83
环境保护投资占地区生产总值比例(%)	2.04	3.00	3.06	3.04	3.00	3.01	3.24

注:本表由市环保局提供,下同。

表16—8　城市环境质量

指　　标	2000年	2005年	2006年	2007年	2008年	2009年	2010年
集中式饮用水水源地水质达标率(%)	98.81	100.00	99.53	100.00	100.00	100.00	100.00
地表水功能区水质达标率(%)	86.11	97.20	93.75	100.00	100.00	100.00	100.00
可吸入颗粒物浓度年均值(毫克/立方米)	—	0.109	0.109	0.107	0.098	0.100	0.114
二氧化硫浓度年均值(毫克/立方米)	0.029	0.052	0.063	0.058	0.054	0.035	0.036
二氧化氮浓度年均值(毫克/立方米)	—	0.054	0.052	0.051	0.053	0.048	0.046
环境空气质量良好以上天数(天)	293	304	305	312	322	315	302
区域互不干涉噪声平均值(dB(A))	54.4	54.0	53.8	54.1	53.6	54.7	54.7
交通干线噪声平均值(dB(A))	69.2	69.4	68.3	68.6	69.0	68.5	68.5

表16—9　环境建设与管理

指　　标	2000年	2005年	2006年	2007年	2008年	2009年	2010年
自然保护区面积(平方公里)	589.24	665.44	729.32	749.00	758.5	760.4	1119.79
自然保护区覆盖率(%)	8.93	10.11	11.08	11.34	11.52	11.55	17.00
环境噪声达标区面积(平方公里)	133.84	385.86	452.10	517.48	544.10	551.28	551.28
环境噪声达标区域覆盖率(%)	66.45	75.36	78.60	90.00	90.40	92.2	89.11
烟尘控制区面积(平方公里)*	273.46	567.43	666.50	709.90	736.50	736.5	736.5

注:*指建成区。

表16—10　工业污染排放与治理

指　　标	2000年	2005年	2006年	2007年	2008年	2009年	2010年
废水排放量(亿吨)	6.49	4.70	4.32	4.04	3.77	3.63	3.38
废水中化学需氧量排放量(万吨)	3.61	3.03	2.84	2.69	2.56	2.25	2.02
废水排放达标率(%)	84.24	91.34	93.01	95.06	95.45	95.41	95.21
重复用水率(%)	58.2	72.31	80.90	87.10	86.78	87.24	88.1
废气排放量(亿标立方米)	2155	3754	3921	4042	4362	4734	5738.23
二氧化硫排放量(万吨)	13.23	14.91	14.56	13.84	13.76	13.40	11.55
烟尘排放量(万吨)	5.15	4.76	4.26	3.71	3.39	3.12	3.38
粉尘排放量(万吨)	5.41	5.37	5.27	4.84	4.44	4.17	3.76
二氧化硫去除量(万吨)	7.76	31.56	34.50	42.41	42.03	49.47	60.66
烟尘去除量(万吨)	137.98	283.78	276.90	257.69	271.79	242.71	300.88
粉尘去除量(万吨)	58.11	71.05	84.40	74.62	78.73	77.96	87.01
工业固体废物产生量(万吨)	652.24	1159.10	1277.50	1340.10	1384.06	1442.24	1656.50
#危险废物	14.49	21.30	23.10	25.30	18.91	18.25	22.53
工业固体废物综合利用量(万吨)	530.95	1051.6	1174.50	1259.05	1283.42	1318.72	1471.36
#危险废物	13.49	17.37	19.45	19.57	13.84	13.73	10.20
工业固体废物综合利用率(%)	79.10	87.43	88.47	91.10	92.40	91.37	88.82
工业固体废物处置量(万吨)	23.04	17.88	13.78	16.24	15.31	18.94	37.86
#危险废物	1.00	3.11	3.61	5.67	5.47	5.02	12.51
重点污染治理项目数(个)	299	135	117	138	128	101	77
污染治理项目完成投资额(万元)	32331	20593	52712	58591	64284	77425.9	31637.2

注:本表由市环保局提供。

表16—11　城市环境卫生

指　　标	2000年	2005年	2006年	2007年	2008年	2009年	2010年
全年生活垃圾清运量(万吨)	99.24	169.00	161.50	160.60	163.04	160.46	184.78
粪便清运量(万吨)	126.40	193.90	12.24*	10.36	10.38	10.49	10.64
环卫机械车辆总数(辆)	579	777	780	974	986	968	1134
公厕数量(座)	937	1559	1315	1060	1098	1145	1151
环卫职工人数(人)	5782	13101	11218	—	—	—	—

注:本表由市住建委提供。*从2006年开始,将原有粪便产生量统计改变为实际清运量统计,故2006年数据与以往年份不可比。

主要统计指标解释

供水综合生产能力 指按供水设施取水、净化、送水、出厂输水干管等环节实际测定计算的综合生产能力。

供水总量 指报告期供水企业（单位）供出的全部水量。包括有效供水量和漏损水量。

生活用水量 指居民日常生活与公共福利设施的用水量，包括居民、饮食店、旅馆、医院、理发店、浴池、洗衣店、游泳池、商店、学校、机关、部队等单位的用水量。

城市人口用水普及率 指城市用水人口数与城市人口总数之比。

计算公式为：用水普及率＝城市用水人口数/城市人口总数＊100％

燃气供应总量 指报告期燃气企业（单位）向用户供应的燃气数量。包括销售量和损失量。

燃气普及率 指报告期末使用燃气的城市人口数与城市人口总数的比率。

计算公式：燃气普及率＝用气人口数/城市人口总数＊100％

道路长度 指道路长度和与道路相通的桥梁、隧道的长度，按车行道中心线计算。

排水管道长度 指所有排水总管、干管、支管、检查井及连接井进出口等长度之和。计算时应按单管计算，即在同一条街道上如有两条或两条以上并排的排水管道时，应按每条排水管道的长度相加计算。

污水处理能力 指污水处理厂（或处理装置）每昼夜处理污水量的设计能力。

运营车数 指报告期末公交企业（单位）用于运营业务的全部车辆数。以企业（单位）固定资产台帐中已投入运营的车辆数为准；新购、新制和调入 的运营车辆，自投入之日起开始计算；调出、报废和调作他用的运营车辆，自上级主管机关批准之日起不再计入。

园林绿地面积 指报告期末用作园林和绿化的各种绿地面积。包括公共绿地、居住区绿地、单位附属绿地、防护绿地、生产绿地、道路绿地和风景林地面积。不包括：

1. 屋顶绿化、垂直绿化、阳台绿化和室内绿化。

2. 以物质生产为主的林地、耕地、牧草地、果园和竹园等。

3. 城市总体规划中不列入绿地的水域。

公园绿地 指向公众开放的、以游憩为主要功能，有一定的游憩设施和服务设施，同时兼有健全生态、美化景观、防灾减灾等综合作用的绿化用地。

工业废水排放量 指经过企业厂区所有排放口排到企业外部的工业废水量。包括生产废水、外排的直接冷却水、超标排放的矿井地下水和与工业废水混排的厂区生活污水，不包括外排的间接冷却水（清污不分流的间接冷却水应计算在内）。

工业废水排放达标量 指各项指标都达到国家或地方排放标准的外排工业废水量，包括未经处理外排达标和经过处理后外排达标两部分。

工业废水处理量 指报告期内各种水治理设施实际处理的工业废水量，包括处理后外排和处理后回用的工业废水量和虽经处理但未达到国家或地方排放标准的废水量。如车间和厂排放口均有治理设施，并对同一废水分级处理时，不应重复计算工业废水处理量。

工业废气排放量 指企业厂区内燃料燃烧和生产工艺过程中产生的各种排入空气的含有污染物的气体总量，按标准状态〔273K，101325Pa〕计算。

工业二氧化硫排放量 指企业在燃料燃烧和生产工艺过程中排入大气的二氧化硫数量。

工业烟尘排放量 指企业厂区内燃料燃烧产生的烟气中夹带的颗粒物数量。

工业粉尘排放量 指企业在生产工艺过程中排放的颗粒物重量，如钢铁企业的耐火材料粉尘、焦化企业的筛焦系统粉尘、烧结机的粉尘、石灰窑的粉尘、建材企业的水泥粉尘等。不包括电厂排入大气的烟尘。

工业固体废物产生量 指企业在生产过程中产生的固体状、半固体状和高浓度液体状废弃物的总量，包括危险废物、冶炼废渣、粉煤灰、炉渣、煤矸石、尾矿、放射性废物和其他废物等；不包括矿山开采的剥离废石和掘进废石（煤矸石和呈酸性或碱性的废石除外）。酸性或碱性废石指采掘的废石其流经水、雨淋水的 pH 值小于 4 或 pH 值大于 10.5 者。

工业固体废物处置量 指将固体废物焚烧或者最终置于符合环境保护规定要求的场所，并不再回取的工业固体废物量（包括当年处置往年的工业固体废物累计贮存量）。处置方法有填埋（其中危险废物应安全填埋）、焚烧、专业贮存场（库）封场处理、深层灌注、回填矿井等。

工业固体废物排放量 指将所产生的固体废物排到固体废物污染防治设施、场所以外的数量，不包括矿山开采的剥离废石和掘进废石（煤矸石和呈酸性或碱性的废石除外）。

（十七）区县社会经济

CHAPTER 17
SOCIAL ECONOMY BY DISTRICT AND COUNTY

表17—1 分区、县户籍人口及构成(2010年末)

计量单位:人

地区	总人口	按性别分		性别比例（以女性为100）
		男	女	
全市	6324244	3196530	3127714	102.20
市区	5483729	2765389	2718340	101.73
城区	2439654	1235701	1203953	102.64
玄武	514920	265771	249149	106.67
白下	463140	232810	230330	101.08
秦淮	253422	125376	128046	97.92
建邺	240254	119212	121042	98.49
鼓楼	658795	333282	325513	102.39
下关	309123	159250	149873	106.26
郊区	3044075	1529688	1514387	101.01
浦口	564508	282497	282011	100.17
栖霞	429086	216380	212706	101.73
雨花台	226560	118251	108309	109.18
江宁	935952	464885	471067	98.69
六合	887969	447675	440294	101.68
县	840515	431141	409374	105.32
溧水	413326	210761	202565	104.05
高淳	427189	220380	206809	106.56

注:本表户籍资料根据市公安局提供的数据编制。

表17—2　分区、县年末户数(2010年末)

计量单位:户

地　　区	2010年	比上年增加
全　　市	2092943	36571
市　区	1805054	32867
城　区	793063	10856
玄　武	140741	1380
白　下	159446	972
秦　淮	101336	285
建　邺	87986	4482
鼓　楼	188556	1758
下　关	114998	1979
郊　区	1011991	22011
浦　口	183095	6891
栖　霞	137893	2374
雨花台	80692	2158
江　宁	322329	9992
六　合	287982	596
县	287889	3704
溧　水	141324	886
高　淳	146565	2818

注:本表户籍资料根据市公安局提供的数据编制。

表17—3 分区、县年末常住人口

计量单位:万人

地　　区	2010年	2009年	2010年为上年%
全　　市	800.76	771.31	103.8
市　区	716.82	686.52	104.4
城　区	335.93	344.92	97.4
玄　武	65.23	64.33	101.4
白　下	60.22	62.88	95.8
秦　淮	40.59	39.16	103.7
建　邺	42.74	46.06	92.8
鼓　楼	82.64	86.71	95.3
下　关	44.51	45.78	97.2
郊　区	380.89	341.60	111.5
浦　口	71.05	60.94	116.6
栖　霞	64.47	52.54	122.7
雨花台	39.15	36.14	108.3
江　宁	114.62	99.66	115.0
六　合	91.6	92.32	99.2
县	83.94	84.79	99.0
溧　水	42.14	41.72	101.0
高　淳	41.8	43.07	97.1

注:本表根据全市人口普查数据推算。

表17—4 分区、县人口出生与死亡(2010年)

计量单位:人、‰

地区	出生		死亡		自然增长	
	人数	出生率	人数	死亡率	人数	增长率
全市	57379	9.09	49642	7.87	7737	1.22
市区	48353	8.84	38802	7.09	9551	1.75
城区	19167	7.85	12495	5.12	6672	2.73
玄武	3565	6.92	2005	3.89	1560	3.03
白下	3781	8.13	2626	5.65	1155	2.48
秦淮	2134	8.42	1785	7.05	349	1.37
建邺	2618	11.20	1314	5.62	1304	5.58
鼓楼	4683	7.03	2658	3.99	2025	3.04
下关	2386	7.75	2107	6.85	279	0.90
郊区	29186	9.63	26307	8.68	2879	0.95
浦口	5656	10.20	4419	7.94	1237	2.26
栖霞	3462	8.04	2607	6.06	855	1.98
雨花台	2244	10.00	1233	5.50	1011	4.51
江宁	9487	10.20	7021	7.54	2466	2.66
六合	8337	9.39	11027	12.40	−2690	−3.01
县	9026	10.75	10840	12.92	−1814	−2.17
溧水	4231	10.20	7113	17.20	−2882	−7.00
高淳	4795	11.30	3727	8.75	1068	2.55

注:本表户籍资料根据市公安局提供的数据编制。

表17—5　分区、县计划生育情况(2010年)

计量单位:人

地　　区	出生人数	一　孩	二　孩	三孩及三孩以上	计划内生育
全　　市	43518	40448	2994	76	43374
市　区	39306	37344	1903	59	39192
城　区	17247	16817	426	4	17231
玄　武	2625	2561	64	0	2620
白　下	2256	2171	85	0	2256
秦　淮	2251	2136	112	3	2248
建　邺	2878	2847	31	0	2878
鼓　楼	4869	4804	65	0	4863
下　关	2368	2298	69	1	2366
郊　区	22059	20527	1477	55	21961
浦　口	4261	4037	220	4	4249
栖　霞	2632	2563	69	0	2631
雨花台	2054	1938	115	1	2042
江　宁	7297	6698	564	35	7258
六　合	5815	5291	509	15	5781
县	4212	3104	1091	17	4182
溧　水	2013	1541	463	9	1986
高　淳	2199	1563	628	8	2196

注:本表数据由市人口和计划生育委员会提供。

表17—6 分区、县婚姻登记情况(2010年)

地区	内地居民登记结婚对数(对)	内地居民再婚人数(对)	内地居民准予登记离婚对数(对)
全市	66225	13906	24612
市区	59111	12542	22996
城区	27010	5701	11027
玄武	7028	971	2140
白下	4344	1002	1721
秦淮	2472	655	1127
建邺	2862	757	2040
鼓楼	7075	1238	2184
下关	3229	1078	1815
郊区	32101	6841	11969
浦口	6067	1129	1868
栖霞	3663	513	1543
雨花台	2394	820	933
江宁	10268	2947	5381
六合	9709	1432	2244
县	7114	1364	1616
溧水	3884	801	892
高淳	3230	563	724

注:本表数据由市民政局提供。

表17—7 分区、县地区生产总值(在地口径)(2010年)

计量单位:亿元

地　区	地区生产总值	第一产业增加值	第二产业增加值	第三产业增加值
玄武区	372.82	0.13	39.13	333.56
白下区	348.78		47.96	300.82
秦淮区	117.54	0.03	37.84	79.67
建邺区	237.96	0.59	136.76	100.61
鼓楼区	401.04		32.89	368.15
下关区	207.84		43.17	164.67
浦口区	369.10	23.39	207.66	138.06
栖霞区	681.11	5.67	517.46	157.98
雨花台区	214.87	0.55	104.94	109.38
江宁区	678.58	32.13	407.60	238.85
六合区	575.99	32.55	413.52	129.91
溧水县	250.16	22.38	156.60	71.18
高淳县	247.26	23.46	141.29	82.51

表17—8 分区、县地区生产总值(评价口径)(2010年)

计量单位:亿元

地区	地区生产总值	第一产业增加值	第二产业增加值	#工业增加值	第三产业增加值
玄武区	281.54		25.05	9.73	256.49
白下区	278.67		37.93	17.13	240.74
秦淮区	104.66	0.03	37.07	29.09	67.56
建邺区	97.16	0.59	22.60	8.50	73.97
鼓楼区	322.94		29.30	12.50	293.64
下关区	182.28		42.35	31.55	139.93
浦口区	322.46	23.39	179.34	158.23	119.73
栖霞区	445.25	5.67	351.96	323.26	87.62
雨花台区	170.69	0.55	81.59	69.42	88.55
江宁区	620.22	32.13	389.50	331.50	198.60
六合区	415.76	32.55	277.23	248.13	105.98
溧水县	243.64	22.38	156.60	132.60	64.66
高淳县	242.52	23.46	141.29	113.67	77.77

表 17—9 分区、县地区生产总值发展速度（评价口径）(2010 年)

计量单位：%

地 区	地区生产总值	第一产业增加值	第二产业增加值	#工业增加值	第三产业增加值
玄武区	113.2		112.5	100.9	113.3
白下区	113.0		103.1	93.1	114.4
秦淮区	113.1	92.8	112.3	120.2	113.5
建邺区	113.7	76.0	115.2	94.7	113.6
鼓楼区	113.0		113.9	105.1	113.0
下关区	113.1		113.4	109.8	113.1
浦口区	116.0	104.8	121.4	122.9	111.0
栖霞区	115.1	95.3	115.7	116.0	114.3
雨花台区	115.1	75.0	112.2	113.1	118.3
江宁区	115.1	104.1	116.8	117.3	113.8
六合区	115.2	104.0	118.7	119.0	110.1
溧水县	116.0	105.1	118.4	118.6	113.6
高淳县	114.8	105.1	117.2	118.3	113.8

注：本表发展速度按可比价计算。

表17—10 分区、县私营和个体从业人员(2010年)

计量单位:人

地 区	私营企业从业人员	个体从业人员
全 市	1322888	472329
市 区	1135289	434172
玄 武	93202	32657
白 下	99500	45313
秦 淮	56318	28328
建 邺	60005	25706
鼓 楼	124608	31470
下 关	36421	30913
浦 口	97469	42991
栖 霞	94055	33999
雨花台	46913	34461
江 宁	152758	81472
六 合	154167	46862
县	187599	38157
溧 水	87610	21128
高 淳	99989	17029

注:本表数据来自市工商局。

表17—11 分区、县地方财政一般预算收入（2010年）

计量单位：万元

地 区	2010年	2010年为上年%
全 市	5188008	119.4
玄武区	265721	118.5
白下区	263938	112.2
秦淮区	106085	119.6
建邺区	229287	120.1
鼓楼区	380802	114.6
下关区	150684	118.7
浦口区	462400	117.2
栖霞区	333010	114.0
雨花台区	205771	122.0
江宁区	903000	126.1
六合区	336085	121.5
溧水县	200168	138.8
高淳县	135008	126.5

注：本表数据由市财政局提供。

表 17—12 分区、县城镇居民人均可支配收入(2010 年)

计量单位:元

地 区	2010 年	2010 年为上年%
玄武区	30495	110.1
白下区	29430	111.0
秦淮区	25531	111.8
建邺区	25732	112.0
鼓楼区	30863	110.2
下关区	27131	111.2
浦口区	26249	111.5
栖霞区	26026	110.5
雨花台区	25578	111.2
江宁区	27349	110.5
六合区	25578	111.2
溧水县	24468	111.1
高淳县	25576	111.2

表17—13 农村经济概况（2010年）

指标	全市	其中		
		浦口	栖霞	雨花台
一、基本情况				
镇数（个）	29	4		
村民委员会数（个）	571	62	34	9
总人口（万人）	632.42	56.45	42.91	22.66
＃乡村人口（万人）	207.17	24.76	6.91	3.09
乡村总户数（万户）	65.21	7.63	2.47	1.19
年末乡村从业人员（万人）	121.50	12.99	4.42	2.04
＃农林牧渔业从业人员（万人）	30.05	2.44	1.65	0.22
工业从业人数（万人）	35.02	4.09	1.43	0.81
二、农业				
1. 生产条件				
有效灌溉面积（千公顷）	189.73	23.53	7.08	1.1
旱涝保收面积（千公顷）	138.68	18.8	5.52	1.1
受灾面积（千公顷）	5.97			
绝收面积（千公顷）	0.93			
农业机械总动力（万千瓦）	206.21	23.03	5.18	1.47
＃排灌机械动力（万千瓦）	65.86	6.74	2.15	0.60
机耕地面积（千公顷）	235.83	21.60	10.50	0.42
化肥施用量（折纯量）（吨）	90107	4434	5407	2384
农药使用量（吨）	2425	43	260	60
地膜使用量（吨）	2204	235	264	41
农村用电量（万千瓦小时）	286199	26352	8348	19287

注：本表受灾面积和绝收面积数据来源于市民政局。

表17—13　续表1

指　　标	江　宁	六　合	溧　水	高　淳
一、基本情况				
镇数(个)		9	8	8
村民委员会数(个)	77	132	91	134
总人口(万人)	93.60	88.80	41.33	42.72
#乡村人口(万人)	50.92	51.99	31.58	35.72
乡村总户数(万户)	16.36	14.96	10.47	11.24
年末乡村从业人员(万人)	30.71	29.61	17.74	22.86
#农林牧渔业从业人员(万人)	6.82	7.77	4.48	6.29
工业从业人数(万人)	10.95	7.19	5.04	5.25
二、农业				
1. 生产条件				
有效灌溉面积(千公顷)	49.80	44.70	29.06	30.36
旱涝保收面积(千公顷)	40.60	28.20	11.33	29.03
受灾面积(千公顷)		4.26	1.15	0.56
绝收面积(千公顷)		0.83	0.01	0.09
农业机械总动力(万千瓦)	46.54	51.8	28.48	49.71
#排灌机械动力(万千瓦)	21.13	7.42	17.26	10.55
机耕地面积(千公顷)	50.87	61.43	51.23	39.78
化肥施用量(折纯量)(吨)	12314	30105	12424	22315
农药使用量(吨)	609	379	568	446
地膜使用量(吨)	500	384	341	293
农村用电量(万千瓦小时)	93599	42063	56015	31170

表 17—13　续表 2

指　标	全　市	其　中		
		浦　口	栖　霞	雨花台
2. 农作物总播种面积(千公顷)	335.28	40.10	13.70	0.85
粮食	161.11	16.44	5.83	0.20
稻谷	96.63	9.48	2.07	0.16
小麦	44.92	4.50	2.60	0.04
玉米	8.51	0.76	0.79	
大豆	4.8	0.85	0.31	
油菜籽	47.68	5.09	0.55	0.10
棉花	2.94	0.21		
苎麻	0.87			
糖料	0.23	0.01		
蔬菜	89.83	13.83	6.89	0.55
3. 农林牧渔业产品产量(吨)				
粮食	1106435	109353	34810	1354
稻谷	791351	76549	16976	1219
小麦	210859	20728	11901	135
玉米	57537	4838	4894	
大豆	13063	2433	762	
油菜籽	109223	11744	1263	195
棉花	4135	301		
苎麻	2008			
糖料	10317	474		
烤烟				
茶叶	2092	192	3	20
园林水果	85273	18108	430	426
猪牛羊肉总产量	75162	15995	1911	1597
#猪肉产量	70068	15308	1891	1591
牛奶产量	86071	15450	5290	275
水产品产量	204183	39772		
全年造林面积(公顷)	4007	382	394	140

表17—13　续表3

指　　标	江　宁	六　合	溧　水	高　淳
2. 农作物总播种面积(千公顷)	68.54	99.69	58.63	52.28
粮食	30.98	48.78	33.10	25.78
稻谷	22.00	26.16	20.40	16.36
小麦	5.35	15.02	9.72	7.69
玉米	0.76	4.83	0.64	0.73
大豆	1.20	1.12	0.80	0.52
油菜籽	11.58	12.46	8.98	8.92
棉花	1.22	0.51	0.52	0.48
苎麻	0.16	0.07	0.64	
糖料	0.10		0.11	0.01
蔬菜	17.79	31.80	11.44	6.04
3. 农林牧渔业产品产量(吨)				
粮食	229293	322621	225413	183591
稻谷	190027	202039	165766	138775
小麦	22361	72977	46509	36248
玉米	4673	34525	3918	4689
大豆	3134	3108	2088	1538
油菜籽	24489	28932	20517	22083
棉花	1609	709	767	749
苎麻	492	170	1346	
糖料	4761		4682	400
烤烟				
茶叶	661	64	591	554
园林水果	15348	6050	31442	6608
猪牛羊肉总产量	10431	24115	10366	9387
#猪肉产量	9928	21973	9096	8921
牛奶产量	47480	8600	327	
水产品产量	51404	38992	26682	40807
全年造林面积(公顷)	930	668	883	610

表 17—13 续表 4

指标	全市	其中		
		浦口	栖霞	雨花台
4. 农林牧渔及服务业总产值(现价)(万元)	2447531	407593	97097	10568
农业	1394403	226381	78399	4872
林业	31168	6875	823	0
牧业	394385	91821	7350	3965
渔业	506240	62531	7380	1665
农林牧渔服务业	121335	19985	3145	65
农林牧渔及服务业增加值(现价)(万元)	1422772	233879	56661	5525
三、农民人均收入和支出情况				
(一) 农民人均纯收入(元)	11128	11188	12679	12810
1. 工资性收入	6908	6715	9637	9254
2. 家庭经营收入	3392	3508	2032	1112
3. 财产性收入	372	423	520	1594
4. 转移性收入	456	542	490	850
(二) 农民人均支出(元)	11089	11385	10722	10356
#生活消费支出	8477	8849	9307	8913
家庭经营支出	1433	1575	629	760
税费支出	49	1	0	56
购置生产性固定资产	148	13	1	
财产性支出	47	8		
转移性支出	935	939	785	627

表17—13 续表5

指 标	江宁	六合	溧水	高淳
4. 农林牧渔及服务业总产值(现价)(万元)	551776	554769	381055	408420
农业	319338	353571	226366	162047
林业	4955	9750	3860	4619
牧业	77620	94902	60794	49868
渔业	127520	73656	58855	170211
农林牧渔服务业	22343	22890	31180	21675
农林牧渔及服务业增加值(现价)(万元)	321252	325548	223806	234596
三、农民人均收入和支出情况				
(一) 农民人均纯收入(元)	11289	10804	10804	11156
1. 工资性收入	7603	7327	5949	5519
2. 家庭经营收入	2744	2813	4190	4870
3. 财产性收入	570	246	161	281
4. 转移性收入	372	418	504	486
(二) 农民人均支出(元)	10928	10144	11017	12706
#生活消费支出	8720	8266	8307	8121
家庭经营支出	699	846	1778	3172
税费支出	145	—	32	39
购置生产性固定资产	1	348	32	305
财产性支出	1	—	1	266
转移性支出	1362	684	867	803

表17—14　分区、县规模以上工业产销情况（2010年）

地　区	企业单位数（个）	工业总产值（千元）	工业销售产值（千元）	工业产销率（%）
全　市	3917	860949983	848257743	98.5
玄武区	53	4976679	4862272	97.7
白下区	38	8036663	7907744	98.4
秦淮区	66	10990209	10538035	95.9
建邺区	30	3562437	3559588	99.9
鼓楼区	47	4595792	4491269	97.7
下关区	46	12756372	12920664	101.3
浦口区	484	62836735	61325799	97.6
栖霞区	404	158917322	158142594	99.5
雨花台区	207	26408185	25644059	97.1
江宁区	1181	133628428	129908279	97.2
六合区	511	102050350	100803458	98.8
溧水县	557	46175810	45026609	97.5
高淳县	277	38410013	37442391	97.5

表17—15 分区、县规模以上工业企业主要经济指标(2010年)

计量单位:千元

地区	企业单位数(个)	#亏损企业	工业总产值
全市	3917	465	860949983
玄武区	53	7	4976679
白下区	38	3	8036663
秦淮区	66	17	10990209
建邺区	30	5	3562437
鼓楼区	47	6	4595792
下关区	46	10	12756372
浦口区	484	44	62836735
栖霞区	404	81	158917322
雨花台区	207	39	26408185
江宁区	1181	190	133628428
六合区	511	44	102050350
溧水县	557	13	46175810
高淳县	277	4	38410013

表 17—15　续表 1

指　　标	资产总计	流动资产	固定资产原价	累计折旧	负债	流动负债
全　　市	696077439	370345240	358779012	139200188	402715110	339474221
玄武区	6335302	2906146	3475335	958666	3137197	2485223
白下区	10857772	6426971	4513842	1885593	5362367	4519599
秦淮区	13338653	8392034	4495771	1582748	8546075	7763622
建邺区	9192056	3949780	576601	245720	6509916	6374962
鼓楼区	8456477	6525506	1246147	498380	4993583	4538787
下关区	14112513	10371837	3775261	1423141	10123174	9493909
浦口区	45925307	29642144	18505937	6026271	25982497	22792751
栖霞区	114864058	63923654	53769528	19802192	71976601	54459894
雨花台区	22573696	12998342	12199177	5225716	14301473	12011915
江宁区	118407532	75176584	50117337	15337110	64337899	56714033
六合区	94836676	33492779	62583255	20344989	52347125	38293675
溧水县	25339910	13754506	13322328	4168698	14774990	13401794
高淳县	19525816	9706419	8052438	2326628	11783667	9755416

表 17—15　续表 2

地　　区	主营业务收入	主营业务税金及附加	利税总额	盈亏相抵后利润总额	从业人员平均人数(人)
全　　市	862535193	23375120	107995543	49791047	805873
玄 武 区	5105021	31632	830003	573270	8206
白 下 区	9165433	154366	706067	399578	12117
秦 淮 区	11640855	23883	903963	592957	16428
建 邺 区	3572066	6054	880866	684536	5472
鼓 楼 区	4689916	34797	761485	401240	9075
下 关 区	12347741	53958	1359252	1082126	10475
浦 口 区	61976840	267604	7840214	4699140	71861
栖 霞 区	161706963	145279	13271902	5610874	115682
雨花台区	25012821	109284	1737167	654220	44083
江 宁 区	127231300	2136473	16217043	10243821	188433
六 合 区	100700191	289228	12463413	8758725	108603
溧 水 县	45308787	259159	6457803	4195636	66315
高 淳 县	38337627	182974	4678426	3020329	62809

表17—16　分区、县全社会固定资产投资(2010年)

计量单位:亿元

地　区	全社会固定资产投资	#工业投资	#房地产开发投资
全　市	3306.05	1601.31	754.76
玄武区	91.60	6.36	55.08
白下区	94.23	3.31	73.81
秦淮区	68.18	5.23	28.65
建邺区	175.89	3.49	117.42
鼓楼区	83.09	1.15	40.34
下关区	102.45	1.20	65.80
浦口区	410.00	195.00	73.21
栖霞区	290.84	180.16	71.30
雨花台区	214.18	65.78	59.15
江宁区	630.00	365.12	99.05
六合区	455.04	340.09	28.71
溧水县	224.53	192.10	12.51
高淳县	190.11	131.70	11.20

表17—17 分区、县社会消费品零售总额(2010年)

计量单位:亿元

地区	2010年	2010年为上年%
全 市	2288.74	118.3
玄武区	262.24	117.3
白下区	409.56	117.1
秦淮区	157.81	121.3
建邺区	92.63	121.2
鼓楼区	289.90	117.3
下关区	140.14	117.2
浦口区	108.67	121.1
栖霞区	103.15	121.0
雨花台区	121.72	121.3
江宁区	197.73	121.1
六合区	162.12	119.4
溧水县	70.51	120.0
高淳县	82.49	119.4

表 17—18 分区、县出口总额(按经营单位口径)(2010 年)

计量单位:万美元

地　　区	2010 年	2010 年为上年%
全　　市	2488488	134.8
玄 武 区	182331	134.4
白 下 区	570659	128.3
秦 淮 区	16333	116.3
建 邺 区	32270	135.6
鼓 楼 区	297826	139.1
下 关 区	9238	131.3
浦 口 区	151995	177.1
栖 霞 区	432466	126.4
雨花台区	196963	117.8
江 宁 区	381666	125.7
六 合 区	64646	170.0
溧 水 县	27708	123.5
高 淳 县	23374	154.2

注:本表数据由市商务局提供。

表17—19　分区、县新批三资企业数(2010年)

计量单位:个

地　　区	2010年	2010年为上年%
全　　市	387	116.2
玄武区	15	93.8
白下区	20	80.0
秦淮区	15	187.5
建邺区	53	481.8
鼓楼区	24	114.3
下关区	6	66.7
浦口区	34	60.7
栖霞区	23	104.5
雨花台区	25	208.3
江宁区	96	121.5
六合区	30	90.9
溧水县	29	120.8
高淳县	17	106.3

注:本表数据由市投资促进委员会提供。

表17—20 分区、县实际使用外资（2010年）

计量单位：万美元

地　区	2010年	2010年为上年%
全　市	281601	118.0
玄武区	8757	125.0
白下区	8430	114.9
秦淮区	8224	94.5
建邺区	32091	193.6
鼓楼区	11205	49.0
下关区	7840	113.2
浦口区	32024	121.8
栖霞区	38494	106.5
雨花台区	9612	127.2
江宁区	72733	121.1
六合区	37389	119.2
溧水县	11784	146.9
高淳县	3018	144.6

注：本表数据由市投资促进委员会提供。

表17—21 分区、县对外承包劳务实际完成营业额(2010年)

计量单位:万美元

地　区	2010年	2010年为上年%
玄武区	55	—
白下区	6827	79.7
秦淮区	0	—
建邺区	65	130.0
鼓楼区	11161	119.3
下关区	1100	—
浦口区	5954	316.0
栖霞区	12227	108.2
雨花台区	2060	196.4
江宁区	83055	124.0
六合区	5668	157.4
溧水县	2695	898.3
高淳县	55	—

注:本表数据由市商务局提供。

表17—22 中小学、幼儿园分区、县学校数(2010年)

计量单位:所

地区	普通中学		小学	幼儿园
	完中及高中	初中		
全市	60	155	345	501
市区	53	129	289	440
城区	29	40	136	206
玄武	7	8	22	38
白下	6	7	27	41
秦淮	3	3	19	20
建邺	2	8	14	29
鼓楼	8	8	35	46
下关	3	6	19	32
郊区	24	89	153	234
浦口	3	21	35	51
栖霞	4	11	27	49
雨花台	3	4	12	27
江宁	9	26	28	60
六合	5	27	51	47
县	7	26	56	61
溧水	3	15	25	30
高淳	4	11	31	31

注:本表数据由市教育局提供。

表17—23 中小学、幼儿园分区、县在校学生数(2010年)

计量单位:人

地区	普通中学		小学	幼儿园
	完中及高中	初中		
全市	97782	150835	288280	152835
市区	81888	128489	252018	133982
城区	41101	53668	108970	59196
玄武	9533	12748	19787	11122
白下	8620	8913	19761	11108
秦淮	3709	4268	11797	5650
建邺	2669	8146	12880	7841
鼓楼	13384	13902	30450	15765
下关	3186	5691	14295	7710
郊区	40787	74821	143048	74786
浦口	6016	13953	26722	12653
栖霞	3789	8586	20209	11414
雨花台	3360	6086	11929	9626
江宁	15432	24168	45917	24448
六合	12190	22028	38271	16645
县	15894	22346	36262	18853
溧水	8688	10779	18408	9653
高淳	7206	11567	17854	9200

注:本表数据由市教育局提供,其中浦口区、六合区数据含小学附设幼儿班。

表17—24　中小学、幼儿园分区、县专任教师数（2010年）

计量单位：人

地　区	普通中学	小学	幼儿园
全　市	22316	19607	10302
市　区	19237	16952	9312
城　区	8564	7572	4376
玄　武	1720	1316	838
白　下	1659	1338	891
秦　淮	913	897	418
建　邺	1040	941	533
鼓　楼	2285	2042	1172
下　关	947	1038	524
郊　区	10673	9380	4936
浦　口	1950	1890	909
栖　霞	1391	1423	824
雨花台	778	693	705
江　宁	3609	2837	1586
六　合	2945	2537	912
县	3079	2655	990
溧　水	1617	1258	529
高　淳	1462	1397	461

注：本表数据由市教育局提供。

表 17—25 分区、县公共文化设施数(2010年)

计量单位:个

地区	图书馆	艺术表演场所	群艺馆和文化馆	文化站	博物馆	艺术展览	文化宫、青少年宫、科技馆等
全市	18	14	16	113	42	2	18
玄武区	4	4	3	8	15	1	1
白下区	1	3	1	7	3	1	2
秦淮区	1	1	1	5	3		1
建邺区	1		1	7	2		3
鼓楼区	1	2	1	7	3		3
下关区	1		1	6	2		1
浦口区	1		1	11	1		1
栖霞区	1		1	10	1		1
雨花台区	1		1	7	4		2
江宁区	1	1	1	10	3		
六合区	2	1	2	19	3		1
溧水县	2	1	1	8	1		1
高淳县	1	1	1	8	1		1

注:本表数据由市文广新局提供。

表17—26　分区、县卫生机构情况(2010年)

计量单位:个

地　区	机构数	其　中			
		医　院	疾病预防控制中心（防疫站）	社区卫生服务中心、卫生院	妇幼保健所（站）
总　计	2211	162	20	601	7
玄武区	151	15	2	17	14
白下区	231	23	1	21	1
秦淮区	70	12	1	9	1
建邺区	82	3	1	18	1
鼓楼区	218	26	4	16	1
下关区	112	7	2	12	2
浦口区	181	11	1	48	1
栖霞区	170	16	1	15	1
雨花区	69	5	2	20	1
江宁区	357	19	1	233	1
六合区	292	7	2	169	1
溧水县	111	5	1	12	1
高淳县	167	13	1	11	1

注:本表数据由市卫生局提供。

表 17—27 分区、县卫生机构床位和人员情况(2010 年)

地　　区	床位数（张）	卫生人员（人）	执业医师和助理医师(人)	注册护士（人）
总　　计	31090	60044	17007	19577
玄 武 区	2348	5310	1535	1547
白 下 区	2510	6369	1763	2146
秦 淮 区	2544	4395	1283	1526
建 邺 区	1255	2516	741	819
鼓 楼 区	9137	17486	4645	6400
下 关 区	1576	2667	751	1010
浦 口 区	1529	2614	795	646
栖 霞 区	1518	2941	1016	909
雨 花 区	781	1623	528	492
江 宁 区	2634	5501	1640	1643
六 合 区	2800	4722	1253	1299
溧 水 县	1075	1810	527	549
高 淳 县	1383	2090	530	591

注:本表数据由市卫生局提供。

表17—28　分区、县参加农村合作医疗情况

计量单位：万人

地　区	参加农村合作医疗的人数	
	2010年	2009年
全　市	193.91	194.89
玄武区	—	—
白下区	—	—
秦淮区	—	—
建邺区	—	1.17
鼓楼区	—	—
下关区	—	—
浦口区	20.36	21.11
栖霞区	10.04	10.83
雨花区	3.41	3.17
江宁区	49.76	48.99
六合区	50.88	50.10
溧水县	27.59	27.78
高淳县	31.87	31.74

注：本表数据由市卫生局提供。

表17—29 分区、县社会福利单位、床位和社区服务设施基本情况(2010年)

地 区	社会福利收养性单位数(个)	社会福利收养性单位床位数(张)	社区服务设施数(个)
全 市	235	28600	2090
市本级	4	3044	0
玄武区	18	1866	194
白下区	29	2079	66
秦淮区	20	1425	163
建邺区	15	1010	42
鼓楼区	17	2286	128
下关区	21	1329	79
浦口区	14	1430	79
栖霞区	22	1706	352
雨花区	15	907	222
江宁区	19	4343	131
六合区	20	2993	419
溧水县	10	1522	60
高淳县	11	2660	155

注:本表数据由市民政局提供。

（十八）附录

CHAPTER 18 APPENDIX

表 18—1　2010 年度（第十届）综合实力“二十强镇及涉农街道”排名

序　号	单位名称
01	江宁区东山街道
02	浦口区泰山街道
03	浦口区江浦街道
04	溧水县永阳镇
05	江宁区汤山街道
06	浦口区沿江街道
07	江宁区秣陵街道
08	江宁区禄口街道
09	六合区雄州街道
10	高淳县淳溪镇
11	雨花台区宁南街道
12	栖霞区燕子矶街道
13	雨花台区板桥街道
14	雨花台区铁心桥街道
15	浦口区桥林街道
16	栖霞区栖霞街道
17	栖霞区尧化街道
18	江宁区谷里街道
19	栖霞区马群街道
20	江宁区横溪街道

表 18—2 2010 年度(第十六届)综合实力“百强村”排名

序 号	单位名称	序 号	单位名称
001	高淳县古柏镇武家嘴村	026	六合区葛塘街道中山村
002	江宁区东山街道章村村	027	江宁区汤山街道古泉村
003	高淳县古柏镇江张村	028	江宁区麒麟街道泉水村
004	江宁区麒麟街道锁石村	029	浦口区泰山街道大桥村
005	浦口区泰山街道桥北村	030	高淳县桠溪镇桠溪村
006	浦口区沿江街道冯墙村	031	浦口区江浦街道团结村
007	江宁区汤山街道上峰村	032	栖霞区栖霞街道新合村村
008	高淳县淳溪镇西舍村	033	江宁区东山街道泥塘村
009	江宁区东山街道中前村	034	江宁区禄口街道马铺村
010	江宁区禄口街道彭福村	035	溧水县和凤镇张家村
011	雨花台区铁心桥街道铁心桥村	036	江宁区禄口街道石埝村
012	雨花台区铁心桥街道马家店村	037	栖霞区迈皋桥街道兴卫村
013	江宁区麒麟街道麒麟门村	038	雨花台区西善桥街道梅山村
014	雨花台区西善桥街道油坊村	039	江宁区东山街道上坊村
015	高淳县淳溪镇宝塔村	040	雨花台区板桥街道新建村
016	江宁区麒麟街道麒麟铺村	041	溧水县永阳镇戴家村
017	溧水县永阳镇城郊村	042	溧水县永阳镇工农兵村
018	雨花台区铁心桥街道尹西村	043	雨花台区西善桥街道西善桥村
019	雨花台区铁心桥街道定坊村	044	雨花台区西善桥街道古遗井村
020	高淳县阳江镇东湖村	045	浦口区盘城街道江北村
021	雨花台区铁心桥街道高家库村	046	江宁区横溪街道甘泉湖村
022	六合区雄州街道钱仓村	047	浦口区盘城街道盘城村
023	高淳县桠溪镇桥李村	048	江宁区汤山街道孟墓村
024	栖霞区迈皋桥街道奋斗村	049	六合区葛塘街道工农村
025	栖霞区迈皋桥街道万寿村	050	高淳县淳溪镇戴村

表 18—2　续表

序　号	单位名称	序　号	单位名称
051	江宁区淳化街道青龙村	076	浦口区沿江街道京新村
052	雨花台区板桥街道孙家村	077	雨花台区板桥街道永安村
053	江宁区汤山街道汤山村	078	江宁区湖熟街道和进村
054	六合区雄州街道桥西村	079	栖霞区迈皋桥街道迈皋桥村
055	栖霞区栖霞街道石埠桥村	080	江宁区秣陵街道殷巷村
056	溧水县洪蓝镇傅家边村	081	溧水县和凤镇沙塘庵村
057	溧水县白马镇石头寨村	082	溧水县洪蓝镇三里亭村
058	江宁区汤山街道高庄村	083	江宁区湖熟街道湖熟村
059	浦口区沿江街道复兴村	084	江宁区横溪街道横溪村
060	浦口区顶山街道吉庆村	085	江宁区东山街道永安村
061	溧水县晶桥镇芝山村	086	江宁区汤山街道作厂村
062	溧水县石湫镇光明村	087	江宁区禄口街道成功村
063	高淳县淳溪镇八字角村	088	浦口区顶山街道石佛村
064	江宁区秣陵街道牛首村	089	浦口区永宁镇侯冲村
065	雨花台区板桥街道三山村	090	江宁区江宁街道南山湖村
066	江宁区秣陵街道长山村	091	浦口区盘城街道永丰村
067	江宁区秣陵街道杨村村	092	浦口区桥林街道滨江村
068	浦口区江浦街道光明村	093	浦口区盘城街道老幼岗村
069	溧水县石湫镇明觉村	094	江宁区江宁街道清修村
070	溧水县洪蓝镇西旺村	095	江宁区谷里街道祖堂村
071	江宁区东山街道高桥村	096	浦口区桥林街道西山村
072	江宁区湖熟街道新跃村	097	高淳县淳溪镇王村
073	江宁区淳化街道青山村	098	六合区横梁镇石庙村
074	江宁区横溪街道西岗村	099	浦口区江浦街道五里村
075	溧水县东屏镇方边村	100	高淳县淳溪镇花奔村

表 18—3　2010 年工业企业 100 强

企业名称	主要产品	地址
中国石化股份有限公司金陵分公司	原油加工	栖霞区甘家巷 388 号
中国石化扬子石油化工有限公司	有机化工原料制造	六合沿江工业开发区新华路 777 号
南京钢铁集团有限公司	钢铁冶炼	六合区卸甲甸南钢二村
乐金显示(南京)有限公司	生产液晶显示模组	南京经济技术开发区 LG 产业园 LG 路 1 号
上海梅山钢铁股份有限公司	热轧板卷生产	区雨花台中华门外
扬子石化一巴斯夫有限责任公司	有机化学原料制造	南京市六合区新华东路 8 号
南京夏普电子有限公司	液晶电视生产	南京经济技术开发区尧新路 318 号
南京华新有色金属有限公司	有色金属	南京经济技术开发区恒业路 1 号
南京爱立信熊猫通信有限公司	移动电话及通信设备制造	江宁区池田路 32 号
南京汽车集团有限公司	汽车生产	浦口区浦泗路 18 号
江苏中烟工业有限责任公司南京卷烟厂	卷烟制造	建邺区梦都路 30 号
长安福特马自达汽车有限公司南京分公司	整车制造	江宁区苏源大道
南京 LG 新港显示有限公司	生产显示器	南京经济技术开发区尧新大道 346 号
上海大众汽车有限公司南京分公司	整车制造	江宁开发区胜太西路 66 号
红太阳集团有限公司	化学农药制造	高淳县淳溪镇宝塔路 269 号
乐金化学(南京)信息电子材料有限公司	生产和销售偏光板	南京经济技术开发区恒谊路 17 号
中国长江航运集团金陵船厂	金属船舶制造	下关区燕江路 55 号
中国石化集团南京化学工业有限公司	苯胺生产	六合区葛关路 189 号
南京高速齿轮制造有限公司	风电齿轮箱制造	江宁开发区
南京长安汽车有限公司	微型汽车	溧水县毓秀路
熊猫电子集团有限公司	无线电通信设备	玄武区中山东路 301 号
中国石化集团资产经营管理有限公司金陵石化分公司	烷基苯产品生产	栖霞区甘家巷
东华汽车实业有限公司	汽车零部件及配件生产	鼓楼区芦席营 68 号
南车南京浦镇车辆有限公司	铁路客车新造	浦口区龙虎巷 5 号
南京晨光集团有限责任公司	改装汽车	秦淮区中华门 1 号
南京帝斯曼东方化工有限公司	己内酰胺生产	六合区永利路 1 号
喜星电子(南京)有限公司	生产销售背光模组	南京经济技术开发区兴友路 30 号
南京乐金熊猫电器有限公司	全自动洗衣机生产	白下区海福巷 118 号
国睿集团有限公司	天线	建邺区奥体大街 69 号
中电电气(南京)光伏有限公司	太阳能电池板的生产	江宁区佛城西路 123 号
塞拉尼斯(南京)化工有限公司	冰醋酸	六合南京化学工业园区 B07-01 地块
华能南京金陵发电有限公司	火力发电	栖霞区润华路 2 号
金城集团有限公司	航空产品生产	白下区中山东路 518 号

表 18—3 续表 1

企业名称	主要产品	地址
南京医药产业(集团)有限责任公司	中成药制造	玄武区唱经楼西街 65 号
惠生(南京)化工有限公司	一氧化碳	南京化工园园区西路 168 号
博西华电器(江苏)有限公司	小家电、厨房电器	南京经济技术开发区尧新大道 208 号
塞拉尼斯(南京)多元化有限公司	增强热塑性塑料	六合化工园区方水路 168-003
南京云海特种金属股份有限公司	镁合金	溧水县新桥居委会
南京锦湖轮胎有限公司	汽车外胎	栖霞区和燕路 418 号
德纳(南京)化工有限公司	二元醇醚	南京市化学工业园白龙路 2 号
江苏雨花集团有限公司	钢材	雨花台区油坊村 166 号
南京汽轮电机(集团)有限责任公司	汽轮机、燃汽轮机	下关区中央北路 80 号
瀚斯宝丽显示科技(南京)有限公司	液晶显示面板	南京经济技术开发区恒通大道 18 号
南京大吉铁塔制造有限公司	输变电铁塔制造	浦口区兰花塘
南京南瑞集团公司	电力控制系统	浦口区高新区 D11 栋
南京炼油厂有限责任公司	聚丙烯树脂	栖霞区甘家巷 388 号
南京南瑞继保工程技术有限公司	继电保护装置	江宁区胜太路 99 号
邦基(南京)粮油有限公司	大豆油	南京经济技术开发区新港大道 99 号
南京雨润食品有限公司	肉制品	建邺区雨润路 17 号
中石化资产经营管理公司扬子石化分公司	发电	六合沿江工业开发区新华路 777 号
南京喜之郎食品有限公司	果冻	溧水县机场路
南京红宝丽股份有限公司	聚氨酯硬泡	高淳县淳溪镇太安路 128 号
长安福特马自达发动机有限公司	车用发动机	江宁区吉印大道 1299 号
国电南京自动化股份有限公司	继电保护	鼓楼区新模范马路 38 号
国电南瑞科技股份有限公司	电力控制系统	浦口区高新路 20 号
南京先声东元制药有限公司	化学药品制剂	浦口区开发区兴隆路 8 号
江苏华瑞国际实业集团有限公司	针织服装	江宁开发区诚信大道 509 号
艾欧史密斯(中国)热水器有限公司	热水器	南京经济技术开发区尧新大道 336 号
南京金浦锦湖化工有限公司	烧碱	南京化工园丰华路 139 号
南京南车浦镇城轨车辆有限责任公司	城轨地铁车辆	浦口区高新开发区柳州路
南京普天通信股份有限公司	配线分线设备	秦淮区普天路 1 号
南京扬子石化炼化有限责任公司	工业乙烷	南京市大厂区新华路 710 号
南京立业电力变压器有限公司	变压器	浦口区开发区万寿路 6 号
塞拉尼斯(南京)乙酰衍生物有限公司	醋酐	南京市六合区化工园 168 号-052
仕达利恩(南京)光电有限公司	背光模组	南京经济技术开发区恒飞路 31 号
江苏帕威尔电气有限公司	中置柜生产	江宁区帕威路 8 号

表 18—3　续表 2

企业名称	主要产品	地　址
中电电气(南京)新能源有限公司	光伏组件	江宁开发区水阁路 6 号
南京中萃食品有限公司	饮料	浦口区新科三路 16 号
江苏辉伦太阳能科技有限公司	太阳能电池组装	浦口区新科二路苏美达科技工业园 5 号楼
瑞仪光电(南京)有限公司	TFT - LCD 导光板	南京经济技术开发区恒通大道 35 号
南京华润热电有限公司	电力生产	雨花经济开发区
可利亚多元醇(南京)有限公司	聚醚多元醇	南京市六合化学工业园区白龙路 8 号
华宝通讯(南京)有限公司	手机	江宁开发区苏源大道 68-2 号
南京瀚宇彩欣科技有限责任公司	液晶显示面板	南京经济技术开发区恒飞路 18 号
南京化纤股份有限公司	粘胶长丝	六合区红山工业园
西门子数控(南京)有限公司	机床数控系统	江宁区西门子路 18 号
南京港华燃气有限公司	燃气供应	玄武区中央路 214 号
南京德朔实业有限公司	激光测距仪	江宁区将军大道 159 号
南京健友生物化学制药有限公司	化学药品原料药	浦口区 MA010-1 号
南京菲尼克斯电气有限公司	通用端子	江宁区菲尼克斯路 36 号
菱天(南京)精细化工有限公司	二甲基甲酰胺	南京市化学工业园区丰华路 168 号
南京扬子石化金浦橡胶有限公司	丁苯橡胶	南京市六合区化工园方水路 90-668
南京金晟达电工材料有限公司	铜材加工	溧水县交山
南京宝庆首饰总公司	黄金饰品	白下区太平南路 107 号
江苏钟山化工有限公司	环氧丙烷	栖霞区太新路 46 号
兰精(南京)钎维有限公司	特种粘胶纤维	六合区红山精细化工园
江苏奕淳武家嘴船舶重工有限公司	船舶	浦口区周云
华能国际电力股份有限公司南京电厂	火力发电	六合区大厂凤南路 98 号
南京奥托立夫汽车安全系统有限公司	汽车零部件	南京经济技术开发区恒达 18 号
江苏金桐化学工业有限公司	支链烷基苯	南京经济技术开发区恒发路 18 号
金桐石油化工有限公司	支链烷基苯	南京经济技术开发区尧新大道 201 号
南京奥特佳冷机有限公司	制冷设备	秦淮区大明路 103 号
溧水县大金山农用车制造有限公司	农用车制造	溧水县交山
江苏南热发电有限责任公司	火力发电	南京市六合区凤南路 158 号
幸星(南京)数码有限公司	背光灯管	南京经济技术开发区恒飞路 51 号
南京中船绿洲机器有限公司滨江公司	船舶及浮动装置	江宁区丽水大街
南京造币厂	造币	江宁区天印大道 919 号
中国水泥厂有限公司	水泥制造	栖霞区水泥厂路 185 号
南京宁凯机械有限公司	机械加工	区西善桥街道油坊村贾东村 102 号
英华达(南京)科技有限公司	小灵通制造	江宁区将军大道 6 号

表18—4　2010年大中型工业企业名单

企业名称	规模	企业名称	规模
中国石化股份有限公司金陵分公司	大型	南京德朔实业有限公司	大型
中国石化扬子石油化工有限公司	大型	英华达(南京)科技有限公司	大型
南京钢铁集团有限公司	大型	南京中船绿洲机器有限公司	大型
乐金显示(南京)有限公司	大型	南京武家嘴船舶制造有限公司	大型
上海梅山钢铁股份有限公司	大型	南京华东电子集团有限公司	大型
南京爱立信熊猫通信有限公司	大型	华飞彩色显示系统有限公司	大型
南京汽车集团有限公司	大型	统宝光电(南京)有限公司	大型
长安福特马自达汽车有限公司南京分公司	大型	南京金箔集团有限责任公司	大型
上海大众汽车有限公司南京分公司	大型	南京法伯耳纺织有限公司	大型
红太阳集团有限公司	大型	南京市自来水总公司	大型
乐金化学(南京)信息电子材料有限公司	大型	南京金宁电子集团有限公司	大型
中国长江航运集团金陵船厂	大型	上海梅山矿业有限公司	大型
中国石化集团南京化学工业有限公司	大型	扬子石化-巴斯夫有限责任公司	中型
南京高速齿轮制造有限公司	大型	南京夏普电子有限公司	中型
熊猫电子集团有限公司	大型	江苏中烟工业有限责任公司南京卷烟厂	中型
中国石化集团资产经营管理有限公司金陵石化分公司	大型	南京LG新港显示有限公司	中型
东华汽车实业有限公司	大型	南京长安汽车有限公司	中型
南车南京浦镇车辆有限公司	大型	南京帝斯曼东方化工有限公司	中型
南京晨光集团有限责任公司	大型	南京乐金熊猫电器有限公司	中型
喜星电子(南京)有限公司	大型	江苏雨花集团有限公司	中型
国睿集团有限公司	大型	南京大吉铁塔制造有限公司	中型
中电电气(南京)光伏有限公司	大型	南京南瑞集团公司	中型
金城集团有限公司	大型	南京炼油厂有限责任公司	中型
南京医药产业(集团)有限责任公司	大型	南京南瑞继保工程技术有限公司	中型
博西华电器(江苏)有限公司	大型	南京红宝丽股份有限公司	中型
南京云海特种金属股份有限公司	大型	长安福特马自达发动机有限公司	中型
南京锦湖轮胎有限公司	大型	国电南瑞科技股份有限公司	中型
南京汽轮电机(集团)有限责任公司	大型	南京先声东元制药有限公司	中型
瀚斯宝丽显示科技(南京)有限公司	大型	南京普天通信股份有限公司	中型
南京雨润食品有限公司	大型	南京立业电力变压器有限公司	中型
中国石化集团资产经营管理有限公司扬子石化分公司	大型	仕达利恩(南京)光电有限公司	中型
南京喜之郎食品有限公司	大型	江苏帕威尔电气有限公司	中型
国电南京自动化股份有限公司	大型	中电电气(南京)新能源有限公司	中型
江苏华瑞国际实业集团有限公司	大型	南京中萃食品有限公司	中型
艾欧史密斯(中国)热水器有限公司	大型	南京华润热电有限公司	中型
瑞仪光电(南京)有限公司	大型	南京瀚宇彩欣科技有限责任公司	中型
华宝通讯(南京)有限公司	大型	西门子数控(南京)有限公司	中型
南京化纤股份有限公司	大型	南京港华燃气有限公司	中型

表 18—4 续表 1

企业名称	规模	企业名称	规模
南京宝庆首饰总公司	中型	南京延锋江森座椅有限公司	中型
江苏钟山化工有限公司	中型	可隆(南京)特种纺织品有限公司	中型
兰精(南京)钎维有限公司	中型	南京菲克斯特脚手架有限公司	中型
江苏奕淳武家嘴船舶重工有限公司	中型	采埃孚转向泵金城(南京)有限公司	中型
华能国际电力股份有限公司南京电厂	中型	南京大全电气有限公司	中型
南京奥托立夫汽车安全系统有限公司	中型	江苏汇通电力设备有限公司	中型
南京奥特佳冷机有限公司	中型	南京线路器材厂	中型
江苏南热发电有限责任公司	中型	南京长江电子信息产业集团有限公司	中型
幸星(南京)数码有限公司	中型	南京康尼机电新技术有限公司	中型
南京造币厂	中型	南京东嘉船舶制造有限公司	中型
中国水泥厂有限公司	中型	南京钛白化工有限责任公司	中型
南京宁凯机械有限公司	中型	南京华泰船业有限公司	中型
北方电科集团有限公司	中型	弓箭玻璃器皿(南京)有限公司	中型
菲尼克斯亚太电气(南京)有限公司	中型	南京白象食品有限公司	中型
南京南瑞继保电气有限公司	中型	南京菲时特管业有限公司	中型
南京天加空调设备有限公司	中型	江苏金智科技股份有限公司	中型
南京长江给排水管道有限责任公司	中型	江苏银茂控股(集团)有限公司	中型
海信(南京)电器有限公司	中型	南京消防器材股份有限公司	中型
伟创力(南京)科技有限公司	中型	南京三乐电子信息产业集团有限公司	中型
智水电子(南京)有限公司	中型	南京中锗科技股份有限公司	中型
三韩电子(南京)有限公司	中型	翰林泰科电子(南京)有限公司	中型
南京高精齿轮集团有限公司	中型	南京业基电器设备有限公司	中型
东爵有机硅(南京)有限公司	中型	南京宝色股份有限公司	中型
南京卫岗乳业有限公司	中型	南京协众汽车空调集团有限公司	中型
南京际华三五二一特种装备有限公司	中型	汉佰(南京)纺织品有限公司	中型
大唐南京发电厂	中型	艾志工业技术集团有限公司	中型
江苏奥赛康药业有限公司	中型	南京小洋人生物科技发展有限公司	中型
南京威孚金宁有限公司	中型	东洋电子(南京)有限公司	中型
南京第二热电厂	中型	南京港口机械厂	中型
南京佳和日化有限公司	中型	南京正大天晴制药有限公司	中型
南京梅山能源有限公司	中型	金城化学(江苏)有限公司	中型
南京景鹰制衣有限公司	中型	南京深宁磁电有限公司	中型
南京高灵(集团)公司	中型	江苏金陵机械制造总厂(5311 厂)	中型
代傲电子控制(南京)有限公司	中型	南京远望富硒农产品有限公司	中型
南京金陵塑胶化工有限公司	中型	南京中大金陵双层客车制造有限公司	中型
璨宇光学(南京)有限公司	中型	南京金露服装有限公司	中型
江苏中圣高科技产业有限公司	中型	南京三龙水泥有限责任公司	中型
埃梯梯(南京)有限公司	中型	江苏高淳陶瓷股份有限公司	中型

表 18—4　续表 2

企业名称	规模	企业名称	规模
金佰利(南京)个人卫生用品有限公司	中型	南京龙源铁塔制造有限公司	中型
江南一小野田水泥有限公司	中型	英华通(南京)科技有限公司	中型
中材科技股份有限公司	中型	南京胜利体育用品实业有限公司	中型
南京汽车变速箱有限公司	中型	南京星乔汽车零部件有限公司	中型
法雷奥汽车自动传动系统(南京)有限公司	中型	精博电子(南京)有限公司	中型
南京中联水泥有限公司	中型	南京金石磊交通工程材料有限公司	中型
南京汪海投资发展集团有限公司	中型	南京桂花鸭集团有限公司	中型
南京永华船业有限公司	中型	南京联塑科技实业有限公司	中型
南京金岛服装有限公司	中型	南京西普水泥工程集团有限公司	中型
南京六合华龙制衣厂	中型	南京威迩德汽车零部件有限公司	中型
南京江标集团有限责任公司	中型	南京江陵机电制造有限责任公司	中型
南京圣迪奥时装有限公司	中型	维格娜丝时装股份有限公司	中型
南京国电南自电网自动化有限公司	中型	南京老山药业股份有限公司	中型
溢泰(南京)环保科技有限公司	中型	南京徐工汽车制造有限公司	中型
南京江宁水务集团有限公司	中型	南京钢铁集团冶山矿业有限公司	中型
江苏长龙汽车配件制造有限公司	中型	南京美华羽绒制品有限公司羽绒制品厂	中型
江苏双龙集团有限公司	中型	南京圣和药业有限公司	中型
南京莱斯信息技术股份有限公司	中型	南京新联电子股份有限公司	中型
江苏长江涂料有限公司	中型	南京忠信交通设施有限公司	中型
南京百事可乐饮料有限公司	中型	南京二机齿轮机床有限公司	中型
南京台康科技有限公司	中型	中电电气(南京)特种变压器有限公司	中型
南京三和管桩有限公司	中型	南京江龙制衣厂	中型
南京际华五三零二服饰装具有限责任公司	中型	南京中盛铁路车辆配件有限公司	中型
汉成电子(南京)有限公司	中型	南京华晶集团有限公司	中型
南京宇扬金属有限公司	中型	南京栖霞化工有限公司	中型
南京百江液化气有限公司	中型	南京市江宁区造纸厂	中型
南京轻工业机械厂	中型	南京通洋纺织有限公司	中型
南京新南宇玻璃有限公司	中型	通用磨坊食品(南京)有限公司	中型
南京电气(集团)有限公司	中型	南京鑫鼎服装有限公司	中型
南京高特齿轮箱制造有限公司	中型	南京宝泰特种材料有限公司	中型
南京兰埔成实业有限公司	中型	南京蓝深制泵集团股份有限公司	中型
南京中电熊猫照明有限公司	中型	南京扬子塑料化工有限责任公司	中型
南京际华三五〇三服装有限公司	中型	南京秣陵铸造总厂有限公司	中型
中车集团南京七四二五工厂	中型	江苏惠浦机械集团有限公司	中型
南京工艺装备制造有限公司	中型	南京大桥机器有限公司	中型
南京中建钢结构有限公司	中型	南京富士通计算机设备有限公司	中型
长源(南京)铸造有限公司	中型	南京扬子检修安装有限责任公司	中型
南京京滨化油器有限公司	中型	南京飞燕活塞环股份有限公司	中型

表18—4 续表3

企业名称	规模	企业名称	规模
丸仁电子(南京)有限公司	中型	南京新星德尔塔电子有限公司	中型
南京新一棉纺织印染有限公司	中型	江苏卡思迪莱服饰有限公司	中型
南京华舜轮毂有限公司	中型	南京智达电气有限公司	中型
南京音飞储存设备工程有限公司	中型	南京蓝昇船舶修造有限公司	中型
中卫实业(南京)有限公司	中型	南京英博金陵啤酒有限公司	中型
美丽华企业(南京)有限公司	中型	南京美洁轻工机械有限公司	中型
南京舒服特服饰鞋业有限公司	中型	南京开阳汽车塑料零部件有限公司	中型
南京华德火花塞有限公司	中型	南京机轮调味品有限公司	中型
南京劳伦斯制衣有限公司	中型	南京爱生雅工业材料包装有限公司	中型
南京紫江有线电视器件厂	中型	南京压缩机股份有限公司	中型
南京昊天制衣有限公司	中型	南京沿江冶金废渣利用厂	中型
江苏盛南服装有限公司	中型	江苏无线电厂有限公司	中型
南京多伦科技有限公司	中型	南京华德仓储设备制造有限公司	中型
立维腾电子(南京)有限公司	中型	江苏南星药业有限责任公司	中型
南京贝奇尔机械有限公司	中型	南京第一机床厂有限公司	中型
南京特种电机厂有限公司	中型	南钢江苏冶金机械有限公司	中型
霍尼韦尔传感控制(中国)有限公司	中型	江苏龙潭重型机械有限公司	中型
南京万里集团有限公司	中型	南化集团研究院	中型
南京爱德印刷有限公司	中型	南京尼玛克铸铝有限公司	中型
南京五洲制冷集团有限公司	中型	南京金鑫传动设备有限公司	中型
江苏舒逸纺织有限公司	中型	南京轴承有限公司	中型
南京金三力橡塑有限公司	中型	南京驰力汽车传动装置有限公司	中型
南京长城服装有限公司	中型	汉桑(南京)科技有限公司	中型
南京三乐照明有限公司	中型	南京艺工电工设备有限公司	中型
南京汉德森科技股份有限公司	中型	江苏中旗化工有限公司	中型
南京智达康无线通信科技股份有限公司	中型	南京光明乳品有限公司	中型
南京迪威尔实业有限公司	中型	南京华鼎电子有限公司	中型
江苏新蓝天钢结构有限公司	中型	龟尚电子(南京)有限公司	中型
南京东陶有限公司	中型	南京科瑞达电子装备有限责任公司	中型
南京宏光空降装备厂	中型	南京六合煤矿机械有限责任公司	中型
南京搏峰电动工具有限公司	中型	南京瑞麦食品有限公司	中型
南京海欣丽宁服饰有限公司	中型	南京大东玩具有限公司	中型
南京海尔曼斯集团有限公司	中型	中国人民解放军第三三〇四工厂	中型
南京圣诺热管有限公司	中型	南京通孚轻纺有限公司	中型
南京六和普什机械有限公司	中型	南京海欣丽宁长毛绒有限公司	中型
南京新仑服装有限公司	中型	南京民光高压油管厂	中型
南京奥联汽车电子电器有限公司	中型	南京胜兰制衣有限公司	中型
南京我乐家居制造有限公司	中型	江苏中圣机械制造有限公司	中型

表 18—4　续表 4

企业名称	规模	企业名称	规模
南京鹏力科技有限公司	中型	江苏东航食品有限公司	中型
南京含羞草食品有限公司	中型	南京扬子检维修有限责任公司	中型
南京佳盛机电器材制造有限公司	中型	南京江南永新光学有限公司	中型
泰艺电子(南京)有限公司	中型	南京汇特利服装有限公司	中型
南京钢铁集团盛达实业有限公司	中型	南京神州英诺华医疗科技有限公司	中型
南京依利安达电子有限公司	中型	新兴迪基塔尔电子有限公司	中型
南京瑞祥服装有限公司	中型	映昌电子(南京)有限公司	中型
南京扬子动力工程有限责任公司	中型	南京摩德利钢琴有限公司	中型
南京起重机械总厂有限公司	中型	南京长江电炉厂有限公司	中型
美国钻采系统(南京)有限公司	中型	江苏花山集团有限公司	中型
南京润泽华针纺织科技发展有限公司	中型	南京三瀛运动器具有限公司	中型
上美塑胶(南京)有限公司	中型	南京特能电子有限公司	中型
满纳韩宏电子科技(南京)有限公司	中型	欧仕美(南京)文具制造有限公司	中型
南京制药厂有限公司	中型	南京禾诚石化装备工程有限公司	中型
南京海企海之美纺织服饰有限公司	中型	扬昕光电科技(南京)有限公司	中型
胡连电子(南京)有限公司	中型	南京奥特佳祥云冷机有限公司	中型
南京克莉丝汀食品有限公司	中型	江苏新华印刷厂	中型
南京锦富电子有限公司	中型	南京测绘仪器厂	中型
南京建纺实业有限公司	中型	江苏南化永大实业公司	中型
南京金斯瑞生物科技有限公司	中型	乾元浩生物股份有限公司南京生物药厂	中型
南京普爱射线影像设备有限公司	中型	南京远鸿特种玻璃有限公司	中型
南京群业五金制品有限公司	中型	南京 NS 南西电子有限公司	中型
南京先正电子有限公司	中型	传力电子衡器(南京)有限公司	中型
南京苏研科创农化有限公司	中型	南京利民机械有限责任公司	中型
南京九竹科技实业有限公司	中型	南京天正容光达电子(集团)有限公司	中型
南京南方联成汽车零部件有限公司	中型	江苏三鸿食品有限公司	中型
江苏海企船舶重工有限公司	中型	南京调速电机股份有限公司	中型
江苏紫金电子集团有限公司	中型	顺祺(南京)洗染有限公司	中型
南京梅山工程技术新产业开发有限公司	中型	晓星钢帘线(南京)有限公司	中型
南京鑫业电动工具制造有限公司	中型	南京力源强磁股份有限公司	中型
蓝星南京六九零二工厂	中型	南京金康至实业有限公司	中型
永镫科技(南京)有限公司	中型	南京云锦研究所有限公司	中型
南京奥能锅炉有限公司	中型	南京英达公路养护车制造有限公司	中型
德昌电机(南京)有限公司	中型	南京光电仪器产业有限公司	中型
南京东翔制衣有限公司	中型	南京一品光电科技有限公司	中型
南京浦镇车辆厂工业公司	中型	南京东利来光电实业有限责任公司	中型
格满林(南京)实业有限公司	中型	南京全屋电器开关有限公司	中型
南京双峰油泵油嘴有限公司	中型	江苏南京天方服饰有限公司	中型

表18—5 2010年零售额前30位企业排名

排名	企业名称	主要业务活动	地 址
1	中国石油化工股份有限公司江苏石油分公司	成品油批发	中山北路375号
2	中国石油天然气股份有限公司江苏销售分公司	石油及制品批发	上海路15号
3	苏果超市有限公司	超级市场零售	解放路55号
4	江苏五星电器有限公司	家用电器零售	鼓楼区中山北路241号
5	苏宁电器连锁集团股份有限公司	家用电器零售	山西路8号
6	金鹰国际商贸集团(中国)有限公司	服装零售	白下区汉中路89号
7	南京宏图三胞企业发展有限公司	计算机网络设备零售	太平北路106号
8	南京中央商场股份有限公司	百货零售	白下区中山南路79号
9	南京朗驰集团有限公司	汽车零售	建宁路45号
10	江苏高速公路石油发展有限公司	成品油批发	长江路188号3A层(德基大厦)
11	南京新街口百货商店股份有限公司	百货零售兼批发	中山南路3号
12	南京医药药事服务有限公司	药品零售	雨花台区小行里尤家凹1号
13	南京宁星汽车维修服务有限公司	汽车零售	软件大道28号
14	江苏鹏润国美电器有限公司	家电电器零售	白下区淮海路68号
15	江苏省医药公司	药品批发	上海路68-1号
16	南京医药股份有限公司	化学制剂药	白下区中山东路486号
17	江苏好享购物有限公司	电视购物	锁金村8号
18	江苏苏盛商贸有限公司	香烟零售	汉口西路1号
19	南京保福利投资管理有限公司	汽车零售	宁南大道22号
20	南京大洋百货有限公司	零售百货	白下区中山南路122号
21	南京药业股份有限公司	药品批发	升州路416号
22	南京悦家超市有限公司	商品零售	大桥南路7号
23	南京宁宝汽车服务有限公司	汽车零售	大明路278号
24	南京凡德汽车销售有限公司	汽车零售	大明路278号
25	南京福中信息产业集团有限公司	电脑零售	玄武区玄武大道699-10号
26	江苏博特新材料有限公司	萘系产品研发及销售	北京西路12号五楼
27	沃尔玛(江苏)商业零售有限公司	商品批发零售	庐山路128号
28	江苏万帮汽车有限公司	汽车零售	大明路168号
29	南京德基广场购物中心有限公司	服装鞋帽零售	玄武区中山路18号(德基广场)
30	江苏华通汽车销售服务有限公司	汽车零售	卡子门大街58号